U0095926

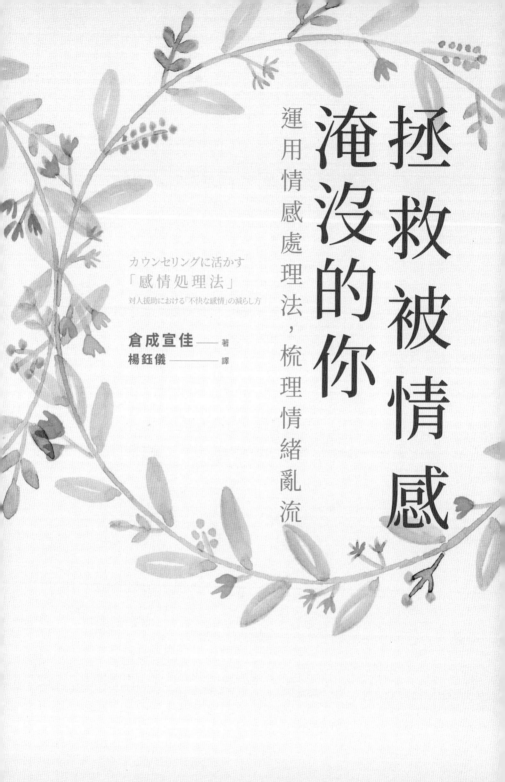

拯救被情感淹沒的你

運用情感處理法，梳理情緒亂流

カウンセリングに活かす
「感情処理法」
対人援助における「不快な感情」の減らし方

倉成宣佳——著
楊鈺儀————譯

前言

　　本書是整理了情感處理法講義內容而寫成，作為心理專業書籍，算是簡單易讀的。

　　情感處理法（情感處理）如同字面上意思，就是在處理情感，目的是減少不愉快的情感、讓心情舒暢，並且體驗、感受相應於該狀況的自然情感。

　　在心理諮商中須謹慎應對諮商者的情感。根據好幾項研究顯示，有謹慎處理情感面的諮商，會比不這麼做的諮商來得有效。諮商者會將體驗到不愉快情感的事件告訴心理諮商師。透過與諮商師的交流，減少內心的不愉快感受，亦即，透過處理這些情感，諮商者將能重新找出接受那件事的方式，並做出建設性的思考與行動而成長。若無法減少不愉快的情感，就會一直站在犧牲者立場來思考發生的事件並做出行動，而且不斷體驗到當時沒有處理好、一直保留下來的不愉快情感。因此，心理諮商師要透過情感處理，幫助諮商者將該件發生的事成為過去，並改變看待方式，眺望著未來前進。

　　諮商者被某件事給困住時，會一直保有未處理的情感。沒有處理的情感可說是被壓制住的，也可以說是沒有以恰當形式去體驗到而成為內心的傷口。經情感經處理後，諮商者就容易改變對發生事件的評價，並能轉而放眼未來，往前邁進。

　　此外，沒感受到在該狀況下本該體驗到的情感時，會因壓抑或抑制情感而在心理、身體、行動層面上產生問題。身心症就是代表。情感處理法可以幫助人們去察覺、接受、體驗在該狀況下生出卻沒發現，或是發現了卻無法接受的情感，譬如在恰當的場合感受到生氣時

的憤怒，在該悲傷的情景中體驗到悲傷。

　　情感處理法本是透過結合溝通分析（又稱交流分析）、再決定治療、依戀諮商，改善諮商者的認知與行動並使之固定下來而發揮效果。因此本書中會詳盡敘述與溝通分析搭配使用的支援法。此外，有在進行認知行為療法的許多諮商師也有在活用情感處理法。認知行為療法是關注在對象者非建設性的認知上，並通過接受‧共鳴式的交流，以推進、修正與諮商者相關的事項。情感處理結合了這些療法，所以能更順利修正認知，且容易固定下來。像這樣，不論是溝通分析還是認知行為療法，都能因並用情感處理而提高其各自的技法效果。不論援助者對受助者使用何種技法，情感處理法都很容易附加、活用在現在使用的手法上並提高支援的效果。

　　同時，情感處理法不僅限於諮商，也活用在包括刑事設施、醫療機關，以及照護現場等方案以及研修中，還有針對育兒中的雙親、虐待加害者、家暴受害者、酒精以及賭博上癮症患者等多數的治療方案中。在以改善人際關係為目的的治療方案中，能透過情感處理來改善每次因相同情勢所引發的人際關係挫折。此外，在治療上癮症的方案中，也會活用來減少成為上癮行動誘因的不愉快情感。另外，這個方法也能活用在育兒上。育兒中的雙親對孩子會使用肢體暴力時，透過面對、處理當時的情感，就能改善對待孩子的方式。

　　不管治療方案要處理的問題是什麼，有時，單是修正引起該問題的認知與行動就很困難。例如毆打孩子的父母雖知道這個行為不好，卻難以停止。這是因為心情與認知不同步，也就是說，因為面對該狀況的不愉快情感沒有減少。本文會再做詳細的說明，但處理好不愉快的情感，會比較容易修正認知以及行動。

　　情感處理法也可用來應對壓力。現在有很多企業都會將情感處理法當成一種應對壓力的方法來進行研修。忙碌的工作者會遭遇到來自

工作內容以及人際關係等的許多壓力。根據日本厚生勞動省（類似於臺灣的衛福部）的調查（二〇二一年），對職業生活有著強烈不安以及壓力的人超過了五〇％之多。若累積下每天壓力所帶來的不愉快情感，終有一天會導致更嚴重的狀態，在本人都沒察覺的情況下降低生產力、增高心理不適的風險。情感處理法是應對壓力的一種方法，學會後，不僅能拓展應對壓力的範圍、增加對壓力的耐受性，也容易維持高生產力。

就像這樣，情感處理法可以活用在各領域中。因此，以心理諮商師為首，包括了援助他人的職業者，以及商務人士、研修講師等都能活用此法。

目　次

第1章　何謂情感處理法

1　情感處理法

（1）什麼是情感處理法？

情感處理法的概念是，人實際存在的位置是OK的，人本來就是OK的存在。這與人的價值與尊嚴有關，而非人不會採取錯誤的行動。人有時會採取錯誤的行動，可是人有能力去察覺、思考與選擇行動，會想要往更好的方向成長。這是人的本質。這本來是很棒的，但有時卻會產生自己是沒有價值或尊嚴的想法。這樣的想法是錯誤的，而其中就與沮喪、自卑感、無力感以及憂鬱等不愉快的情感相關。與人說話時若時不時地感到矮人一截，那就是自卑感在作用。人們會期望能擺脫這樣不愉快的想法，往舒暢的狀態成長。即便過去對此做了許多嘗試，而且似乎要放棄了，但只要能知道解決方法並從中看見希望，就能再度喚起人們心中想要成長的欲望。

情感處理法是：

· 能減少不愉快情感的方法

· 能感受到在各種狀況下產生的自然情感的方法

減少不愉快感，就是消除對特定情況或對象的厭惡心情。例如下班回家後，因為一些瑣事就對家人產生過度的煩躁時，減少那分煩躁會比較輕鬆吧。擔心未來而感到過度不安時也是如此。此外，面對特

定人物有過度的煩躁或憤怒時，要是能減少這些情感會比較輕鬆。而進行情感處理法就可以減少這些不愉快的情感，就可以做到這點。

所謂在狀況下感受到產生的自然情感就是：

・要去感受而非壓抑

・要去感受而非抑制

・要去感受本來的情感而非不恰當的情感

（關於壓抑與抑制請參照第2章）情感本來就是適應性的，會促使人們做出恰當的行動。在諮商中，有很多例子都是因為壓抑或抑制了情感而產生問題。解決情感的壓抑與抑制，並且去感受情感有助解決問題。此外，不恰當的情感感受雖與壓抑、抑制無關，但有時也會形成問題。例如在失戀當下，該人本來的情感（真正的情感）是悲傷，但卻改去感受替代情感（假的情感）──對對方的憤怒，因此會難以擺脫那分痛苦。因為能解決問題的情感正是本來的情感。

為了能讓各位深入理解如何去感受到在某些狀況下生起的自然、與解決問題相關的情感，以下將用事例來說明。有位三十多歲的女性諮商者過度在意朋友及丈夫，導致她在與其他人相處時很疲累。她總覺得自己不好，每次因為家事或育兒而被丈夫責備時，就會覺得都是自己的錯。即便朋友建議她：「你們是雙薪家庭，妳也有正職的工作，所以讓丈夫一起幫忙家事跟育兒就好。」但只要一看到丈夫不高興的表情，她就會覺得「讓丈夫不高興是不好的」而無法拜託丈夫幫忙。而且她也不喜歡感受到憤怒。當丈夫抱怨她煮的晚餐：「是要我吃這種東西嗎？」她內心也會先冒出抱歉的念頭，無法去體驗到憤怒的感受。這樣的情況並非現在才產生，她自幼年時期起就無法體驗到憤怒。因此，她情感處理的主題就是去體驗到本來該生起的憤怒。要在適當的場景下體驗到憤怒，同時要能恰當地感受到憤怒。為此，就要著眼於在感受到憤怒的當下，身體所體驗到的感覺。之後就能察覺

到身體那樣的感覺是憤怒、理解並接受自己的憤怒不是什麼糟糕東西，同時體驗、處理憤怒而非去攻擊對方，以及表現出憤怒而非去責備對方。最後，她減少了對他人過度的在意，也不再把任何事都想成是自己的錯，與他人交流而感到疲憊的情況也都消失了。所謂體驗在狀況下生起的自然情感，就是像這則事例所闡述的，去體驗相應於該狀況的情感，並藉此來解決問題。

（2）情感處理法的進行方式

　　情感處理的基本進行方式順序為：

・察覺情感

・接受情感

・體驗情感

・傾吐出情感

這樣做能減少不愉快，同時感受到生起的自然情感。

　　所謂的察覺到情感就是知道自己正感受的情感是什麼。察覺不是用頭腦來理解，而是用心去感受。連同身體的感覺一起，感受自己處在那樣的狀況下時有什麼樣的情感。

　　所謂的接受情感就是不要對情感視而不見，不要抑止情感。情感非好非壞，不要對情感做出評斷，只要理解情感是從內心生起的自然之物即可。

　　所謂的體驗既不是表露也不是表現出情感，這必須做出清楚的區分。體驗指的是明確觸碰到那分情感，感受到那分情感是處於覺醒狀態。體驗悲傷不用哭泣，體驗恐懼不用發抖，只要單純體驗這些情感就好。

　　傾吐出情感則是指處理或是消化掉情感。做法是想像將情感排出身體外。將不愉快的情感減少到能控制的程度，處理到不會不愉快的

狀態。一般多使用吐氣的方法來傾吐出情感。除了吐氣，也可以用接受情感、感受活力、直接表現出來（說話）、拍打靠墊等方式，用身體來做出表現（手勢），以及書寫等方法來進行處理。最好是使用適合個案的方法，但同一個人有時會因為情感與狀況的不同而分別使用幾種方法來處理。諮商師要使用最容易傾吐情感的方法來讓諮商者傾吐出情感。

在許多諮商中，情感處理的對象都是不愉快的情感，目標是讓這分不愉快的情感變舒暢。在不愉快的情感中，特別是那些人們所熟悉且深刻的不愉快情感會是情感處理的對象。我們每個人都有著特有的熟悉且深刻的不愉快情感，那些情感會在面對同樣狀況時湧現。也就是說，在相同狀況下，每次都會體驗到相同的不愉快情感。在同樣狀況下，不是每個人都會體驗到同樣不愉快的情感，在那狀況下所體驗到的不愉快情感是因人而異。例如，有的人被上司提醒時會感到不安，雖然這些人每次被上司提醒時多會感到不安，但其他人碰到相同狀況時卻未必會體驗到不安。不安對該人來說，就是一種熟悉又深刻的情感。

某人在學生時代每次被老師提醒時，就會強烈地體驗到無價值感，現在被老丈人提醒時，也會體驗到同樣的無價值感。還有些人是，當對方不信任自己說的話，就會出現想毀壞一切的念頭。這也是該人熟悉又深刻的情感。內心湧現出熟悉又深刻的情感時會伴隨著不合理的思考（信念‧認知）。例如感到不安時會伴隨著「被上司討厭了，怎麼辦？」的想法。這樣的想法會把尚未發生的未來往壞的方向想，更引起不安，所以是很不合理的。

（3）認知行為療法與情感處理法

在諮商臨床上最常使用的心理療法，無疑是認知行為療法。認知

行為療法兼具行為療法係與認知療法係的理論。認知療法係理論是以修正不合理的思考（認知）為目標。修正不合理的思考後，不愉快的情感也會減少。只要改變想法，心情就會改變，我想大家都體驗過的吧。就結果來說是減少不愉快的情感，關於這點，可以說與情感處理法的方式雖不一樣，但目的卻是相同的。情感處理法是直接減少不愉快的情感。進行情感處理時也會修正不合理的思考，可是那是處理了情感後所出現的效果，是在處理情感後的階段才確認是否修正了思考。處理不愉快的情感，同時獲得了修正思考的結果，以解決諮商者的問題，這就是情感處理法。

（4）溝通分析與情感處理

　　在以艾瑞克・伯恩＊（Eric Berne）所提倡的「溝通分析（TA：Transactional Analysis）」理論為背景的心理療法中，有著由谷爾丁夫妻（Goulding, R. L., & Goulding, M. M）所提倡的「再決定治療（Redecision Therapy）」。一般會結合溝通分析理論以及再決定治療來活用情感處理法。再決定治療的目的是修正位於現在問題背後、成為扭曲想法基礎的信條，也就是形成於幼年時期的想法（這就稱為再決定）。透過處理情感後進行再決定，就能更確實地修正想法。再決定治療的目的是修正（再決定）「我沒有活下去的價值」「我無法被信賴」等從幼年時期就有的觀念（堅定的信念），亦即對自己人生會產生重大影響的觀念。溝通分析中稱幼年時期的想法為「信條（belief）」，並稱採用那想法的行為是「決定（decision）」。其中，會對該人人生產生重大影響的就稱為「禁制令決定」（請參考第三章十四節）。禁制令決定是對養育者所給予的「禁制令訊息（injunctive

---

＊註：艾瑞克・伯恩，加拿大心理學家，一九一〇～一九七〇年。

message）」做出的反應。再決定就是修正自幼年時期就有的不合理觀念。對於自幼年時期就有的禁制令決定，做出有建設性決定的再決定諮商過程中，經常會碰上困難。因為雖然大腦理解，但心情卻無法跟上。即便通過諮商，知道了在大腦中的「我一生下來就是沒有價值的人」這個想法（禁制令決定）是錯誤的，但就是會被這樣的想法困住，這種狀態就是即便大腦理解「我不是沒有價值的」，卻「往往還是會有覺得自己果然是很沒價值的瞬間」。要擺脫這樣的狀態朝再決定前進，就需要情感處理法。做好情感處理後，再決定就容易穩固下來。一般認為，在「我一生下來就是沒有價值的人」這個不合理想法的背後，就有著養育者對待自己宛如沒價值存在的體驗。因為這個痛苦體驗而感受到的情感沒有被處理就直接保留了下來。換個說法就是還心存芥蒂，是沒有完全清除掉芥蒂的不愉快情感。所以是同時有著不合理的想法與不愉快的情感。若心中一直殘留著不愉快的心情，就難以修正不合理的觀念。若觀念不合理，即便大腦能充分理解，內心也無法認同。以下就用一個例子來說明。

　　一位五十多歲女性諮商者雖然期望自己能用溫柔的態度來照護婆婆，但就是無法打從心底那麼做而煩惱著。她自結婚以來就長期都受到婆婆的欺負。婆婆會命令她重新打掃或料理；或是會對親戚說她壞話，說她不是個好媳婦；或是經常會批評她的家世或成長過程。那個壞心腸的婆婆如今年老了，患上了失智症，於是諮商者就要去照護她。她希望自己能原諒婆婆，也期望自己能打心底以溫柔的態度去照顧罹患失智症的可憐婆婆，而非僅是義務性的做表面功夫。除了照護，她也希望能放下過去的芥蒂，親切對待婆婆。可是無論如何，那些許多被欺負的往事一直縈繞腦中，讓她不禁對婆婆感到煩躁並為此而煩惱著。雖想要溫柔對待婆婆，卻也同時想著為什麼自己非要那麼辛苦的照護欺負自己的婆婆。她認為到現在還無法原諒罹患失智症婆

婆的自己是個心胸狹窄的人，丈夫也表示「不要一直記仇」。她認同丈夫說的，但雖然很想忘記過去，心情卻無法同步。即便如此，她仍是勉強地想要壓抑自己的心情，結果就不斷感受到強烈的煩躁與沮喪，把家人當出氣桶的情況也增加了。

　　這名諮商者希望能忘記並原諒與婆婆間的芥蒂。這是她自己的想法，也就是她期望能修正思考方式。可是沒有處理、就這樣直接保留下來的不愉快情感卻阻礙了她，在心情沒有同步的情況下，愈是想修正想法，愈會增強煩躁與失落。她無法原諒婆婆，而且愈是想著非得原諒不可就愈是痛苦。這就是與長時間受欺負體驗相關的未處理情感在從中作梗。諮商者要想捨棄、原諒過去的芥蒂，就必須處理與被欺負體驗相關、沒有處理就那樣放置不管的情感。以她的情況來說，主要的未處理情感就是對婆婆的憤怒。

　　諮商師在諮商中多次重複處理了諮商者憤怒的情感，讓諮商者體驗憤怒，並重複用吐氣的方式吐出情感。同時，讓她置身在各種場景中（想像發生事件的當下，並體驗），像是受欺凌時的場景、被惡言相對的場景等，然後去察覺並體驗當時壓抑的憤怒與悲傷等情感。透過數次的諮商面談，體驗過幾次的憤怒與悲傷，然後每此都使用呼吸的方式吐出與之相關的情感。在情感處理的諮商中，完全不會接觸到諮商者的想法，只感受並處理情感。在重複這個過程中，諮商者減少了對婆婆的憤怒，也不會再想起過去被欺負的事情了。而且她也不再感到煩躁、沮喪，不會把家人當出氣桶了。同時她還表示，對婆婆的芥蒂消失了，變得能照護她而輕鬆了許多。

　　諮商者曾嘗試想要修正自身的想法，亦即對婆婆所懷有的芥蒂，可是卻辦不到。那是因為沒有處理過去受欺負所產生的憤怒與悲傷等不愉快情感，所以心情就沒有跟上應有的想法。透過情感處理去處理未處理的憤怒與悲傷，諮商者就可以如自己所願地原諒婆婆，也就是

能修正思考。

　　所有人都曾碰過這種情況，就是即便知道思考不合理且有強烈修正的必要性，卻依舊做不到。那是因為伴隨著那分不合理思考而來的不愉快情感沒有被清除。所以情感處理法會把焦點放在情感上，處理累積的不愉快情感。在確實進行這方法時，就會修正不合理的思考。

2　情感處理法的效果

　　透過處理情感本身，或是體驗並處理在某個狀況下生起的自然情感，有望能獲得幾種效果。以下將分成兩方面來介紹，分別是能立刻獲得的效果，以及在持續進行間所能獲得的效果。

（1）能立刻獲得的效果
　　進行情感處理後能立刻獲得的直接效果如下：
・減少不愉快的情感
・減少壓力
・思考與行動都會朝愉悅的方向改變
・增加正面積極的情感
　　以下將針對各效果進行解說。

●減少不愉快的情感
　　減少不愉快情感的過程就稱為「處理」或是「消化」。若煩躁是100，就將之減少到50；若不安是90，就將之減少至40。這樣說來似乎很單純，但效果卻極大。不愉快情感很大時，心情就會不好。在煩躁不已的狀態下生活很痛苦。說不定煩躁不已還會表現在言行舉止上，給周遭帶來不好的影響。可是若只有50的煩躁，還能控制住不表

現在言行舉止上，也不會給周遭添麻煩。若寂寞是90，或許就難以靠自己一個人去應對，會為了逃避寂寞而去依賴他人，但若是40，就能靠自己撫平心緒。單只是減少不愉快的情感，就能變得從容、輕鬆，也會改變對周遭的影響。

　　透過聲音分析可以驗證諮商者進行情感處理法後在情感面上的變化效果。從醫學以及生理學的研究可知，心理性的壓力與緊張會妨礙喉嚨聲帶的運作，出現聲音顫動或嘶啞的現象。此外，壓力以及憂鬱症也會導致情感表現變遲鈍，因而影響到聲音。聲音分析是在關注聲帶不隨意的反應，將聲音轉換成頻率，從那些變動模式中以人工智慧（AI）發現的頻率變化等與人們的心情關係為基礎，探索發聲時的心理狀態。這是使用了東京大學醫學部病態生理學聲音分析企畫客座教授德野慎一發表的MIMOSYS（Mind Monitoring System），分解‧分析諮商者進行情感處理諮商前後的聲音，是從聲音探測隨時都在改變的內心狀態的技術。我們將之看做是不隨意的反應，所以沒有自記式的報告偏差（來自受測者意識‧無意識的過小評價），也不會有朝向期望方向的扭曲報告，所以能正確掌握住本人的內心狀態。

　　情感處理法的諮商可以在線上或面對面進行。在線上進行的占九成，面對面與線上進行的結果並未看出差異。從2020年10月4日到2022年8月14進行了269件（從14歲到72歲），並比較了諮商前後的三個情感指數（五名諮商者）。三種情感指數是愉快、放鬆、活力。愉快（歡喜度）是歡喜與悲傷兩情感間的拔河，愈是歡喜，數值愈高。放鬆（冷靜度）是冷靜與興奮情感間的拔河，愈是冷靜，數值愈高，若一會兒興奮一會兒憤怒，就會降低。活力（愉悅狀態）是放鬆與壓力兩數值愈高，活力數值就愈高，這就表示為愉悅狀態。不論是哪種數值，精神上充滿朝氣、活動意欲愈高的人，每次的計量數值就會有上下變動的傾向。振福愈大，表示心靈愈有韌性。情感指數的平均值

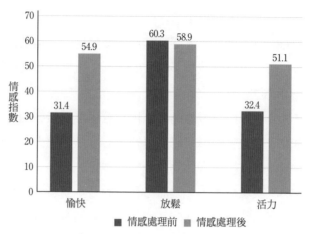

圖 1-1 　根據聲音解析得知的情感處理前後情感變化

為：愉快從31.4到54.9；放鬆從60.3到58.9；活力是從32.4到51.1（圖1-1）。

放鬆之所以有些低，表示平穩受到了阻礙。這就顯示出情感有波動。愉快與活力的提升，則顯示出悲傷與憂鬱等不愉快的情感減少。

●減少壓力

以情感處理法的觀點來說，壓力狀態可以說是內心有許多不愉快情感的狀態、沒有處理不愉快情感並累積下來的狀態，譬如說，花了許多時間在工作時間外處理工作的人未必就是處於壓力狀態；反過來說，即便完全沒在工作時間外處理工作、總是能準時回家的人就未必沒有處在壓力狀態下。有的人即便沒有加班仍會對工作感到有壓力。這並不是說長時間勞動不是形成壓力的原因，是否處於壓力狀態是取決於評價該狀況帶來了多少負擔、累積了多少不愉快情感。

有許多研究是關於壓力因素帶來了多少心理上的負擔，又或者是心理上負擔大小與心理健康失調的關係，根據這些研究指出，某種生活活動會帶來多少心理負擔，以及多少負擔會讓人陷入心理健康失調的情況，可說是因人而異。「其他人都能做這麼多工作，所以你也應當能做」，這樣的想法已經落伍且荒謬。在「素質─壓力模型」中，壓力負擔的大小與該人對壓力的脆弱性決定了是否會導致心理健康失調。圖1-2中a、b、c、d、e的線就是心理健康失調發病的界限。

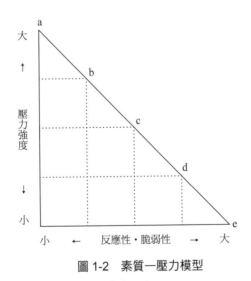

圖 1-2　素質─壓力模型

（出處）厚生勞動省（1999）

即便負擔看起來一樣，不愉快情感能累積到何種程度因人而異。我們無法一概而論地認定壓力強度大就會累積，小就不會。那也與個人差異以外的因素有關，不愉快情感的累積本就會因人而各有不同。而且容納不愉快情感的容量大小也不同。既有人能包容許多不愉快的情感，也有人不能。

即便容納不愉快情感的容量大小有差，透過處理情感，就能減少不愉快。因為減少了累積的不愉快情感，換言之也就能改善壓力狀態。就本人的認知上來說，即是減少了厭惡的感覺。因此情感處理法做為壓力應對法來使用也很有效。就像認知行為療法的認知修正被用做一種壓力應對法一樣，情感處理也可被活用為應對壓力法，能有助預防心理健康失調。

●思考與行動都朝良好方向轉變

　　情感處理法最優先關注的焦點是情感，而非思考與行動，而其結果則是容易改變思考與行動，或是自然地就會出現變化。我會在「第7節的思考・情感・行動是一個套組」中詳述減少不愉快情感，也就是心情轉變後，想法也會改變。例如職場同仁與自己明明是做著同件事，但上司都不會提醒對方注意，卻總是對自己發牢騷，有的人會認為「因為上司討厭我才總是抱怨我。做不下去了，我不想在這個人手底下做事」，此時就要處理對上司的不愉快情感。最後心情會改變，想法也變成了是「上司就是這樣的個性（並非討厭我），過於在意很無謂」。然後，即便上司再對自己發牢騷，也不會像從前那樣感到討厭，能回復對工作的熱情。這就是情感處理的結果——思考會變得有建設性。

　　可是變化的方向性未必會像這個例子一樣有建設性。一般認為，思考會因人不同而往好的方向變。某位諮商者長年以來都很嫌惡丈夫，也常對丈夫感到煩躁。可是她想著：「不可以討厭丈夫。」所以不接受那分嫌惡感。因為她認為，要是討厭丈夫，就無法持續婚姻生活。諮商者透過情感處理接受了對丈夫的嫌惡而非壓抑，好好地處理了那分情感。結果她的想法變成是：「我還是無法喜歡把對公司不滿遷怒到家人身上的丈夫，我討厭丈夫。我許可自己可以討厭他。」不

再討厭丈夫可以說是變得有建設性，但她不是，而是接受了討厭丈夫這件事。而且這位諮商者在接受了自己討厭丈夫後，與丈夫相處時就變得比以前更輕鬆了。雖然討厭丈夫，但兩人待在一起時卻比以前輕鬆。這是因為諮商者本身往好的方向轉變了。

　　諮商者思考的變化有時也會受到家人、支援者等周遭人們期望的影響而有不同的發展，例如離職、離婚等。這時候，我相信諮商者進行情感處理後所獲得的想法變化，以及基於此所做出的行動，都是朝著諮商者能成長、獲得幸福的方向前進。若非如此，那麼諮商者因著思考的變化而在心理上變得更痛苦時，就是在往「該改變的方向」改變，而非自己真正渴求的方向。而「應該……」的自己與真正的欲望、情感會產生糾結，所以是還處在處理情感的過程中。這部分也會在「第7節的思考‧情感‧行動為一個套組」中做詳盡敘述。

●增加正面積極的情感

　　不愉快的情感是負面消極的情感。我們無法同時擁有正面積極的情感與不愉快的情感。內心有許多不愉快情感時就難以感受到正面積極的情感。從很多諮商者身上可以看到，因為減少不愉快情感而增加正面積極的情感，並擺脫了對一個觀念的執著，增加了想法與行動的選項。不愉快的情感會與特定不合理的思考以及非建設性的行動相連結，大腦雖明白這樣不好，卻仍會不斷重複。另一方面，積極正面的情感則會讓想法與行動往建設性方向擴張，產生良好的循環。例如有諮商者曾表示：「拜減少不安之福，不斷增加了感到愉悅的時間。」還有例子表示說：「與孩子共度的時間本很痛苦，但現在變得愈來愈開心了。」

　　某位諮商者面對人群時會非常緊張，與人說話時總會強烈地感受到不安、痛苦、疲勞等，但隨著進行情感處理，他的不安、痛苦與疲

勞感都減輕了。最後本來不太想和人接觸、只做最低限度必要接觸的諮商者，在與人說話時能感受到樂趣、能主動去交朋友，還能和朋友共度一段時光了。之所以會出現這樣的變化，是因為減輕了不愉快的情感，增加了正面積極的情感。

另一方面，也有不少案例是雖然減少了不愉快的情感，卻沒有增加正面積極情感。例如有諮商者在反覆進行處理情感後會向我說：「跟以前相比，不安是大為減少了，在日常生活中幾乎已經感受不到不安」「可是話雖這麼說，每天也沒有過得很愉快，只是減少了不愉快的不安而已」。像這樣雖減少了不愉快的情感卻沒有增加積極正面情感的諮商者，大多時候都是對積極正面的情感擁有否定的認知。意思是指，認為「我不可以感受到快樂」「我不可以感受到安穩」「我不可以感受到幸福」。

例如有某位五十多歲的女性諮商者在日常生活中總是在擔心家人的健康、意外、老後生活等，經常處於不安狀態。在她不忙的時候，幾乎都在感受著擔心與不安。透過情感處理，她減輕了不安與擔心。可是即便如此，她也完全感受不到喜悅。諮商者說：「我就只是減輕了不安而已，並沒有增加正面積極的情感。」她在小學時曾於河川中玩耍，在快被河水沖走滅頂時被叔叔給救了起來。叔叔在救她時受了重傷，影響了日後的生活。她邊回顧這件事邊說：「我覺得自己奪走了叔叔健康的身體，所以不可以感受到喜悅與幸福。」關於對情感的否定性認知研究方法我會在之後敘述（第2章第4節），但對特定正面積極的情感有否定性認知時，就無法感受到那分積極正面的情感。要體驗到積極正面的情感，就必須修正否定的認知（圖1-3）。

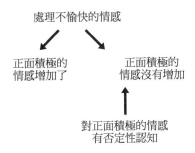

圖 1-3　處理不愉快的情感與正面積極的情感

（2）繼續下去後能獲得的效果

　　進行情感處理法除了能立刻得到的直接效果外，在持續進行情感處理的過程中也有能獲得的效果，亦即：

・提升應對壓力的技能
・提升抗壓性
・改善情感控制力
・改善人際關係

●提升應對壓力的技能

　　應對壓力是指處理壓力因素或為因應壓力狀態所進行的事。可大致分為兩類，分別是解決引起壓力狀態的問體本身——「問題焦點型」應對法，以及對壓力狀態做出因應的「情感導向焦點型」應對法。情感導向焦點型包含有放輕鬆、轉換心情、認知行為療法（認知行為療法會因處理的主題不同而被區分為問題焦點型），情感處理法也能被歸在這類中。要能順利應對壓力，自己最好能擁有好幾個應對壓力的做法，而且壓力應對法的選項愈多，愈能順利應對壓力。持續性地進行情感處理，同時也將之採納為自己日常壓力應對法的諮商者多表示：「我能順利應對壓力了。」

使用的應對壓力法種類較少時，一旦情況不順利，就會走投無路。問題焦點型的應對法是企圖消除成為壓力因素的本身，雖讓人覺得是積極又能令人滿意的應對法，但有時即便努力想消除形成壓力的因素，也無法獲得成果。若經常都只選擇消除壓力成因的應對法而沒有其他選項，一旦碰上了無論如何都解決不了的問題時就會走投無路。尤其完全依賴問題焦點型應對法的諮商者，若能將情感處理法當成應對技法之一，就能順利應對壓力。

頗有趣的是，我請十一名學習了情感處理法並活用在日常生活中超過一年的諮商者回答「拉扎勒斯（Lazarus）壓力因應評估」時，有8人同時提升了情感導向焦點型與問題焦點型的評分。我認為，如果進行情感處理法會讓問題焦點型的壓力應對法比之前更為提升，則因為與壓力相關的不愉快情感減少了，就會更容易面對問題本身，也能更容易發揮問題焦點型應對能力。

●提升抗壓性

抗壓性就是忍耐壓力的能力。若是抗壓性低，就容易受到壓力成因的影響，高則不太會受到影響。抗壓性的高低除了有與生俱來的部分，據說也會受到後天環境的影響。一般認為，決定抗壓性要素的有「容量」「處理」「感知」「經驗」「迴避」「轉換」。容量指的是能累積多少壓力的容許量；處理是弱化壓力成因的能力；感知是不覺得感受到的壓力很嚴重的能力；經驗是對壓力的習慣；迴避是為了保持身心健康而迴避壓力的能力；轉換則是不將壓力看做是負面事物的能力。

某位男性護理師學了情感處理法超過三年且也有實踐。他所從事的工作必須在眾人面前說話，然而他每次說話時都會感到過度緊張，導致無法充分講出本該講的話，事後經常很沮喪。他在要演講的前幾

天就經常會覺得緊張，到了當天則會流汗、心悸，感受到較往常更強烈的不安，因為這樣的壓力，甚至使他討厭起了工作。雖然累積了不少發表演說的經驗，但他仍不習慣在人前說話，反而因增加經驗使之地位提升，又更增加了他在人前說話的機會而形成壓力。他學習了情感處理法以面對這些壓力，每天回家後都會持續進行情感處理以處理不愉快的情感。過了半年、一年後，逐漸地減少了在人前說話時的緊張。既減少了不安，也不再發汗或心悸了。像這位男性的情況，儘管三年內在人前說話的機會明顯倍增，卻也不會覺得那是壓力（容量變大了）。而且他在演講前不會感受到過度的不安與緊張，能平靜度過那段時間，也不用白費許多時間來做演講前的準備（能順利處理）。同時他也變得能想著只要傳達出自己想說的話就好，不須要連自己做不到的事都想要做到而過度準備（感知方式改變了，面對與之前相同的事情，不再感到有壓力）。這樣的想法明顯比以前更為樂觀，在身心健康的狀態下，即便面臨到須要在人前說話的情況，也不會伴隨發汗或心悸的情況了（在健康狀態下能迴避面臨的壓力）。而且他會回顧演講的內容，能想到要活用現場氣氛以讓此次的演說內容較以前更好（能將說話這件事置換成是正面積極的轉換）。他就像這樣明顯地改善了決定抗壓性的幾個要素。而最近他在有一千名聽眾的演講會上也能以愉快、正面的心情來演講了。

　　「以前曾感受到如此大的壓力，現今則不會感受到有那樣大的壓力了」，有許多諮商者都會向我這麼報告。有位三十多歲的女性諮商者跟我說：「若是以前，被上司碎念過後，有兩～三天都會一直覺得很沮喪，但現在只要半天左右就能重新振作起來。感覺在面對壓力時變得堅強了。」這也是抗壓性提升的例子，而本人也明確地認識到了這點。像這樣開始進行情感處理法之後，在碰到同樣的事件時，很多人都會察覺到自己的抗壓性提升了。

●改善情感控制

　　無法控制情感的狀態指的是會過度地體驗情感、被情感給淹沒。在情感過剩的背景中，有著本人覺得不喜歡且一直壓抑著的情感。人們在面對一件事情時，會經驗到不止一種的情感。情感是很複雜的。如果有著不喜歡而壓抑的情感，就只會以平常能體驗到的其他情感來應對事件。這就是其中一種情感運作過度導致難以控制的狀態。

　　透過情感處理法來面對自己的情感，在重複好幾次吐露出情感的過程中，就會逐漸察覺到自己不喜歡並迴避著的情感，然後就能接受並感受到那樣的情感。最後，將變得能順利應對無法控制的情感，而且能更恰當地表現出來（圖1-4）。

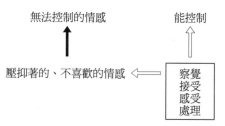

圖 1-4　無法控制與壓抑著的情感

　　以下用簡單易懂的事例來說明。提到情感控制不佳，最先想到的就是無法抑制怒氣。不少人都是想要利用情感處理法來控制憤怒。有三十名從十幾歲後半到二十多歲的男性因為家暴而被帶來進行情感處理法諮商。除卻拒絕被帶來諮商且自第二次以後就沒再來持續面談的案例，以及只來一開始兩～三次面談的案例，有十五名持續了諮商，他們都或是減少了家暴或是不再進行家暴。亦即，使用暴力不再讓他們感到情感激昂，有改善了對情感的控制。這不僅是本人這麼說，根

據家人的說法，也確認了情況有所改善（關於如何以情感處理的方式處理激昂的憤怒，我之後會在第3章第9節中詳述）。諮商者們不認為憤怒是他們不擅長處理的情感，也沒察覺、接受自己的悲傷與恐懼。因為不喜歡而壓抑住的情感是悲傷與恐懼，在諮商中要處理的情感就是本人覺得不喜歡並壓抑的悲傷與恐懼。所以就幾乎沒了行使暴力時的激昂情感，也能控制憤怒了。

即便不是行使暴力這樣極端的情況，例如像是因為煩躁而把氣發在下屬身上的人、一旦稍有不安就會對周遭下指示「要這樣做、要那樣做」的人、稍微受點刺激就哭出來的人、在社交場合中於表情或態度上清楚表現出不悅的人，或是很容易心情不好的人等，都可以說是情感控制不佳。在這些背景後就有著被壓抑著的情感。因著日常地持續進行情感處理法，本人將感受到能面對沒察覺到的、壓抑著的自身情感（壓抑著的情感有很多），逐漸地就能控制情感了。

● 改善人際關係

透過持續進行情感處理法，很多時候都能大幅改善家庭內部以及與朋友間的關係。以前總是吵架的夫妻變得能順暢交流；以前總是自我忍耐的夫妻變得能將想說的話說出口，對方也能接受；不太與自己說話的兒子變得每天都很開心地與自己說許多話。像這類改善人際關係的結果有很多。

要建立良好的人際關係，順暢交流是不可或缺。若之間流淌著不愉快的情感，就無法順暢交流。透過減少不愉快的情感，內心才有餘裕。改善情感的控制後就能冷靜應對，這些也會大大影響人際關係。

以前與他人的相處模式經常受到不快情感的極大影響，在變得穩定、不情緒化後，與人之間的交流就有了很大的變化。

接受自己不喜歡的情感，就能恰如其分地表現出自然的情感。這

是透過持續進行情感處理法後就能逐漸獲得的。能恰如其分地表現出自然又純粹的感受是在與他人建立親密關係時不可或缺的。親密關係不是想要去操縱對方、在面對對方時成為加害者或犧牲者，也不是隱瞞真正的心情、表面敷衍的關係。親密感是彼此在自然又純粹的關係中產生的。要有那分親密感，就必須接受自己的心情，並恰當地將之傳達給對方。

此外，在情感處理的過程中，很多時候都會察覺到至今沒察覺到的、與他人互動時的情感。察覺到至今與該人關係中未感受到的情感，感受到與至今不一樣的情感。例如在面對煩躁又總在抱怨的母親時，會察覺到她有著無人了解的悲傷，因此就能理解此前自己的言行舉止以及至今都不知道的自身情感——悲傷。經過這樣的過程後，很多時候就會出現自然的轉變，重新看待至今的關係性。而若與該人間的關係有著許多不愉快的情感，也能利用情感處理法來處理、減少那些情感。因為對該人所懷抱的不愉快情感減少了，思考上就容易變得比較客觀，也能在人際關係中客觀地看見至今未見過的事實。減少不愉快的情感時，將會從被對方感到不快的情感所支配的關係，變得能看見與對方關係間的真實情況，並開始思考這樣的關係是否是好的。這個變化會成為主動去改變人際關係的契機。情感處理進行的方向就是要讓自己感覺舒暢。很多時候都是因為有了契機，才讓人開始想要改變與該人的關係，讓自己感覺舒暢（圖1-5）。

3 聚焦在情感上

情感處理法是將焦點放在情感上。聚焦在情感上是什麼意思呢？
以下將用事例來說明聚焦在情感上的方法。最近這幾個月，國二生的A子覺得去學校很痛苦，雙親於是帶她來做諮商。

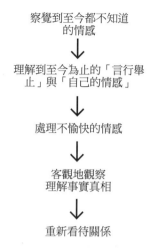

察覺到至今都不知道
的情感

理解到至今為止的「言行舉
止」與「自己的情感」

處理不愉快的情感

客觀地觀察
理解事實真相

重新看待關係

圖 1-5　重新看待關係

　　原因出在休息時總是待在一起的B子身上。A子不愛說話又穩重，而B子則很活潑、喜歡說話，所以在休息時間中總是B子在說話，而A子則擔任專心聆聽的角色。B子的說話內容大多是在批判班上同學，例如她會說出：「妳不覺得像C子那樣的說話方式感覺很差嗎？」並徵求A子的同意。A子即便不這樣想，也會為了迎合B子而說出「嗯」，雖然她是帶著些疑惑地歪著頭說，但之後，B子卻會對C子說：「妳的說話方式很不好喔。A子也（這麼）說了喔。」A子看到這情況後感到很不安：「她說得簡直就是我率先在私底下批判C子似的。」類似這樣的情況也偶爾會發生在其他同學身上，A子不安地想著，同學們「會不會認為自己是會在背後批評人的人？」「是否會讓同學們感到不愉快？」於是開始不想去上學。

　　A子與父母商量了這件事。結果父親建議她：「像B子那種性格的人，社會上多的是。妳往後的人生會遇見許多人，所以只要把這想成是一個很好的學習機會，以後才能與這類性格的人來往。」而母親則建議她：「試著只在第一節課去學校吧。如果還是覺得不行再回

來。」在諮商面談中，A子說：「爸爸跟媽媽根本完全不理解我，都沒有在聽我說話。」雙親應該都是有在聽A子說話的，但是對A子來說，卻沒感受到他們有在聽，覺得他們不理解自己。那麼A子希望他們能理解什麼呢？當然是希望父母能同理她的心情吧。

　　因此，A子開始了諮商。之後歷經了五次面談，諮商師為了讓A子更容易看清自己的心情而進行了交流。諮商師對A子提出了一些問題，讓她能靠自己察覺出究竟感受到了怎樣的心情，同時在A子表現出自己的心情時表達接受與共鳴。於是A子變得能自然地接受自己的情感。尤其諮商師會注意要讓A子能更輕易地談到關於討厭去上學、討厭B子、對是否會遭受到班上同學的討厭而感到不安等負面感受，所以會留意自己應答的態度，讓A子接受那些情感，並知道那不是件壞事。一開始A子還會控制表現出負面情感，但隨著諮商次數的增加，她就能如內心所想的那般，誠實表現出負面的情感，例如：「我討厭B子」「也討厭學校跟大家」「很擔心全班同學會不會都覺得我很差勁」。隨著諮商師反覆對A子表現出情感的接納與共鳴，A子逐漸開始放鬆下來，不再像以前那麼在意B子的言行舉止、增加了在課堂中愉快的時光，也沒有不想去上學的情況了。於是在第五次面談的時候，A子跟諮商師說了她修正過後的想法：「我覺得，不只有B子，有類似性格的人很多，我可以把這（與像B子那種個性的人來往的方式）想成是學到了一個經驗。」A子把想法的改變說得就像是她自己好不容易找到的新發現，但其實內容就和父親給A子的建議是一樣的。可是在父親給予A子建議時，她完全沒有心情聽，所以似乎一點都沒聽進去。

　　聚焦在不愉快的情感上，就是以情感處理（減少不愉快的情感）為主。在交流中聚焦在情感上，就能讓諮商者察覺、接受並感受自己的情感，透過這樣來進行情感處理。

4　情感是什麼？

（1）情感這個詞

　　心理學中經常會使用到「情緒（emotion）」或「情感」這兩個詞，但專家們並沒有統一情緒與情感這兩個詞的使用方式。有時會稱因自身生理反應所引起的為情緒，有時這個詞也會指做為高度認知的結果而產生的東西。使用情緒這個詞所指涉的範圍為何，是依據專家的判斷。因此，我們須要弄清楚情感處理法中的情感究竟指的是什麼、又是指涉什麼樣的範圍。

　　在英文裡，表示情感的詞語是「emotion」又或者是「feeling」。情感處理法中的情感是「emotion」。可是很多時候emotion被翻譯為「情緒」。一般認為，「情緒」是內在的情感、生理上的反應、包含表情在內表現出行動的三個側面一起連動所產生的。例如走路時腳旁突然有蛇竄出，身體的反應就是生理性反應，湧現出的恐懼就是情緒。其中並未與「為什麼我在走路時會有蛇跑出來呢？這時候明明蛇很少才是，我總是這麼倒楣」這類高度且複雜的認知有關。因此情緒大多是指非常短暫性的情況，時間很短。情緒不僅是應對蛇出現這樣的狀況會生起，也會因為心悸、心跳數增加、肌肉緊繃等自身身體內部的生物學反應而產生。

　　此外，「affect」也和emotion一樣會被翻譯為「情緒」。affect指的是包含因情緒而驅使人們做出任一行為的各種欲求，指涉範圍更加廣泛。

　　「feeling」則是比emotion以及affect更為主觀的，是多面相又複雜的。這個詞不太包含有生理性反應，而是在表示自身經驗的一面。

　　在日常會話中也會廣泛使用情感這個詞，有比情緒所表示概念更

23

為廣泛的意思。

安東尼奧・達馬西奧*（Damasio. A）認為，情緒是因外在刺激或是因記憶而產生的生理性反應。達馬西奧的概念中也說情緒是生理性反應。情感是伴隨著情緒而起的主觀體驗。也就是說，情感是受到情緒活動影響所產生，包含身體反應在內，是與情緒認知有關而產生的。

在心理學中，是將情緒理解為突然生起、短時間內會結束，且振幅很大的暫時性情感狀態或情感體驗。

在情感處理法中的情感意思比情緒更廣泛，是包含了體驗過並接受了高度認知影響的東西，而且是比「恐懼」「悲傷」這類單一性表現更為複雜的構成，所以會以「生氣且悲傷」這樣的方式來表現。

情感的分層性（福田，2006）這一概念即易於用來理解情感與情緒的不同（圖1-6、圖1-7）。

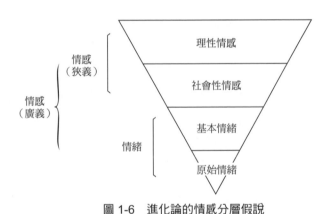

圖 1-6　進化論的情感分層假說

（出處）福田（2006）

---

*註：安東尼奧・達馬西奧，葡萄牙裔的美國神經科學家。

圖 1-7　來自進化論情感分層假說的情感分類與機能

（出處）福田（2008）

　　在這兩張圖中，簡單地表現出了該如何理解廣義的情感、狹義的情感以及情緒。廣義的情感，主要指的是理智性情感與社會性情感，同時包含了有關來自基本情緒、原始腦的維持生命內穩狀態（homeostasis）。

　　所謂維持生命內穩狀態就是保持身體狀態穩定的運作。例如不論是夏天還是冬天，為了維持生命，體溫會被調整成一定的溫度。此外也會調整喉嚨的乾渴、空腹‧吃飽等。這樣的調節進行方式很複雜。環境有變化時，為了維持生命內穩狀態，就會改變身體的狀態。免疫系統、內分泌系統以及自律神經都會受到影響。為了讓生物能在環境中維持生命，又或者是為了能適應環境變化以維持生命所運作的調整，會與情感一起連動、運作。生命內穩狀態的平衡若被破壞，身體出現了危機，就會產生痛苦，又或者會產生動搖，希冀讓一切回歸原本的平衡。一般認為，這是原始生物也具備的情感。

（2）情感的次元

　　表示情感時，會依兩種次元來表示。首先是那分情感是怎樣的情

感〔這稱為情感效價（valence）〕。心情是否暢快〔用愉快－不愉快（pleasure / unpleasure）來表示〕是決定情感狀態如何的重要因素。情感狀態如何與評價消極程度多寡，或是評價積極度有多少間有著強烈的關係。在正式上場前若認為心跳不已的情況是愉快的，那或許就會興奮；但若認為是不愉快的，那或許就會緊張。這個次元也決定了情感性質的不同。

還有一點是，感受到的強度〔稱為喚起度（arousal）〕表示〔用覺醒－非覺醒（excitement / calm）來表示〕從強烈感受到的程度到沒有強烈感受到的所有程度。這也就是所謂情感的強度。這是感受到身體情感的程度，也是神經的反應程度。此外也是認識到自己情感強度有多強的程度。一般認為，這也可以用來表示在意識上有多強烈察覺到情感的程度。

詹姆斯・羅素*（James A. Russell）的情緒環狀模型（圖1-8）的橫軸是「愉快－不愉快」，表示情感效價；縱軸的「活性－非活性」則是表示喚醒度。因此，圖1-8右側性質上是「愉快」的情感，表示正面的情感。正面的情感與幸福相關，也與活力有關。左側是表示消極負面的情感。消極負面的情感會削減活力，抑止解決問題的能力。此外也表示有容易迴避的傾向。

在圖1-8中所表示的情感會受到文化、環境的影響，以及個人面對該情感時的應對過程所影響，甚至還會受到如何評價與相關人士的對話、發生事件的影響，是難以用單一表情來表示的複雜事物。

羅素稱寫在圖1-8環狀上的為核心情感（core affect）。這些是情感的一個單位。核心情感做為構成複雜情感的單位是可以表現出來的。我們在發生某些事件時所感受到的情感，很少能用其中一個核心情感

_____

*註：詹姆斯・羅素，美國心理學家。

圖 1-8　羅素的情緒環狀模型

（出處）Russell & Barrett（1999）

表現出一切，或許會須要組合好幾種才能表現出來。此外，或許情感也是無法用語言明確表現出來的。當然，所有人所體驗到的情感都難以只用這些核心情感的詞彙來表現。情感是很複雜的，有時也會無法將之明確地化為語言。實際上，諮商者會使用多個情感語言來表現自己的情感、模糊的情感以及相反的情感。

　　此外，一般認為情感（情緒）會與特定的生理反應做連結。例如感到憤怒、恐懼、悲傷、幸福、驚訝時心跳會加快；感到厭惡時心跳會減緩；感到憤怒、悲傷、幸福時體溫會上升；感到恐懼、驚訝、嫌惡時下降。其他還有悲傷時血壓會上升，心跳會不規律，呼吸會減緩等；恐懼時皮質醇與腎上腺素會增加，心跳加快，呼吸變快等，各種情感都與血壓、呼吸數、荷爾蒙的分泌等變化有關。心跳數、體溫、

血壓等是自律神經在作用，情感則與自律神經的運作有關。

5　矛盾的情感

前面已經提過情感是很複雜的。同時，構成情感的眾單位也多有矛盾。欲求是包含著「想做」「不想做」這樣的矛盾心理。在動機式晤談法*中所使用的方法是，利用在欲求中的矛盾心理使諮商者直接面對問題（參考第2章第2節）。矛盾的情感亦是如此。

有時情感會與欲求有矛盾，例如儘管想著「想做……」卻也會「討厭」做那件事。這樣的情況經常可以在以成為諮商師為目標、正努力學習心理學的人身上看到，即便「想學心理學」卻也「討厭讀書」。若是想搞清楚「到底是想念心理學還是討厭？雖然想學心理學但是否其實並不是真這麼想的？我是真的想學心理學嗎？還是只是搞錯了？我到底是想怎樣？」應該會因為不斷糾結卻找不出結論而走入死胡同吧。「想學心理學」是事實，「討厭讀書」也是事實。兩者都正確、都沒錯。在能接受兩者都是真的時就能往前邁進。在欲求與情感間做出妥協與調整後才能起步走。

有時情感也會與想法有矛盾。某位女性諮商者的丈夫在女性關係上很不誠實，她對丈夫的情感與想法起了矛盾而感到痛苦。她想著「絕對無法原諒」丈夫，湧現的卻不是憤怒而是悲傷，對此她很疑惑：「我不應該感到悲傷的，我到底是為了什麼而感到悲傷呢？」那時她沒有接受自己的悲傷。就這樣一直持續著痛苦的狀態。不論是「無法原諒」的想法還是「悲傷」的情感都是貨真價實的。她必須要

---

*註：動機式晤談法，一種諮商理論，為幫助諮商者探索與解決矛盾來激發其改
　　變自己的行為。

接受這兩者，如此才能前進到妥協的階段。

　　眾情感有時也會彼此矛盾。在諮商者中，不少人都期盼能搞清楚自己真實的情感。但那樣會產生糾葛，讓情感處理無法進行下去。某位諮商者對在東日本大地震失蹤的家人感受到「悲傷」。雖認為對方可能因海嘯而殞命，卻也希望對方還在某處活著。至今，只要家中的電鈴響起，她都會嚇一跳。可是，對失蹤的家人感受到「悲傷」時，也會湧現出「憤怒」。在情感處理法中，她將自身所感受到的悲傷以吐氣方式吐出身體外來進行處理時，怒氣卻湧現出來。當時她表示感到很混亂。她提出疑問：「我明明感到悲傷，為什麼又會湧現出憤怒呢？」她說：「我自己都搞不太清楚了。也不知道接下來該怎麼面對這件事。」她對自己的憤怒感到很混亂，並開始表現出拒絕接受的態度。她認為，只要接受了憤怒，就無法整理好自己到底是什麼感受而感到不安。比起在海嘯中被救起的自己，失蹤的家人應該是比自己更痛苦的，而對此感到憤怒的她於是究責於自己的人性。她認為，對身處痛苦中的家人心懷憤怒實在太自私任性了。話說回來，自己明明沒有發火，為什麼會感到憤怒呢？諮商者對自己心中矛盾的情感感到混亂。諮商師對她說：「妳很難過而且也很生氣吧？這兩者都是妳真實的情感喔。妳可以悲傷，同時也可以生氣。因為兩者都是妳的真心實意。」諮商者接受了這說法時，她才能接受自己有著悲傷與憤怒這兩種情感，並且能感受、處理這兩種情感。之後她說：「我感到輕鬆多了。」對失蹤家人所感到的悲傷也變得更為鮮明了。

　　諮商者若是黑白分明的人，尤其會很強調情感的明確化，有時這樣會妨礙情感處理的進行。

・認知到自己所感受的情感是事實、是真的

而且，

・接受感受到的情感

這樣才能往前走。

用兩種情感來表現矛盾心理時，須注意不要使用「可是」「但是」「然而」等連接詞。做出「我很難過，但也很生氣」這種表現時，意識會更想消除「但」前面的悲傷。這些連接詞，有著會否定前述情感的心理作用。為了能接受所有情感，最好使用不否定一切情感的表現。使用「而且」「同時」等連接詞就很有效。「我很悲傷，而且很生氣」「我很悲傷，同時也很生氣」這樣就容易接受兩者的情感。

6　發生的事件記憶與情感

（1）不帶情感地述說事件

諮商者在敘述過去發生的事件時，大多會伴隨著情感。諮商者對於那件發生的事即便是淡漠地描述著事實，其實在那個當下，大多都有感受到情感，即便只有一點。或許之所以沒有情感表現是因為抑制著情感在說話。因此，即便諮商者淡漠地說著事件，諮商師仍要注意並深刻觀察他們有無感受到情感。尤其是在諮商中複述過好幾次的事件，就是諮商者對該事件留下深刻的印象，又或是沒有處理隨之而來的情感就這樣殘留在心中。在大多數情況下，人們不會沒有感受到情感而只留下印象。假設接收到的諮商者反應是這樣的，最好要想一下對方重複述說的事件中有何意義。如果情感沒有獲得處理，在本人的心中也就無法整理好該事件，那就稱為「未完結」。也就是說，大多時候，重複述說的事件意指未完結的事件。

某位諮商者因為國中的社團活動曬得很黑，結果讓附近溫柔的奶奶嚇了一跳，他笑著說了這件事兩次。第一次是出現在訪談時提到學生時代社團活動事情的文脈中，第二次是出現在提到關於國中時人際關係的文脈中。第二次時，諮商師回應他：「你為了社團活動曬到那

麼黑，真的是很努力呢。」結果諮商者的表情突然就沒了笑容並流下淚來。諮商師問他落淚的原因，他說：「我這麼努力卻從未有人認可，這是第一次有人理解我。」之後談話就深入到他從小就很努力卻沒獲得認可，覺得很痛苦。

　　某位諮商者提到幼年時期曾在母親節送花給母親。母親很喜歡花，而且同年級的女孩子們也都在談論花的事，大家都說喜歡花的女性似乎很多。這些話是從談到會對家人做出精神暴力的祖父的事件文脈所衍生出來的，因此諮商師第一次聽到這件事時只把這當閒聊的小事。當她第二次在諮商中提到這個話題，諮商師便把焦點放在該話題上，並問她：「妳送了什麼花呢？為什麼要送花給母親呢？母親的反應又是怎麼樣的呢？」她仔細地告訴了諮商師當時送花給母親的事。雖買花送給母親，但母親卻不怎麼高興，當時她感受到了很大的失落感，回想起來，她總是在觀察母親的心情，而且很多時候在觀察母親的心情並做出了某些事卻是白費功夫後都感到很沮喪，每次這種時候她都會覺得自己果然幫不上他人的忙。至今，她仍會觀察別人的心情，想著要為對方做些什麼而白費功夫，每次白費功夫時就會在腦中強烈地浮現上述那種自我印象。之後的話題就擴大到諮商者在往後人生中一直持續著的自我印象。像這樣重複述說的事件是有其意義的。該事件有可能是未完結，探究其中有殘留著未處理的情感同時做出連結是很重要的。

（2）創傷經歷與情感

　　根據多個研究顯示，對發生的事件愈是有情感的感受，愈容易留在記憶中（容易想起）（Thompson，1985）。亦即，記得的事件感受到強烈情感的可能性極大。反過來說，若經歷過某件事卻沒什麼情感活動時，大多就不會將那件事留在記憶中（想不起來）。重複述說的事

件伴隨有強烈的情感，所以會留下同樣深刻的記憶。

　　回想起不好的記憶會讓人心情不愉快，那是因為事件與不愉快的情感連結在了一起。透過處理事件中不愉快的情感，壞心情就會逐漸減少，因而也就逐漸不會再回想起不好的記憶。前不久，有位在二次世界大戰中經歷過長崎原爆的諮商者處理了超過65年的情緒。每年一到夏天，他回想起原爆的次數就會增加，連做夢都會夢見，因而睡不好。炎熱的季節本就很耗體力，睡眠量與品質的低下更奪去了他的體力。諮商者年紀很大了，考慮到體力被大量消耗對健康會有不良影響，於是有人建議他來進行諮商面談。在諮商中，諮商者說了自己做的夢。那是在原爆後，他不知道母親已經去世卻仍在尋找母親的事。諮商者淡淡地說著，而諮商師則一直聽到了最後，之後讓諮商者再度感受關於幾個場面的情感。諮商者體驗並處理了看到死人時的恐懼與看到燒焦的人時的恐怖，以及一直尋找母親時的不安。之後他吐出了對原爆的憤怒。最後，他將母親的形象投射在空椅子上，說出了內心一直想對母親說卻沒說的話，以及他很愛母親這件事。之後，諮商者在日常生活中想起原爆的次數減少了，也不再做夢，成功改善了睡眠量與品質的問題。像這樣，透過處理、減少伴隨事件而來的情感，就不會回想起不好的事。情感處理的結果是不會再強烈意識到與事件有連結的情感，所以討厭的事件就只是事件而已。這就是種淡化不好記憶的體驗。即便是像創傷記憶那樣連結有強烈不愉快情感的事件，也不會再回想起來。

（3）想起創傷

　　想不起來的事或許是沒有伴隨著那麼強烈情感的事件。可是儘管伴隨著強烈的不愉快情感，也有想不起來的事。無法忍受接受該情感而壓抑下時就會想不起來。諮商師經常會見到有些案例是因創傷經驗

而想不起事件本身與情感的,是處於記不得經歷過創傷性事件的狀態。在進行諮商者的(其他事件,非創傷體驗)情感處理過程中,有時諮商者會想起創傷性事件與隨之而來的情感。那時候與其說是突然想起,大多數情況更像是才開始認知到自己好像忘記了什麼事,之後則片段地想起了好幾個事件,然後開始隱隱約約地看到事件的輪廓。直到經過約2~3次的諮商,事件的輪廓才開始逐漸清晰起來。

　　某位女性諮商者想起了四歲時與性相關的創傷經歷。一開始她先只是想起了發生事件房間天花板的景象。當時她無法理解自己是發生了什麼事,不知道那是否是在哪裡看過的景象記憶復甦了。她將此事置之不理過了一星期後,她想起了當時的痛苦與恐懼,又過了一個月後,她想起了那個房間的所在地以及看到的光景。最後,她明確想起了究竟發生了什麼事。如今,有了家庭的她想試著確認而實際去到那地方,並證實了自己記憶中的那個場所的確是存在的,而她也知曉了在自己身上發生的事。對諮商者來說,創傷體驗事件記憶的甦醒讓她大受打擊。諮商者開始想起忘記了的某些事時,不可以為了讓他們快點想起來而把話題轉到那件事上。在諮商中認為盡快讓諮商者想起事件並處理情感對本人來說是好的這種想法只是自以為是。另外,似乎也有諮商師會為了讓諮商者弄清楚事件的輪廓而針對諮商者遺忘的某些事提問。這樣的基本觀念是錯誤的。諮商者尚未做好準備就想起那件事時,將會承受到難以忍受的打擊(當然,即便做好準備也會受到很大打擊)。情感處理法認為,諮商者的心靈處在沒有準備好接受事件情感狀態時,會為了守護自己的心而不想起事件。即便那會延遲解決問題,但也不是在抵抗解決問題。諮商者會在自己準備好想起當時事件時想起來。所謂的準備就是能接受、體驗並處理伴隨事件而來的情感。只要持續進行情感處理,就能提升處理情感的能力,早晚都能接受。等待諮商者能主動想起並開始述說該件事,也是諮商師一個重要

的態度。

　　透過進行日常壓力事件的情感處理而非創傷經歷，將能提升察覺、感受情感的能力。若能面對伴隨有恐懼的經驗並處理該分恐懼，就能在此前沒感覺到有恐懼的事件中，察覺自己感受到了恐懼，並能接受、感受、處理那分恐懼（將恐懼減輕到可控狀態）。這就稱為能力提升。處理了恐懼的情感後，逐漸地就會提升接受恐懼的能力。很多回想起創傷的諮商者都有在進行恐懼的情感處理。我認為，那就是在提升接受創傷性事件恐懼的能力，亦即是做好了面對創傷的準備。

（4）沒有幼年時期的記憶

　　此外，也有諮商者說自己「沒有幼年時期的記憶」。我負責的諮商者中有好幾位三十至四十多歲的諮商者都說自己沒有小學時代的記憶，直到國中後才有記憶。他們的共通點是，不只有特定的情感，而是壓抑著各種情感，包括恐懼、悲傷、憤怒、喜悅而活。為了進行情感處理，我讓他們置身於會感受到情感的情境下（最近有感受到壓力的情境），並請他們回報我當下的體驗，結果他們的回覆是：「沒感覺。」即便有人對他們口吐惡言、否定他們人格等不論感受到任何情感都很正常的狀況下，他們也說「沒感覺」。可是人不可能天生就沒有情感，只是在無意識中壓抑下情感罷了。因此他們其實天生就有感受的能力，而且至今也一直都有。與他們進行諮商時，我會持續對他們進行情感處理，並幫助他們能逐漸察覺到情感。在這過程中，過去記憶甦醒（能想得起來）的情況並不罕見。倒不如說，幾乎所有諮商者都想起了過去的事。例如有位諮商者曾告訴我他完全沒有國小時的記憶，但現在卻能回想起許多國小時的事了。情感處理的範圍一下子就擴大，加快了解決問題的進度。

　　隨著情感處理的進展，除了能感受到特定的情感，也會想起多個

事件。想起的事件是與諮商者變得能感受到的特定情感相關。例如隨著情感處理的進展，若能感受到至今都說沒感覺到的憤怒，就能想起至今想不起來但經歷過的、伴隨憤怒的事件記憶。進行情感處理且變得能體驗到的情感若是悲傷，就會想起與悲傷有關的事件記憶；若是寂寞，就會想起與寂寞有關的事件記憶；若是厭惡，就會想起與厭惡有關的事件記憶。就像這樣，會想起的事件都帶著能察覺、體驗到的情感。透過情感處理，諮商者能感受到此前不喜歡或感受不到的情感，在想不起來的記憶復甦時，會更貼近該事件。因此我們要一併考慮「想得起來」這件事的意義。那對感受情感會有建設性的意義。

（5）伴隨積極正面情感的記憶

此外，不僅是消極負面的情感，感受到興奮、開心、感謝、愉悅、幸福等情緒時，與之有關的事件記憶也會復甦。能感受到喜悅的諮商者想起了以前曾伴隨著喜悅的事件記憶。有位諮商者本只能淡淡地表現情感，在練習了情感處理後，變得能鮮活地表現出情感，他因此也想起了好幾個孩童時期的興奮感受、表現出鮮活情感的情形。

某位諮商者說，以前他沒感覺，但現在能回想起並感受到孩童時被雙親無條件愛著的愉悅。之後在認為沒有被愛記憶的幼年時期，也想起了好幾個實際體驗到被父母愛著的事件記憶，同時他也能再度感受到那個時候的愉悅情感。最後，諮商者不僅能記起被愛的事，也發現其實自己有著好幾件事的記憶，而這些記憶可以說就是自己被愛著的證據。之後，諮商者進行了「依戀諮商（參考第3章第16節）」，變得比起擔心他人是否會拋棄自己，更能感受到被愛的確信與安心。

此外，某位諮商者說，他自小就沒有受到父母的守護，沒有安心感，覺得世上的其他人都有傷害自己的危險性。他處理了好幾次小時候沒獲得雙親守護時的恐懼與憤怒，在諮商關係中逐漸獲得了安心

感。他因此變得能對他人逐漸感到放心，後來能說出在小時候有感受到來自雙親的守護與安心感，他說，沒獲得守護的孩童時期體驗簡直就像沒那回事般。在小時候發生的事件中，從只回想起沒人守護自己的消極一面，變成想起了其實是有人在守護著自己的，這樣的變化簡直可以看成是發生了記憶的改寫。

若想不起被愛的記憶，就會感受到被拋棄的不安，只要想起被愛的事，就能確信是受他人所愛並獲得安心感，這可以看成是記憶大為影響了如今的內心問題。記憶不是記錄事實，有很多研究都表明，記憶會扭曲事實。認為是正確的記憶，大多也會受到之後各式各樣的影響而重新建構。因此，說出口的記憶不一定就是正確的。可是那也並非是錯誤的。說出口的事件是內心中的現實。也就是說，是對諮商者內心來說重要的現實。患者在回想起孩提時代受到虐待時，有時會在回想起後才出現受虐時內心受的傷與症狀。假設回想起的那分記憶是錯誤的，那麼即便沒受過虐待，有時也會出現內心的傷痕與症狀。關於這點，在美國，因為治療師判定解釋「只要你不記得，其實就沒有受虐」，而被植入虛假記憶的精神疾病患者或其家屬和治療師之間發生了許多法律訴訟。只要該前提成立，在回想起正面事件的記憶時，就能正面推動現在的心靈狀態健全化。當然，要植入虛假的記憶並非能恣意而為的。最好是在通過情感處理來減少不悅的情感、增加正面積極情感的過程中自然實現。

7 思考・情感・行動是一個套組

（1）思考・情感・行動

情感是與思考、行動成套的（圖1-9）。情感會與思考、行動相結合。本書中雖用「思考」來表現，但通常人們不太會說「思考」，而

思考（觀念、想法、信念、認知）
情感（心情、情緒） ⎫
行動（態度、身體狀態、症狀） ⎭ 1組

圖1-9　思考 · 情感 · 行動為一個套組

是用「認知」。思考與認知在含意上有些微不同。思考是內心的活動，是全面性的，例如包含有主體性的考量，有更廣泛的意義。而所謂的認知，則有著重視狀況、事物評價以及接受方式這方面的含意，指的是思考的一個面。本書的「思考」指的是如何接受、評價事件，所以嚴格來說，用認知來表現會比較正確，但認知不是我們在日常會話中常用到的詞彙，在向一般諮商者說明時，用想法、思考來表現會比較容易讓他們理解。在此就使用在向諮商者說明時的「思考」。

雖用「一個套組」來表現，卻不是同時發生。就順序來說是思考優先。受到思考的影響，情感才湧現。因為有了評價（思考），像是現今感覺、體驗的狀況與生理反應對自己是好是壞？是否能應對？對自己而言是否重要？才決定了湧現出的情感是何者。就這層意思來說，情感是完全依附於思考（狀況的評價），因此思考會先於情感。

有時我們會用「觀念」「想法」「信念」「認知」來表現思考。有時會用「情緒」「心情」來表現情感。「氣氛」則是指持續的時間稍微長些、籠統的身心狀態，所以不同於「情感」。另一方面，要處理因「氣氛」所引起的「情感」時，諮商者中也會有人用氣氛來表現情感，但要處理的是情感而非氣氛。

「行動」不僅是主動發起的，也包含無意識下所表現出來的態度及手勢，或是因「思考」結果所引起的身心狀態或症狀，像是身體緊繃、害羞臉紅、顫抖等。

（2）認知與情感

在認知行動療法中，是基於思考（認知）先於情感這種觀念來做說明。艾利斯[1]（Albert Ellis）的理性情緒行為療法是認知行為療法理論之一，該理論認為，針對誘發性事件（Activating event），信念（Belief，也就是思考）會影響認知上的解釋，因而產生情感與行動的結果（Consequence）。以不愉快情感為基礎的信念很不合理，所以要透過反駁（Dispute）來修正為合理的。

在貝克[2]（Beck.A.T.）的認知療法中稱思考為自動思考（automatic thoughts）。他認為，不是事件引起了情感以及行動，而是如何認知事件決定了情感。基於不愉快情感所形成的自動思考是扭曲的認知（cognitive distortion）。認知療法會利用思考的記述、明確該證據、理解認知扭曲的模式、實施反證等技法來修正扭曲的認知。

認知行為療法認為，認知是可以被化做語言來記述的，所以無法單純地評價為愉快或不愉快，而是高度更高、思考更複雜的事物。

思考・情感・行動在面對狀況與事件時是思考先行，而情感與行動則會受到思考的影響。只要修正了思考，也就修正了情感與行動，這可以想成是一個套組。

不論是理性情緒行為療法還是認知療法，目的都是藉由修正認知（思考）來改變情感，關注的焦點是思考。認知行為療法在修正認知的階段，有時也會聚焦在諮商者的情感上，但目的仍是修正認知。

情感處理法是以情感為主來做處理，但也有把修正思考當目標。儘管是處理情感，但也認為修正思考能讓諮商者輕鬆解決問題，所以

---

*註1：亞伯特・艾利斯，1913～2007年，美國臨床心理學家。
*註2：貝克，全名亞倫特姆金・貝克（Aaron Temkin Beck，1921～2021年），美國精神病醫生。

很重要。思考先於情感就是這個意思。而情感處理法是聚焦在情感面，透過處理、改變情感，就容易修正思考。

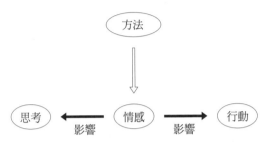

圖 1-10　情感處理會影響到思考與行動

（3）探究情感

　　探究情感的結果就是改變了思考。例如有位諮商者在上司問他工作進度時每次都會受到責罵而倍感壓力，他覺得要去上班很痛苦，對工作失去了興趣。諮商者看到和自己有著同樣工作進度的同事似乎都沒被上司責罵，就認為上司是：「總是在斥責我，上司就是很討厭我」「因為想把我趕出這個部門，才會用那種態度對我」。他甚至匯集了自己扭曲思考的證據，像是有聽過傳聞說，以前曾被該位上司冷淡以對的其他員工也遭受過密集的責罵並陷入憂鬱狀態而調到其他部門去等。

　　諮商者進行情感處理法後，吐露出了對上司的厭惡、憤怒、不安（害怕被討厭）等的情感。結果，諮商者的想法改變了，改成了「被上司討厭又不會死，所以沒問題的。反正我也沒想要他喜歡我，討厭也無所謂」。帶著如此想法的諮商者於是找回了對工作的幹勁。

　　就像這樣，思考的變化是探究情感的結果，那樣的變化不是預先設計好的。我們並非是要驗證思考的扭曲，也不是要討論支持扭曲思

考的根據。我們不是要以修正思考為目的來進行情感處理，而是因為處理了情感才修正了思考。處理情感後，大多時候也都能修正思考。

（4）因情感處理法而改變了思考

　　情感應該是要依存於思考（狀況的評價）的，或許處理了情感思考就會改變這說法聽起來很奇怪，但其實一點都不。透過持續進行情感處理，思考就會朝諮商者本人所期望的方向修正。若能改變思考，諮商者就會想改變。諮商者在內心某處其實並不想想著「總是在斥責我，上司就是很討厭我」「因為想把我趕出這個部門，才會用那種態度對我」。他在腦中也知道，不這樣想對自己比較好，可是心情卻沒能同步。透過處理情感讓心情同步後，諮商者本想著「這樣想明明會比較輕鬆」的思考就起了變化，這就是情感處理法會歷經的過程。

　　諮商者在進行情感處理法的過程中，有時會像初次察覺到自己有新想法般，展現出興奮的模樣。像是「啊，是這樣啊，要是這樣想就好了呢」。可是那個新想法本就是諮商者所期望的，也是之前想過的。不論諮商者是否有意識到那個想法，也就是不論有沒有在腦中想著「要是那樣想就輕鬆多了」「想成為會那樣想的自己」，都會在無意識中期望自己能那樣想。前述處理了對上司有著不悅情感的諮商者也是，在面談中，他也做出了「被上司討厭也無所謂」這樣有如新發現的發言。其實諮商者以前雖沒意識到，卻已經期望著能這樣想了。諮商者在初次面談中說：「要是能不在意上司（的斥責）就輕鬆多了。」雖貌似他本人並沒有意識到，但其實他希望自己的想法能改變成不去在意上司的斥責。透過情感處理，諮商者終於能做出那樣的思考了。

（5）思考修正會朝向讓本人變輕鬆的方向進行

諮商者的思考修正會朝自己期望的方向發展，那也是會讓本人感到輕鬆的方向。所謂感到輕鬆的方向並不侷限於是有社會適應性或有建設性的。

有位40多歲的女性諮商者煩惱與母親的關係，因為母親在她幼年時期會宣稱為了管教而對她動手。在因為丈夫的調職而搬到其他縣市時，她猶疑著是否要帶著住在隔壁的70多歲母親一同前往。若與母親長時間接觸，大多時候心情都會變很糟，可是又不能放著母親不管。她想要解決一與母親相處心情就會變糟的情況，所以進行了情感處理。在處理了面對母親時湧現的討厭心情後，她大為減少了與母親接觸時的討厭心情，變得能輕鬆說話了。而且諮商者決定「不要勉強與母親相處」，她選擇了不要帶著母親一起搬家，而是分開住。

某位50幾歲的男性諮商者害怕相信人。他很多時候都因幻想、害怕著可能會被背叛而煩惱不已，經常耗費精神在尋找人們不可信賴的證據。就諮商師來看，與他工作有關的人們表現出來的言行舉止並無惡意，但他卻為此被牽著鼻子走。進行了情感處理後，他下定決心「別想著要去相信人，也別去期待他人或許是可信的」，之後他說：「感覺很舒暢」「較之從前，因人們說的話而讓內心感到疑惑的情況減少了」。

這些例子或許都無法說是將思考方向修正成了有適應性、有建設性，而是修正成了較為輕鬆的。但是這些案例想法的改變，或許還只是處於中途，還沒到終點，還是有可能將他們的思考方向終點修正成比現今更輕鬆且更有適應性、建設性的，至少在情感處理法中是這樣認為的。

（6）情感處理法無法改變思考

修正思考不是情感處理法的目的還有一個原因。例如對上司懷有不快的情感，想要處理、減少「討厭」時，別想著「上司總是斥責我，他很討厭我」「他想把我趕出這個部門，才會用那種態度對我」，若帶著「被上司討厭也無所謂」這樣強烈的意識來進行情感處理法，就會不順利。或許本人沒有意識到，但在不知不覺中會陷入「非改變不可」「非得進行情感處理不可」這種「非得……不可」「應該……」的糾結狀態中。這些都是「應該思考」。從「應該思考」中無法誕生出自然且舒適的連續性變化。即便出現了變化，也不是令人舒適的狀態，很多時候都會立刻變回原樣。因此變化只是暫時性的，很快就會結束。依據情感處理法，要能自然且舒適地完成變化，比起明確擁有修正思考的目標，單只是將自己現今感受到的不愉快情感吐出身體外以減少這些情感，效果絕對會更好。

8　狀況與情感

（1）決定

我們在經歷某種狀況時，會思考、感受，並行動。例如他人不理解自己時，會想著：「他人果然不可信賴」，感受到「憤怒」。有位諮商者所採取的行動是與對方保持距離。他至今仍處在同樣狀況，也就是不被他人理解的狀況中，並湧現出同樣的想法與情感。他是從何時開始在同樣狀況下重複著這種思考·情感·行動模式的呢？那絕對不是他一生下來就這樣，而是從某個時候開始的。那可以被稱做是最初的體驗，而開始這模式契機的情景就被稱為「原始情景」。

人的行為模式是，在碰上相同狀況時，會引起同樣的思考與情感，並做出相同的反應與行動。這不僅限於創傷事件。即便不是像創

傷那樣攸關生死的事件，也會引起與最初發生（最初體驗到）的原始情景相同的情感、反應、行動。例如每次被上司怒罵時就會回想起（再次體驗到）小時候被父親怒罵時的情感，並像當時一樣縮起身體。

而且除了情感也伴隨著思考。例如周遭的人每次都嘲笑自己的言行舉止時，就會再現過去自己在丟臉場景中感受到的情感與思考，想著：「我沒辦法做好事情，我真是個笨蛋」。此外，朋友遲遲不回LINE時，會覺得寂寞而再現孩童時代朋友遠離、排擠自己時的寂寞感受以及當時的想法，認為：「大家都離我而去了」，這些都是代表性的例子。

如同前述（參考第1節），在溝通分析中，處於某種狀況下所採取的思考・情感・行動的特定模式就稱為「做決定」。人會在往後人生中的相同場景中重複體驗到做決定後的思考・情感・行動模式。我們擁有許多的「決定」。藉由觀察遵循決定的思考・情感・行動，就能看出該人的性格。像是「若有人對那個人強勢發言，他絕對是一言不發」「那個人在與人交往時非常緊張」等，這些都是基於決定所做出的行動，而這些行動就會表現為性格。

在決定中，會大為影響人生的就稱為禁止令決定。禁止令決定這個概念就類似於在認知行為療法中所指，誕生出自動思考的基模。決定與禁止令決定都是思考，是構成如今思考基礎的思考，表現出了幼兒時期就決定好的、有關「自己」「他人」「世界」的信條。幼兒時期若沒有被雙親重視，就會認定：「我是沒有價值的人」，感受到附加在這想法上而引起的情感時，在之後的相同狀況下，都會再度體驗到「我沒有價值」這樣的想法（信條）以及當時的情感。一般認為，決定了的思考・情感・行動套組會在之後的人生中多次反覆出現。伴隨著不快情感的決定很多都是適應性觀點，所以是非建設性的。

決定並非都是負面消極的，也是有具適應性且正面積極的。適應性且正面積極的決定有如下的例子：在職場中看到被排擠的人，就會想起自己被霸凌的時候，為了不讓對方受到排擠而與他搭話；要衝動購物時，想起以前家貧的景況就變得不想買了；體驗過沒帶傘出門碰上窘境的狀況後，以後就會都帶傘出門了等等。

我們能將思考‧情感‧行動總括在一起來考慮事情。只要改變了決定，亦即只要修正了思考，不快的情感就會減少，行動也會改變。同時，只要情感改變了，決定也容易改變。

（2）情感處理法的處理對象──情感

在溝通分析中是將已經習慣的不愉快情感視作「扭曲情感（racket feelings）」並做如下的定義：所謂的扭曲情感，是在同樣狀況下所使用被定型化了的不愉快情感，也是在壓力下所體驗到熟悉且深度的情感。在幼兒時期，這大多被用作獲取父母之愛的手段，是與非適應性的行動與不合理思考相結合的。此外也是相應於該狀況的真實情感〔自然的情感（authentic feelings）〕的替代感覺。

例如有某位女性期待自己因照顧年幼的弟弟而能獲得忙碌雙親的關注、讚揚，而且她還很得意地跟雙親說了自己今天彈了新的鋼琴曲，但雙親卻一臉嫌麻煩的模樣回應她，連目光都沒與她交會。那時候她想著：「雙親不重視我。」使用了扭曲的感覺「煩躁不安」，採取了生悶氣的態度，踢開了眼前的拖鞋。為此，雙親責罵了她一頓。那時候她其實想要獲得讚美以及父母的愛，但因為被斥責了，就避免了被忽視這最糟糕的事態。人在無法獲得與愛相關的情感時，就會想要獲得斥責等負面相關的情感而做出行動。比起被忽視，這樣的內心傷害會少一些。在想著「我不被重視」時，她決定使用「煩躁不安」，採取激怒對方的行動。這個行動就被稱為「扭曲行動」。扭曲

行動是為了體會在無意識下的扭曲情感，又或是累積了的扭曲情感而用的。即便她長大成人，在面臨到「不被重視」的情況時，仍會持續使用扭曲情感「煩躁不安」。因為這樣的情況一再重複，就強化了那個決定。一般認為，扭曲情感是掩飾了自然情感的人工情感。也就是說，在那樣的場景下，她的自然情感並非「煩躁不安」。

各種情感都有可能是扭曲情感。自己再三感受到的不悅情感，或在同樣狀況下感受到的不悅情感，亦即熟悉的深度不悅情感就是扭曲情感。一般認為，扭曲情感是被編入思考・情感・行動這個套組模式中的。諮商者了解自己的扭曲情感，也就是在了解極大地影響了自己人生的不悅情感。而選擇扭曲情感做為情感處理的主題，則有可能會使自己的生活方式以及與他人間的關係出現極大的改變。因為扭曲情感是幼年期所做下的決定，是為獲得愛的方式，所以不論現今幾歲，都可能與該人生活方式的基礎有關。

各種情感都可能會變成扭曲情感，但表1-1所標示出的則是會成為扭曲情感的代表情感。在表中，在自己想到的扭曲情感處畫上○，並思考自己何時會有那種感受？那時候採取了什麼行動？那時候在想什麼（思考）等。

表 1-1　可能成為扭曲情感的情感

生氣、混亂、恐懼、妄自菲薄、自卑感、憂鬱、競爭意識、罪惡感、競爭心、煩躁不安、優越感、憎恨、不安感、不信賴感、擔心、孤獨感、無力感、脾氣暴躁、空虛感、焦慮、憤恨、沮喪、緊張感、悲傷、厭惡感、憐憫、疲勞感、絕望感、（留戀）懷念的心情、不足感、義務感、被拒絕的感覺、同情心、使命感、敗北感、後悔、猜疑心、羨慕、想責備人的心情、批判、被拋棄的心情、想撒嬌的心情、敵視的感覺、自責感、開心、喜悅、寂寞、無力感、依賴心 等

（出處）倉成／杉田（2013）

在萊斯利・格林伯格（Leslie Samuel Greenberg）＊提出的情緒取向治療（Emotion-Focused Therapy）中將情緒分為四種來進行理解，分別是原初適應性情緒（primary adaptive emotion responses）原初不適應性情緒（maladaptive primary emotions）次級反應情緒（secondary reactive emotions）工具性情緒（instrumental emotions）。原初適應性情緒是與狀況一致的直接反應情感，有助人們做出恰當的行動。在第2章第6節的表2-2、表2-3中記述的情感，有許多都是這類情感。原初不適應性情緒也是針對狀況做出直接反應的情感，但卻會妨礙人們做出恰當的應對。這與內心的創傷經歷有關。例如一旦想要與他人變得親密，就會體驗到恐懼，或是受到他人支援就感到振奮的情況皆是如此。次級反應情緒是接續原初適應性情緒所產生的情感，是會掩飾並使原初適應性情緒變質的情感。這情感是經思考後所產生，是為了守護自己遠離原初情緒。像是因為煩躁不安就不會去感受到被忽略的悲傷時，煩躁不安就是次級反應情緒。工具性情緒則是意圖要去影響對方、操弄對方的情感。認為只要沉浸在悲傷中，就能獲得他人幫助時，那分悲傷就是工具性情緒。一般認為，情緒取向治療中的原初適應性情緒會表現出溝通分析的真正情感，而原初不適應性情緒、次級反應情緒與工具性情緒則與扭曲情感同義。

情感處理法的對象可說就是解決扭曲的情感，並體驗到在那狀況下的適應性真實情感（自然情感）。

（3）伴隨著不愉快情感的交流

要找出熟悉且深度的不愉快情感、扭曲情感成套出現的行動，理

＊註：萊斯利・格林伯格，加拿大心理學家。

解「心機（games）」的概念很有意義。這有助於看出伴隨諮商者扭曲情感而來的、與他人間的交流。心機是以與他人交流的形式表現出來，不是獨自一人的行動，而是與他人有關，因此容易從諮商者與周遭人不愉快的互動交流中發現。心機的結尾是扭曲情感，進行心機行為是出自於想感受扭曲情感的無意識動機。

　　所謂的心機是指，與他人之間花費長時間反覆進行，最後品味到不愉快心情的交流。一般認為，心機表面上的言行舉止背後藏有其他意圖，而背後意欲的訊息則會比表面上的言行舉止更為影響到對方。而那許多都與客觀、冷靜且實事求是的自我、A的自我狀態（參考第4章第5節）無關。此外，心機多在陷入壓力狀態下時展現，那樣的交流也是在重現幼年時期獲得認可（關心、愛、斥責全都是認可）的方法。

　　心機多見於諮商者擁有扭曲情感時，諮商者只要處理了熟悉且深度的不悅情感，大多數就都不再會耍心機。此外，諮商者深入理解自己的心機，也有助於推進處理不愉快的情感。

　　艾瑞克・伯恩著眼於心機會遵循固定模式而展開，他以「心機公式（formula G）」（圖1-11）來表示。耍心機的人選定了容易上當受騙的人成為對象後就會開始耍心機。

圖1-11　心機的公式

（出處）Stewart & Joines ／深澤（校對翻譯）（1991）

例如有位上司找來工作進展不順利的下屬面談並給予他建議，一開始他會溫柔地傾聽下屬的話，但面對態度猶豫的下屬，最後就會強推意見，最終，不論是上司還是下屬，心情都會很不好。和伴侶說話時，不知不覺間就會責備對方沒聽自己說話。若重複幾次像這樣的交流，那就是心機。而最後嚐到的不悅心情則是扭曲情感。在心機的一開始，這樣的交流就表面上來看是看不出有什麼不愉快，但因為其背後隱藏有意圖，所以引起對方做出反應的心機最終都會發展成不愉快的情感。在這期間，就會開始對交流感到有壓力，做出了角色的替換。所謂的角色替換，就是本應是安慰對方的言行舉止卻變成了在責備對方；又或是去找人商量的一方，卻開始有被對方責備的感覺。因為發展與當初的意圖不同，於是就產生了混亂，最後就會嚐到煩躁不安、無力感、孤獨感、寂寞等熟悉的不愉快情感、扭曲情感。

心機有反覆性，會在日常生活中重複出現，表面交流的背後藏有其他訊息，而那絕對就是在沒有意識到的情況下所展開的心機。最後將會以個人特有的不愉快情感作結。這樣的交流互動會產生出不愉快的情感，絕不會令人感到舒服。

史蒂芬・卡普曼（Stephen Karpman）用角色來表現耍心機的人。心機是以「迫害者（Persecutor）」「受害者（Victim）」「拯救者（Rescuer）」這樣的角色來做表現，隨著心機的進行，該角色就會有轉變（圖1-12）。

迫害者會採取控制、批判、責備、攻擊對方等立場。受害者會採取自己無法思考、無法處理問題、無法行動等立場。拯救者採取的立場則是給予靠自己無法成事的人超出必要或對方沒有請求的支援。

人們在扮演這些角色的時候，有可能是在沒有意識到的狀況下耍心機。此外，能輕易採取任一立場的人，大多三不五時就會耍心機，且擁有不愉快的情緒。

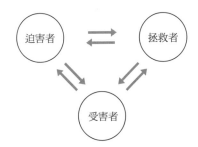

圖 1-12　卡普曼戲劇三角（Karpman Drama Triangle）

（出處）Stewart & Joines／深澤（校對翻譯）（1991）

　　據說人們一般會進行幾種偏好的心機。透過理解自己正在進行的心機，下決心別再耍心機，並進行情感處理，處理在心機結尾時所嚐到的扭曲情感，就能停止耍心機。透過將花費在耍心機上的許多時間，轉用在獨自思考或與他人閒聊、進行生產性活動、增進與他人的親密關係，就能擁有讓人感覺更舒暢的時間。

9　累積不愉快情感的原因

（1）迴避貼近情感的傾向

　　如第3節諮商者A子的事例般，一般來說，人們都是偏向思考與行動先於情感。為什麼我們會將情感往後推呢？因為受到了要迴避貼近情感這種想法的極大影響。許多諮商者都被教育到貼近情感不好。例如孩子若說：「我討厭唸書」「我不喜歡去學校」，大人會用什麼話回應呢？是會以接受他們心情的態度說：「你很討厭啊～」嗎？應該不少人都會教導孩子：「不要覺得討厭」「要是覺得不喜歡就會愈來愈不喜歡了」吧。在孩提時代父母就這樣告誡自己，很多人都被教導著要盡量不去看不愉快的情感而成長。若是關注不愉快的情感，就代

表著會一發不可收拾。「變得愈加討厭」這樣的表現別說是在接受與處理不愉快的情感了，那甚至是在告訴我們會因放大那樣的情感而新增不快。的確，有不少諮商者都深信「一旦感受到不安，那分不安就會愈形強烈」「若感受到悲傷就會更加悲傷」「感受到恐懼後就會不受控地被恐懼支配」。或許像這樣的觀念是一種方便的教育，但卻是錯誤的。

所謂「不要覺得討厭」是在壓抑或不去看自己的情感，情感愈是壓抑就愈扭曲。被抑制、壓抑的情感會一直留在心底，影響身心。與諮商者談話時會發現，有許多人有種錯誤的觀念：「不去看、忍耐下不愉快的情感才是在處理，若是壓抑下來，不愉快的情感就會消失，也不會感受到不快。這樣就能變得正面積極了」。甚至有的諮商者因為一直忍耐，導致身體各處感受到疼痛而求醫，卻被醫師診斷為是壓力引起而要其別再忍耐的。

（2）不愉快的情感滿溢而出

所謂累積情感是怎樣的狀態呢？感覺就像是圖1-13那幅杯子圖畫的狀態。杯子中積滿了水，因為表面張力而勉強地沒讓水溢出，我們可以把這水想成是累積的情感。在這個狀態下，只要稍加一點不愉快的刺激，例如只要有一滴水從上面滴下，水就會從杯中溢出。因為一點小小的不愉快事件，情感就會溢出。

有位20多歲的男性業務員在職場上被稱讚為溫柔又態度良好，有口才且說話沉穩，他平時就有很強的傾向在壓抑自己的心情。即便碰上了討厭的事也不會表現出來，只會面帶微笑。在某個星期，他被上司說教超過十分鐘連續五次。即便如此，他仍舊面帶微笑沉穩以對，但某日，上司把他叫去，對他提出的文件錯字申斥了約一分鐘。這是他在那一週被說教的情形中時間比較短的，而那些申斥也不是什麼大

圖 1-3　情感積累的狀態

事，都是些枝微末節的小事。他回到自己座位上後，沉默不語了一陣子，然後突然就大聲宣洩出憤怒：「我再也做不下去了！」並且用雙手拿著厚厚的文件大力敲桌子，發出了巨大的聲響，還站起來踢了自己的椅子後就離開了辦公室。周圍的人都被嚇了一大跳。人們之所以吃驚不只是因為他突然暴怒地發出很大聲響、大力敲打桌子，還因為他平時都很溫順，卻做出了一反常態的行為。當時的他就是杯子的水滿溢而出的狀態。上司約一分鐘的申斥，則是讓杯子的水滿溢出來的最後一滴水。

　　杯子的水滿溢而出的狀態就像這名20多歲的業務員例子一樣，不只是因為再也無法抑制情感才爆發。就如同壓力反應會表現在身體面‧心理面‧行動面上，杯子裡的水滿溢而出時也會表現在身體面‧心理面‧行動面上。不會只表現在某一面上，而是多個層面上。此外，也不是說累積某種情感就會表現在某一面上，表現方式會因人而異。若是那位20多歲業務員的例子，因無法抑制而爆發出強烈怒氣是心理面，敲打桌子則是表現在行動面。

　　在心理面會表現出壓抑著的憂鬱，以及強烈的不安、憤怒。在行動面則多表現為暴食、飲酒過量、理智斷線等。很多時候會同時表現在心理面與行動面上。某位20多歲的男性諮商者對母親毫無惡意的言行舉止感到強烈的不安，於是就對家中家具或踢或打地做出暴力行

為，以此來威嚇母親。例如他向母親批判父親說：「爸爸完全沒為這個家著想過，像那樣的父親，沒了還比較好！」此時母親若回答：「可是你爸爸要是不在了，連飯都吃不上，那可是很愁人的！」他就會突然從客廳的椅子上站起並走到隔壁房間去，大力將衣櫃的平開門踢到凹陷，然後又一句話不說地走到自己房間去，用力且大聲地關上房門。這也是在心理面與行動面上一起表現出來的例子。

若只介紹像這樣誇張的例子，難免有人誤以為一般人不太會出現杯子的水滿溢而出的情況，接著來介紹一些常見的例子。有位30多歲的家庭主婦在唸小學的孩子不聽自己的話時會忍不住哭泣。偶爾她會一邊哭，一邊歇斯底里的對孩子大聲說：「媽媽對任何事情都感到很痛苦！」母親哀嘆著孩子不聽自己的話，以及自己在婚姻生活中總是在忍耐，孩子於是很害怕這樣的母親。可是母親認為在柔弱孩子面前哭泣的自己是沒有威嚴的，所以就想著一定要更嚴格對待孩子。這名母親的目標方向錯了，不管孩子是不是僅是害怕她，若用更嚴格的態度去對待孩子，或許親子間就會出現某些問題，陷入危險狀態。就她的情況來說，除了歇斯底里大叫，在孩子面前哭泣也是杯子的水滿溢出來的狀態。

另外有位40多歲的男性在與妻子的對話不如預期時就會變得不想說話。連妻子喊他都不回應。他三不五時就會兩、三天不說話，過分的時候曾經三個月完全不說話。妻子因此倍感壓力，沒有自信往後兩人能否持續一起生活下去。還有某位國中男生一旦在意起班上同學的一言一行，就三不五時會動手。就算沒動手，也會頻繁地以強勢口吻威嚇同學。同學以及老師都將他貼上問題兒童以及情緒化的標籤。40多歲男性不說話的狀態、國中男生會動手且用強勢語氣威脅人的狀態全都是杯子中的水滿溢而出的狀態。

（3）情感與身體的症狀

　　杯子的水滿溢而出的狀態表現為身體面症狀的情況並不罕見。表現在身體面上時，多為身心症或自律神經失調症。尤其常見的例子是出現疼痛、噁心、疲勞感等。

●疼痛

　　疼痛會出現在身體哪個部位、以怎樣的狀態出現是因人而異。

　　有位40多歲女性諮商者有身體疼痛的症狀，她曾遭受過丈夫的家暴。眾所周知，家暴的加害者有段對受害者會非常溫柔、咸稱蜜月期的時期。她感到疼痛是在蜜月期持續一段時間的時候。疼痛是從她胸口、背後、腳等身體各處開始的，嚴重時甚至無法起身做家事。她說她最怕的就是蜜月期。只要一想到蜜月期不知道什麼時候會結束，丈夫又會對她家暴，她就不安得不得了。就這樣，在持續疼痛中迎來了蜜月期的結束，她又再度受到丈夫的家暴。那時候疼痛就結束了。她感到疼痛時，她杯子的水就是滿溢狀態。而家暴開始後，她莫名地就會感到鬆了一口氣。遭受家暴時，儘管她會因丈夫的又打又踢造成腫脹，有時還會伴隨出血性傷害，她卻完全不會感到前述的疼痛。

　　一位50多歲的女性諮商者在步行中遭遇交通事故，無奈得住院長達四個月。遭遇事故後，身體上強烈的痛楚讓她無法自由活動身體，也遲遲無法進行復健。她因為事故而不得不取消許多工作，除了每天都要面對身體的痛苦，還因為事故加害者沒有誠意的態度而受傷，再加上為預防感染，醫院對探病進行了規定，別說朋友，連家人都無法見到面，完全沒人能傾聽她痛苦的感受。她參加了在線上舉辦的諮商工作坊，在活動中她才首次吐露出遭遇事故後的痛苦與悲傷，並獲得了他人的共鳴。那時候她感受到了悲傷的情感。她一邊哭，一邊對自

己的悲傷大為吃驚：「我居然這麼難過！」自活動隔日起，她的疼痛就大為減輕了。復健訓練的負責人表示，她到昨天為止還因為疼痛而動彈不了，今天竟像換了個人般能活動了，康復的進展讓人大為吃驚。

一般認為，疼痛與情感大有關連。圖1-14「迴避不安的模型」展示出，只要感受到恐懼、不安或沮喪等情感，疼痛就有可能會加劇。而面對疼痛的不安又會提升那些不愉快的情感。因此，透過處理恐懼、不安以及沮喪等情感，多能減輕疼痛。

許多腰痛的患者說，因為接受了心理諮商而減緩了腰痛。其中還有腰痛患者是接受完手術後仍持續疼痛而來進行心理諮商，結果緩和了疼痛。此外也有許多報告是改善了頭痛以及背痛。如同圖1-14迴避不安的模型所展現，疼痛的感受會受到情感影響。不愉快的情感愈大，疼痛愈強烈，進行情感處理後，因不愉快的情感減輕了，疼痛也會減輕。

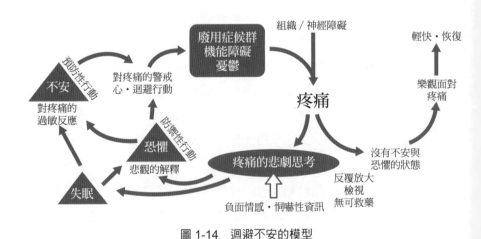

圖 1-14　迴避不安的模型

（出處）Vlaeyen & Linton

54

有許多傾訴疼痛的諮商者在處理情感後就減輕了疼痛。尤其有很多諮商者都擺脫了頭痛的困擾。有位20幾歲的女性諮商者三不五時會在工作途中感受到只要動一下都很痛苦的頭痛，她雖非以減輕頭痛為目的來進行情感處理法，但在進行了幾次情感處理法後，頭痛就消失了。之後經過了三年以上，她連一次都沒頭痛過。她雖然不知道其中機制為何，但卻因進行情感處理法而減輕了頭痛。對有頭痛困擾的諮商者而言，那樣的疼痛是很大的壓力。單只是能消除疼痛，就能大幅改善每天消極負面的心情。

●噁心

也有不少人傾訴自己的身體症狀是噁心。心因性的噁心可以想成是為了排出自己心中不想感受、不想留下的情感。

某位50多歲的職業婦女，她三不五時就會感受到強烈的噁心。她在醫院做過好幾次檢查，但都沒發現異常。一旦開始感到噁心，就難以正常生活，因此她很煩惱。噁心會持續約三天，其中有一～兩天是只要活動頭部就會感到噁心，所以只能一直躺著，直到噁心消失。期間別說進食，連喝口水都會馬上吐出來。還有其他幾名諮商者也傾訴與她有同樣的症狀。

那名50多歲的女性認為噁心會像打開開關一樣突然開始。但其實不是這樣的。一開始她本人也沒察覺到，但其實約在一天前就會開始噁心的前兆——眼睛深處有被拉扯般的疼痛感，肩頸僵硬、疼痛。那些疼痛會隨時間加強，最終發展至噁心。要正確掌握這些前兆才能改善噁心。這些前兆就是肌肉緊繃。肌肉緊繃是因為要抑制某些情感。也就是說，她有要壓抑的情感才導致肌肉緊繃。

了解前兆後，接下來就要掌握導致肌肉緊繃、被壓抑的情感，並感受、處理那些情感。其實在肌肉緊繃這前兆之前，她是有碰上一些

會引起肌肉緊繃的事件。她在那事件中感受到了憤怒與不安等情感，可是卻沒有察覺到。

　　許多傾訴有噁心症狀的諮商者不僅沒有認識到壓力以及壓力時的情感，也沒有注意到肌肉緊繃的前兆。很多人是直到出現噁心，才發現「原來這就是前兆啊」。要認知到前兆就必須練習傾聽身體的聲音。這位諮商者變得能知曉發生前兆時的身體狀態，並找出在前兆發生時所發生的事件，然後推測當時自己有怎樣的情感。雖說要推測，但在那個當下，就算能做出推測也很難感受得到。

　　她知道自己感受到不安與憤怒時會引起肌肉緊繃。憤怒是她不擅處理的情感，所以平時都壓抑著。很多時候，身體症狀都與本人覺得自己不擅處理某種情感而對之進行壓抑、抑制有關。所謂不擅長處理的情感，是指本人不想接受、想要壓抑或抑制的情感。她為了消除噁心，就必須練習在成為契機的事件發生當下能進行情感處理，以能接受自己不擅長處理的情感。

●肌膚泛紅

　　有些諮商者的肌膚會泛紅，還會像出疹般。這類諮商者經常在諮商談話中出現這種症狀。大多時候，他們的臉會變紅，又或是頭以及頸部下方到上胸部會變紅。肌膚變紅時，就算問諮商者：「你現在有什麼感覺？」他們也不清楚自己的情感。可是諮商師卻能從談話脈絡中推測出與諮商者的情感有關。例如某位諮商者有好幾次在與諮商師談話到一半時頸部周圍變紅。即便問了諮商者他當下感受到的情感，他也說沒感覺。因此諮商師就從他頸部變紅前如在陳述事實般淡漠說著的內容，推測諮商者所感受到的情感是厭惡及憤怒，並幫助他能夠體驗那些情感。壓抑厭惡與憤怒的結果，就是會表現出肌膚變紅——

基於這項假說，才有了上述的結論。透過在諮商中察覺、接受並能好好感受憤怒以及厭惡的情感，諮商者在日常生活中也漸漸能感受到在對話中的厭惡與憤怒，並能用表情與話語表現出來。自那時候起，他的肌膚就沒再泛紅了。

（4）情感與身心症

　　根據日本身心醫學會的定義，所謂的身心症是「在身體疾病中，其發病與經過與心理社會因子緊密相關，被認為是與器質性無關的功能性障礙病態」。容易罹患身心症的人性格有個特徵，就是多會說自己僅有身體面上的症狀，並否定精神上壓力以及煩惱也是造成自己生病的原因。他們對自己內心情感變化很遲鈍，又或者是毫不關心，這與「述情障礙（alexithymia）」有很深的關係。述情障礙的特徵有不太會幻想、無法用話語說明心中糾葛、有感覺不到情感或表現不出來的傾向、比起心情更常說的是發生的事、想的事很實際且有強烈的傾向不包含幻想及心情在內。的確，有許多身心症的諮商者都表現出了在情感面描寫上很貧乏的述情障礙特徵。

　　對有身心症的諮商者，又或者是沒有身心症但自述有身體症狀的諮商者進行情感處理是很有效的。在持續進行處理情感的過程中，不少諮商者的身體症狀都改善了。其中還有例子是完全消除了症狀。

　　表1-2中列出了身心症與自律神經失調症的一覽概況。為了緩和這些諮商者的症狀，最好能優先處理情感。因此，針對如表中所顯示的身心症諮商者，首先要知道其壓抑或抑制的情感，然後通過情感處理去幫助他們察覺並體驗到那些情感。

　　如果不是像圖1-13所示，杯內的水沒有累積到很滿，而是處於半滿，即便落下一滴水，水面上的波紋擴大，也絕不會滿出來（圖1-15）。不愉快的感情不會完全清零。透過情感處理法所要達成的目

表 1-2　身心症與自律神經失調症的症狀

【代表性身心症】	
「循環系統」	本態性高血壓、本態性低血壓、起立性調節障礙、狹心症、心肌梗塞、心律不整
「呼吸系統」	氣喘、過度換氣（過度呼吸）症候群、神經性咳嗽
「消化系統」	過敏性腸症候群、神經性嘔吐症、膽囊失能、反覆性臍疝痛、消化性潰瘍、神經性胃炎
「內分泌系統」	糖尿病、甲狀腺機能亢進症、甲狀腺機能低下症
「神經系統」	肌肉緊張型頭痛、偏頭痛
「泌尿系統」	夜尿症、膀胱神經症（頻尿）、心因性性障礙
「骨骼・肌肉系統」	類風溼性關節炎、妥瑞症
「皮膚系統」	異位性皮膚炎、蕁麻疹、圓形禿、多汗症、皮膚搔癢症
「耳鼻喉科系統」	暈眩、梅尼爾氏症候群（包含搭乘交通工具會暈眩）、突發性聽力衰退、咽喉異物感症、失聲、口結
「眼科系統」	原發性青光眼、眼瞼痙攣
「口腔外科系統」	舌痛症、口腔乾燥正、顎關節症、口臭、假牙神經症
「婦科系統」	更年期障礙、不孕症、性冷感症、經痛、無月經、子宮出血、月經異常
【自律神經失調症的症狀】	
心悸、胸痛、胸部壓迫感、呼吸困難、噁心、下痢、便祕、腹痛、胃不舒服、腹脹、脹氣、頭痛、頭重感、掉髮、眼睛疲勞、眼睛乾澀、刺眼、耳鳴、頭暈、口渴、味覺異常、喉嚨有異物感、吞嚥困難、手腳痠痛、手腳顫抖、手腳麻痺、手腳冰冷、多汗、皮膚癢、皮膚乾燥、肩頸僵硬、肌肉痛、關節痛、猛然站起就眼前發黑、頻尿、殘尿感、勃超功能障礙、月經不順、微熱、倦怠感、疲勞感、食慾不振、熱潮紅等	

圖 1-15　沒有累積情感的狀態

標正是這種狀態。我們每天都生活在許多壓力中，會感受到許多不愉快的情感。我們期望的目標狀態是，透過情感處理法，讓我們即使體驗到了不愉快的情感，也能進行處理而不會積累下那些情感。為此，重要的是要使用適應性方法來提高處理能力以察覺各種不愉快的情感，並且不壓抑、不抑制地接受、體驗那些情感，而非採用朝別人發洩的不適應方法。

第2章　情感處理的準備

　　為了在諮商中順利進行情感處理，有幾個須要解決的課題。本章想針對這些課題來說明。章名是「情感處理的準備」，這就是實踐的第一階段。確實去進行寫在本章中的事項非常重要，可說在準備過程中就已決定了情感處理諮商的成敗。

1　壓抑與抑制

（1）壓抑與抑制是指什麼？

　　之所以會累積不愉快的情感是因為壓抑或抑制了情感。不論是「壓抑」還是「抑制」都是在控制情感。不過壓抑是無意識、沒有自覺的。佛洛伊德對壓抑的說明是，為了不讓會威脅到自我且無法應對的欲求與衝動上升到意識層面以脅迫到自我，而將之塞進意識下的。壓抑情感的人本應是處在感受到某種情感的狀況下，但卻沒有感受到那情感。因為沒有感受到情感，有的人會表現出「什麼都沒感覺到」，也有的人會表現出「不知道自己現在是什麼感受」。這並非沒有感受到，而是認為在這個狀況下自己並沒有湧現任何情感。誠如前述（第1章第6節），若不只是情感，連記憶都壓制住，就有可能想不起來被壓抑下的事件。而壓抑是在無意識間作用的機制，因此本人沒有察覺到壓抑了什麼情感，所以不認為有在壓抑什麼，因此並沒有想

努力去做壓制。這是防禦性壓抑的機制在起作用，而非靠努力做到的。壓抑完全無法進行情感處理法中察覺、接受、感受、處理情感的四個過程。某位50多歲女性一邊工作一邊獨自看護生病的雙親。她的妹妹明明沒有從事看護的工作，卻會出嘴抱怨：「為什麼要住這間醫院啊？」「要怎麼送三餐來？」等。她每次聽妹妹打電話來冗長地抱怨個不停時，身體狀況都會變糟。然而她卻表示，對此不僅沒有憤怒，甚至沒有感受到任何情感。這就是壓抑在作用中。

抑制是有意識地控制情感，是在忍耐。情感會隨著忍耐而漸漸消失。一旦累積下來，將變得難以控制。困難的狀態就如同第9節說明過的杯中水滿溢的狀態。因為被抑制的情感不會是自己所喜歡的。人們並不會每次都意識到自己不喜歡這件事，但抑制情感的人大多都有意識到。抑制是靠自身的努力來控制情感。例如國中男生與妹妹一起看電影時，雖然悲傷得快哭出來，但認為在妹妹面前哭很丟臉，就控制著眼淚，這就是抑制。抑制是理解在該狀況下湧現出的情感。之所以會想控制，是因為不合時宜。控制的結果，就是對感受造成負面影響。這和佛洛伊德壓抑的概念相同，或許可以說是為了守護自己而進行的防衛性工作，但這與壓抑的防衛不同。壓抑的防衛是在無意識中進行的，與之相對，抑制的防衛則是與自我的運作有關。就抑制積極的一面來看，可以將之想成是情感控制或壓力應對法的一種。在社會生活中，有時的確要控制情感。可是根據該環境與壓力狀況，抑制是頗費能量的。因此抑制情感的人不是沒有感受到情感，而是「雖感受到了，但不接受也不表現出來」。最後就無法自然地感受到情感。在情感處理中，對情感的覺察、接受、感受、處理，只有覺察能透過抑制做到，而接受、感受與處理則無法。

表 2-1　四個方法

	有動機	沒動機
抑制（不表現）	①	②
壓抑（沒感受）	③	④

（2）貼近有壓抑與抑制情況的諮商者

　　進行情感處理法時，理解諮商者有無壓抑、抑制該情感很重要。若是抑制情感的人，也就是雖然知道自己的情感但卻踩下煞車的諮商者，以及相信自己什麼都沒感覺的壓抑諮商者無法使用相同的方法。

　　要能進行有效的支援，就要分辨出情感是受壓抑還是抑制，然後評估諮商者是否有接受情感的動機，並決定支援方法。接受情感就是面對、感受並包容情感。以下將因應諮商者的狀態來說明進行方法。

●抑制・有動機

　　①的諮商者雖有抑制情感，卻也有動機接受、感受情感。他們只是靠自我意識在控制察覺情感這件事。要幫助這樣的諮商者很容易要讓他們知道諮商場所很安全，並與諮商師間建立起信賴關係後，諮商師只要表現出接受諮商者情感的態度就好。諮商者若能理解到，在當下感受到的情感能為諮商師所接受，就能接受自己的情感。

　　抑制情感的諮商者有個特徵──「絞刑架上的微笑」。例如儘管要處理的情感是憤怒，卻仍浮現笑容；一邊說著悲傷的事一邊浮現笑容等。面對絞刑架上的微笑，最好不要對他們直接回以微笑。

●抑制・沒有動機

　　②的諮商者抑制了情感，沒有動機去接受、感受情感。在使用情感處理等針對情感面的方法前，必須要面對情感並且有動機接受、感受情感。因此，首要的是讓諮商者有面對情感的念頭（參照第2節）。

促進對情感的理解有助於提升動機。要能理解為何感受情感重要，以下的輔助很有效：

- 理解所有人都有情感
- 理解並消除對情感的否定認知
- 理解感受情感對解決問題（改善症狀）有加分意義
- 理解情感具肯定性的一面
- 理解思考・情感・行動是由自己所控管的
- 理解過去與他人是無法改變的

諮商者並不須要全部理解這些。有不少例子是完全不了解也能進行情感處理。諮商師要一邊因應諮商者的狀況，考量進行哪一步的理解能使情感處理順暢進行，一邊來處理情感。

儘管沒有動機或沒有完全的理解，有時也能看見部分諮商師會捨去這部分而強制讓諮商者直接面對自己的情感，而且有些結果是很順利的。不要試圖從大腦來否定那樣的做法。因為就結果來說，諮商者若能早點變輕鬆，就可以想成那樣做是「好」的。可是我們要知道，勉強促使諮商者直接面對情感的做法有時對諮商者來說會伴隨著痛苦。視情況，諮商者或是會更加強對情感的防衛，或可能會對諮商本身產生防衛心，這樣就會窄化了諮商者解決問題之道。

不接受情感並不是件壞事，而且不接受情感這件事也不是一種病。諮商者有自己的步調去面對接受情感這件事。諮商者若能有動機且能理解為何要感受情感，自然就能接受並體驗到情感。諮商師應該要掌握並貼近諮商者的步調。

●壓抑・有動機

　　③的諮商者雖壓抑著情感但也有動機接受情感。因為壓抑著，就沒察覺到自己的情感。關於能察覺到情感的方法，各位可以參考第3節「變動法」。

　　有些諮商者雖然想體驗卻察覺不到情感，所以他們若開始察覺到情感，練習如何體驗情感就很重要。情感處理的練習不會有諮商師的輔助，要由諮商者自己來進行，所以是家庭作業的形式。很多時候，從壓抑狀態轉變為開始察覺時，感受會很微弱。透過重複進行情感處理練習，微弱的情感體驗就會逐漸加強。

　　反過來說，開始察覺到情感時，也有人體驗到的情感並不微弱，而是難以承受到近乎威脅的強烈。對他們來說，情感體驗超出了自己能接受的範圍，是過強、難以控制的。諮商者會恐懼湧現的強烈情感而想要抑制。若無法順利抑制，在無意識下有強烈情感來襲時，對情感表現出的態度將是超乎想像的過度反應。

　　被情感淹沒時，身體就會大大用力。這時，要一邊進行肌肉放鬆（參照第8節），一邊慢慢去體驗情感。例如想到某種狀況而似乎要被情感給淹沒時，就要與那分情感保持一定的距離。此時可以進行以下輔助措施：

・用宛如在講過去事情般的過去式來述說那個狀況
・以每百分之十的感覺去體驗那分情感，逐漸增加％數，不要百分百去體驗

　　覺得快被情感淹沒而無法控制時，放鬆肌肉很重要。透過鬆懈掉身體的力量，就能漸漸處理情感，所以能夠加強控制的可能性。最後，當初看似要被淹沒的情感就能獲得控制。在諮商師支援下體驗到的可控性，會對諮商者能接受、體驗快淹沒自己的情感一事帶來很大

的自信。

有了自信後，練習情感處理法就會很有效。透過練習，就能順利處理情感，也能提升具適應性表現的控制力。情感處理的練習，是將場景設定為在日常中會體驗到的壓力事件，並靠自己來進行情感處理。練習不僅是在諮商時進行，最好也能在日常進行。在諮商中是讓諮商者學習情感處理法的做法，並給予其回家作業。

（情感處理法的練習　場景設定例子）

・情感流動時

・感受到壓力時

・認為若真有其事，會感受到那樣的情感很正常的場景

・從前的場景、重複想起的場景

若設定好場景，就以如下的順序來進行情感處理。

（情感處理的練習　順序）

・置身於該場景中

・在那樣的場景中察覺情感

・接受該分情感

・體驗該分情感

・利用呼吸將該分情感排出體外

進行情感處理練習後，可以在下次諮商中談談、回顧順利進行以及不順利的部分，以及在下次諮商前想嘗試對哪些部分再多用點心。

●壓抑 ‧沒有動機

　　面對④的諮商者首先要與②的諮商者一樣優先給予動機。之後再與③的諮商者一樣支援其察覺情感。

　　與提出A型性格的弗雷德曼[1]（M.Friedman）共同進行身心症患者團體心理治療的約翰‧麥可尼爾（McNeel, J.）說，情感的壓抑‧抑制有害身體健康。而他從支援許多處在情感壓抑狀態下的諮商者體驗豐富的情感感受中得到一個結論——所有人內心都有著情感世界（McNeel, 2020）。也就是說，情感必定存在於人的心中，即便壓抑著，只要那個人想，就一定能感受到。

　　所謂的只要該人想，也就是必須要有動機。感受不到情感不是一件壞事。或許也是有不方便感受的時候，但之所以不去感受，是因為在過去的某個時間點，那樣比較容易生存下來。之所以不去感受，是為了守護自己能舒服生活。體驗情感很痛苦也很艱辛。希望活得不痛苦，就會壓抑或抑制情感。要接受情感，就必須要配合諮商者的步調，讓他們對體驗情感有充分的了解，並讓他們有動機。

2　面對情感的動機

（1）動機式晤談法

　　誠如第1節所說，首先必須讓不想面對情感的諮商者有面對情感的動機。威廉‧理查德‧米勒[2]（William Richard Miller）與史蒂芬‧羅尼克[3]（Stephen Rollnick）提出了「動機式晤談法（Motivational

---

*註1：弗雷德曼，美國心臟病學家。

*註2：威廉‧理查德‧米勒，美國臨床心理學家。

*註3：史蒂芬‧羅尼克，英國心理學家。

Interviewing）」，這個手法能有效附加動機。動機式晤談法是引出諮商者內發性動機以支援其自律的諮詢法。動機式晤談法中不會摻入諮商師的價值觀或恣意引導諮商者進行某項解決方法。諮商師不會與諮商者針鋒相對，而會跟著諮商者一起抵抗，做出接受、共鳴。透過這個方法，就能引出諮商者的動機，因此要與諮商者的價值觀一致並進行探索。在這過程中，諮商者自身的矛盾心理會擴大，而諮商師則要幫助諮商者主動朝消除這問題的方向前進。

動機式晤談法將焦點放在「不想感受情感」與「能感受情感比較好」這兩個相反的矛盾心理上。因此，諮商師要識別諮商者是表明「不想感受情感」〔稱做「意圖維持現狀的對話」（Sustain talk）〕還是表明「能感受情感比較好」〔稱做「有意圖改變的對話」（Change talk）〕並活用「反問」強化有意圖改變的對話。藉此就能提高想感受情感的心情。

意圖維持現狀的對話是在表明有關不想感受情感的必要性、原因、期望，是關於沒有自信去感受情感。另一方面，有意圖改變的對話，則是在表明有關感受情感的必要性、原因與期望，又或者說是在表明對察覺體驗有自信。透過有意識地經常針對諮商者的有意圖改變的對話使用反問（強化分化），就會增加有意圖改變的對話。諮商者會因為設想感受到情感的自身言行舉止，而有動機去感受情感。此外，透過回話讓雖想感受情感卻也不想感受的諮商者能弄清楚自身的矛盾，諮商者本身就會表現出想修正矛盾的反應（翻正反射）。因此能更增加有意圖改變的對話，讓諮商者擁有動機（圖2-1）。

使用「開放式提問」「撫慰」「反問」「歸納」這些手法就能進行上述事項。「開放式提問」可以引出對方的思考方式與價值觀，透過例如「你想變成怎樣？」「可以詳細告訴我嗎？」「例如是？」「具體來說是怎樣？」「其他還有嗎？」「為什麼想那樣呢？」「這

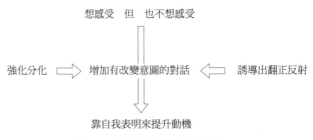

圖 2-1　動機式晤談法的流程

樣做有什麼好處嗎？」「若是維持現狀，又會有怎樣的壞處嗎？」「這個有多緊急？」「這有多重要？」等提問，引導出對方期望、想那樣做的原因、必要性以及那麼做的重要性。撫慰是認可，是針對強項、意圖以及努力所提出。做出撫慰時要活用技巧以稍做控制。無法控制的撫慰會引起諮商者做出翻正反射，有時會導向表明更強烈的有意圖改變的對話。「反問」是透過單純地反問諮商者說的話來強化，又或者是透過推測、反問諮商者沒有直接表現出的意思、情感、價值觀，來讓諮商者的想法更明確（也可參考第3章第5節）。這裡所說的價值觀指的是五年後、十年後自己想變成怎樣？重視哪些東西？以什麼價值觀做選擇標準？人生目標的核心是什麼？而「歸納」的進行方式則是將意圖維持現狀的對話與有意圖改變的對話這類矛盾的內容，以「而且」以及「另一方面」的接續詞並列，將意圖維持現狀對話放在接續詞前，有意圖改變的對話放接續詞後，並列出較少的意圖維持現狀對話以及較多的有意圖改變對話。

（2）體驗情感的好處與壞處

　　對沒有做好心理準備、覺悟去面對情感的人來說，要面對情感絕非一件輕鬆的事。討論並統整沒有感受到情感的好處與壞處，以及感

受到情感的好處與壞處可以做為面對情感加上動機的方法。不去面對情感對諮商者來說會有某些好處。此外，不面對應該也有壞處。反過來說，面對情感也有好處與壞處。統整好這些，試著來比較好處與壞處並仔細思考該怎麼做。急於處理情感的諮商師總是只說明感受到情感的好處與不感受情感的壞處。對諮商者來說，與諮商師這樣的關係像是被催促著、強逼著去接受、感受情感。諮商者不面對情感而活的意義，以及因而受到的好處，還有因面對情感而產生的損失，乍看之下在情感處理中是負面的，但好好地接受諮商者這樣的想法，才會讓諮商者有動機做出改變。

圖2-2的表格在統整感受到情感與沒感受到情感的優點（正面）與缺點（負面）時使用。這張表格的設計為讓人能從長期或短期來各自思考優缺點而下了一番功夫。有列舉出「短期性」會立刻顯現出的結果，也有列舉出「長期性」維持那樣的狀態下去會出現什麼結果，而且還有列舉出經長時間後能獲得或失去的東西，所以很好用。順序是從沒有感受到情感的優點開始，其次是感受到情感的缺點，之後是沒有感受到情感的缺點、感受到情感的優點，依這樣的順序進行，諮商者會比較容易接受。一邊對諮商者提問，一邊和他一起填寫完成這張表格。填寫表格時，可以由①到④的順序進行。

3　搖擺的過程

（1）何謂搖擺的過程？

進行情感處理時，有些案例很快就能察覺到自己的情感，處理起情感來非常容易。但在諮商中，這樣的案例比較少。尤其是有精神疾病或身心症的患者，大多難以察覺到自己的情感。情感的抑制指的是處在控制情感、為情感煞車的狀態。即便內心湧起憤怒，也會控制

①沒有感受到情感的優點（正面）	④感受到情感的優點（正面）
短期性的	短期性的
長期性的	長期性的

③沒有感受到情感的缺點（負面）	②感受到情感的缺點（負面）
短期性的	短期性的
長期性的	長期性的

圖 2-2　優點與缺點

住。壓抑是認為自己沒有體驗到情感、處在沒有感受到的狀態下。但其實即便是處在有感受到憤怒的狀況下，也認為「沒有生氣」，完全感受不到自己內心的憤怒。不論是壓抑還是抑制情感，要到能體驗、處理情感的地步是有過程的。以下要說明的「搖擺的過程」就是情感處理的過程，是從壓抑・抑制的狀態到感受、接受、處理自己情感過程中會發生的。諮商師因為理解了諮商者內心所發生的經過，就能有效地輔助諮商者察覺情感。

●搖擺過程的事前準備

　　情感處理有時會被用作方案的部分計畫。一般會在刑事設施、照護設施、醫療機關等處使用情感處理方案，也會針對育兒中的雙親、虐待・家暴加害者、上癮症患者來施用，情況有各式各樣。大部分方案的實施人數是在數名到十名左右的集團。關於方案，參加的成員會置身於各自感受到自身情感的場景中（幻想現在正在體驗中），隨著吐氣來演練情感處理。可是有不少參加成員都無法察覺到自己的情感。這些人在說明感受到情感的場景狀況時，大多會做出在身體某處用力的動作，例如皺眉、眉間用力、緊咬牙關、握緊手帕等。此外有時儘管會做出看似沒用力的舉動，但卻會收攏雙手或雙腳。有時也會像戴上面具一樣，完全不活動表情肌或身體，與自己的情感保持距離，並淡漠地只陳述事實（這時候從外表上看不出來，但其實身體與臉部表面都有用力）。

　　因此在方案中，首先會談論到至今自己所體驗到的情感以及應對方式。談論是為了讓參與者能說出口至今是如何體驗、應對特定情感，例如「悲傷」「恐懼」「憤怒」等。回顧至今為止的應對方式，例如「為了不與人起爭執而控制情感」「覺得只要自己忍耐就好」

等。然後由諮商師對其至今面對、處理情感的方式做出評價。

　　其次，一般來說會針對在怎樣的場面下感受到特定情感來進行討論（視情況也會由諮商者來做陳述）。這是為了學習理解在怎樣的場景會感受到像是「悲傷」「恐懼」「憤怒」等各情感。因此在自己所體驗到的各式狀況下，就會察覺到，一般而言，會感受到那種情感是很正常的。之後再來說說感受一般人感受情感的方式與自己的感受方式。例如「一般面對能信賴的人卻不理解自己時應該會感到悲傷，但我因為覺得要是感到悲傷會徒增痛苦，所以就假裝沒感覺」「對方不理解我時，我不會覺得悲傷，而是透過向對方抱怨來解決」等。

　　而且，必須察覺要為自己的感受負責而非經由他人來讓自己感受到情感。「丈夫……所以心情才會這樣」「因為孩子讓我生氣……」像這樣的說法並不正確。除卻虐待以及家暴等暴力，不論是丈夫還是孩子都是自己以外的他人，他們都無法感受到自己的情感。再決定治療（參考第1章第1節）的創始人羅伯特・高登說過：「誰都無法惹怒我（我生氣時是我自己決定了要生氣才生氣）」。這才是正確的。若是因為他人的原因而湧現情感，為了處理那分情感，他人就必須做出改變。因為是要改變他人的言行舉止而不是要改變自己（為了處理自己不愉悅的情感），就得花費精力。不是站在「我（自己）感覺到……」「那是因為我決定那樣做才做的」這樣的立場上，所以無法靠自己處理自己的情感。

●搖擺過程的實際面

　　進行期間，要在當下幻想著正置身某狀況中並體驗那分情感。接下來就會開始搖擺的過程。

　　搖擺過程的開頭是隱約感覺到自己身體的感覺或情感，然後開始

對自己現今的體驗感到疑惑，例如「為什麼眼睛深處會發熱呢？」「覺得悲傷但好像又不是」等。這時候會同時出現兩種矛盾體驗，亦即為了不感受到情感而必須去做的「應該思考」，以及自己的自然體驗。而在這階段感受到的情感，是無法明確說出口的未分化情感。「應該思考」與自然體驗並非相互爭鬥的，而應同時接受這兩者。「為了家人，我必須要這麼做」「可是我想那樣做」不是要消除對抗的兩者，而是承認兩者都存有，接受兩者都好。若是讓衝突鬥爭發生，並幫助一方戰勝另一方，就會認為無法控制情感而有所感受的自己很沒用。結果，直到能感受到情感為止都會在繞遠路。方案的引導者會接受參加成員所說的矛盾事物兩者。若是為了家人而必須控制情感，那就是在那個時間點上一個很好的選擇，而且有時藉由那樣做也能守護自己。把「既是好的選擇，又能守護自己」當成是件好事並接受，然後對能這麼做的自己表達感謝。引導者就是要像這樣輔助參與成員，於是，無法化為語言的未分化情感輪廓就會開始變清晰起來。諮商者可以開始表現出「我很悲傷」「我很生氣」等。

在搖擺過程中，是從感受不到情感的狀態開始到內心產生出疑惑：「說不定我是⋯⋯」的階段，然後到至今為止控制情感的想法和體驗到自己真正感覺與未分化的情感兩者這階段，最後再朝情感變明確的階段前進。

搖擺與單純的糾葛不同，是重要的過程。我們不是要解決糾葛，不是要決定該怎麼做以擺脫痛苦，而是包含糾葛全都接受、調整。連同糾葛一起接受對「無論如何都會控制情感」的諮商者來說，不是「可以不用忍耐情感」，而是由衷能許可自己「想忍耐吧，要忍耐也可以喔」。若是恣意推動、引導諮商者解決，是不會順利的。若將「接受」當成是處理情感的一個技巧來使用，會被諮商者看穿而無效。也就是說，接受必須是真心實意的。不是技巧而是要和諮商者一

起體驗那種煩惱的過程，並透過貼近諮商者才能讓他們去體驗情感。而體驗到的情感可以用吐氣來排出體外。

此外，在搖擺過程後就會生出調整。關於調整，將會在下一項中說明。

●個人諮商中的搖擺過程

以下來看看在個人諮商中於壓抑或抑制狀態下察覺自己情感的過程。在個人諮商中，比起修正至今壓抑情感的扭曲觀念，重要的是如實接受。

如前所述，之所以會控制情感，是因為壓抑或抑制都是守護自己身心的戰略。諮商者若是在幼年時期就控制情感，單純是因為那樣做比較容易生存下來。

某位50多歲的諮商者決定要感受寂寞與孤獨感，但「感覺情感好像逃脫了」無法得知自己有何感覺。自懂事起，他就一直覺得雙親像外人般。他無法感受到親子間的親密感，對他人也抱有警戒心。對那位諮商者來說，感受到寂寞與孤獨感，就是承認自己與雙親間有距離，這讓他難以忍受。一旦感受寂寞與孤獨，悲傷就會來襲，而一旦感受到悲傷，就會面臨到比海更深的悲傷，那讓他感受到了活不下去的恐懼。這些反應看似將諮商者推離了情感體驗，但實際上也同時是在守護著諮商者。假設諮商者面對並感受到了寂寞與孤獨感，活著就會很痛苦。若不去看那些情感而活，就能守護自己的心。這點不是應該要下決心非解決不可的，反而要心懷感謝。感謝守護自己至今，並肯定、接受採取這樣生活方式的自己。如果諮商者將這點看成是不好的，認為一定要早些解決不可，就得花上許多時間來解決。諮商者要對至今自己的生活方式、所找到的戰略心懷感謝並肯定、接受，而非否定拒絕，這樣才能早些解決。

諮商師對諮商者提問：「你覺得自己是從什麼時候開始抑制著不去感受寂寞與孤獨的呢？」諮商者回說是從懂事起，但諮商師繼續問諮商者：「若是這樣，那你在懂事後感受到寂寞與孤獨時會怎樣呢？」「懂事後的你為了守護自己不感受到寂寞與孤獨，應該很痛苦吧」「為了不感受到寂寞與孤獨，也就是為了守護自己，你認為自己有多感謝開始懂事的自己呢？」並幫助諮商者能真誠感謝開始懂事時的自己。因此諮商者才會開始認為，或許自己是可以感受並接受寂寞與孤獨。如果了解到沒有感受到寂寞與孤獨不太好，是須要改善的點，諮商者就無法打從心底接受自己的情感，換句話說，在心懷感謝地接受壓抑情感是為守護自己時，才會開始接觸到壓抑的情感。

● 認識情感的方法

在搖擺過程中，開始接觸到情感時，體驗到的是無法化做語言的未分化狀態。最初，大多體驗到的是身體的感覺，例如「感覺喉嚨噎住」「感覺頭很重」「感覺胃緊縮了起來」「眼睛深處很痛」等察覺到疼痛的情況。要能將這些情況做為情感去認識有兩個方法，一是吐氣吐出那感覺，另一個則是將那感覺擬人化。

用吐氣吐出感覺的方法是，一邊想像著將感覺排出體外，一邊呼吸。想像隨著吐氣，一起將那感覺排出身體外。

將感覺擬人化的方法就是試著對該感覺說話：「請關注一下頭痛」「如果頭痛會說話，你覺得會說什麼呢？」此外，也可以說：「請試著想成是自己想要有喉嚨噎住的感覺」「你若是感受到喉嚨噎住了，你會想說什麼呢？」若諮商者能將感覺擬人化，諮商師就能貼近諮商者，做出接納與共鳴。在許多情況下，感覺擬人化所說出口的內容都很模糊不具體。因此之後，諮商師要對諮商者提問，以幫助他們能認識其為情感並使之具體化。

　　以頭痛來取代感受情感的諮商者在面對諮商師的提問：「如果要讓頭痛來說話，他會說什麼？」會回答：「真是受夠了。」繼續問他：「已經受夠了吧。本來是想說很討厭的吧。（中略）有什麼是那麼討厭的呢？」他就回答：「父母全都很討厭，我為什麼要生在這種家庭呢？」這樣的做法能將諮商者的頭痛具體化為對父母的厭惡。此外，有諮商者是以喉嚨噎住來取代情感表現，她在感受到喉嚨噎住時說：「我希望有人了解我，可是卻沒人了解我。」諮商師回答她：「妳希望獲得了解啊。然而卻沒人了解妳呢。（中略）想獲得了解卻不被了解，這句話妳是想對誰說呢？」結果她回答：「丈夫。」諮商師問她：「妳希望丈夫了解自己，他卻不了解妳啊。（中略）妳試著直接對丈夫說希望他了解自己，但他卻不了解。（要諮商者說這句話）（中略）那麼現在，妳有何感受？又在想些什麼呢？」她回答：「很生氣，很生丈夫的氣。」這名諮商者的喉嚨噎住就被具體化為對丈夫的怒氣。

　　身體的感覺不只是生理性反應，或許也會表現為抽象的想像。例如「感覺身體裡有個很小的鐵塊」「覺得肚子裡是黑的」「感覺腹部很冷」等。這時候的做法基本也和身體感覺的做法相同。針對表現出感覺腹中有黑色堅硬鐵球的諮商者提問：「如果黑色堅硬鐵球會說話，你覺得他會說什麼？」諮商者回答：「我無法變得柔軟。」再問他：「無法變得柔軟啊。（中略）能否用其他話語來表現無法變柔軟呢？」諮商者回答：「因為一直累積著，所以再也說不出話來。」之後的做法則如下般繼續。「有著累積許久的心情所以才說不出話來啊。（中略）雖然你說自己說不出話來，但是否是不想說話呢？」「其實一直都想說話的。」「其實一直都想說話啊。（中略）那為什麼想說話卻說不出口呢？」「會給母親添麻煩。」「因為不想給母親添麻煩，所以就一直不說話啊。（中略）以後是不是也覺得還是不要

說話比較好呢？」「不是，我已經想說話了。」「已經覺得把話說出口也沒關係了吧。那你想說什麼呢？」「其實我一直都覺得自己是孤單一人，很寂寞。」透過這樣的做法，黑色的硬球就轉變成了情感的模樣。

（2）調整過程
●何謂調整過程

透過接受在搖擺過程中明朗化的糾結兩者，接下來要進入的不是解決糾結而是調整。所謂的調整是，讓現實與自身的情感做出妥協。例如稍微減弱至今體驗到的強烈憤怒，以及反過來稍微加強過弱的情況，此外，到目前為止雖會責備「不了解自己的人很可惡」卻能開始想著：「既然責備對方不會改變些什麼，就停止責備吧。」調整在大多時候即便沒有諮商師或方案引導者的指示或建議，也會自然地出現變化。這個調整正是前往表現適應性情感的道路。

例如，有人至今都會強烈地表現出悲傷，會因為一點小事就向對方哭訴，能調節為稍微抑制表現出過強的悲傷。表現出悲傷時，在開始說話前可以先呼吸或放鬆身體的力量。某位四十多歲的女性諮商者會過度表現出不安。與丈夫起口角後，一旦開始感受到不安，就會邊哭邊大聲說話，她那過度的表現，連讀小學的兒子都感到害怕。諮商者並不知道兒子感到害怕，所以在知道這件事時，對自己的言行舉止傷害到了兒子感到大受打擊。為了小學生的兒子著想，她接受了心理諮商，處理不安的情感。她在童年時起，母親就會三不五時在她面前表現出強烈的不安並哭泣。童年時期的諮商者每次都會感到恐懼。因為置身在那樣的場景中，看著因不安而混亂並大聲說話的母親感到了恐懼，以及認為自己非得好好堅強起來不可，所以體驗到了自己不可以恐懼並壓抑下了恐懼。而且她認為，一旦自己陷入恐懼，就沒人能

安慰母親，難以收拾場面，因此她理解了壓抑恐懼的自己並帶著感謝的心情去接受。如果自己感到恐懼且不去安撫母親，家庭就會四分五裂，母親也會崩潰。她是為了守護母親與家人而努力。當諮商師以肯定的心態接受這點，諮商者就能安心地不去批判並接受到目前為止的自己，同時也加深了與諮商師之間的關係，結果她開始感受到了情感。她的情感輪廓開始變清晰，也能將自己的情感化為語言。處理了不安的情感後，她的不安就減少了。在相同狀況下，她所感受到的不安也較之前減少了。經此之後，諮商者自己在變得不安時，就能冷靜以對。陷入不安時，她會想著：「啊～我感到很不安啊。」接受自己的情感，也能冷靜地對兒子說：「媽媽我現在感到很不安。」不會再像從前一樣邊哭邊大聲說話。諮商者說，這樣的變化是自然而然而非刻意為之的。

　　此外，也有人在表現悲傷與憤怒等時是微弱且淡淡的，這些人經調整後就能稍微注意、發現並感受到自己的情感，最後則能表現出較至今更多的交織情感。某位50幾歲的女性諮商者不太會感受到憤怒。雖然大腦理解感受到憤怒是很理所當然的，但即便是處在被人利用的狀況下，也要花上好幾週的時間才會察覺自己被利用，所以感受不到憤怒。她在幼年時期，父母對她的態度就很無理，對其他手足都沒有任何要求，卻只會要求她盡義務，要求她在做學校功課之前要先幫忙家事，但她似乎也不會生氣。因為只要不生氣，就可以和雙親、手足和樂共處，所以只要自己忍耐就好。她誇讚了從幼年時起就忍耐憤怒，並表現得讓家人好心情過日子的自己，也感謝至今都抑制憤怒的自己。之後，諮商者就變得能感受到自己的憤怒了。她許可自己感受憤怒並對憤怒的情感進行處理。之後，她便較從前能更強烈感受到憤怒。同時，以前她認為「不覺得自己被利用了」，但現在則變得會想成：「我才不是好利用的人。」最後周圍的人漸漸不再對她做出利用

等輕慢的行為了。

　　就像這些例子一樣，調整就是讓盡全力面對情感的人對情感稍微保持距離，對自己情感保持距離的人則能感受到蓬勃的生氣。

●調整帶來的變化

　　可以說，這些情感平衡的調整是因為歷經了搖擺過程的情感處理，所以才能自然順利地進行。若能調整平衡，就會像前述的50幾歲女性諮商者一樣，能採用新的思考方式。例如關於表現憤怒的方法，至今都是「生氣＝自己正遭受到不合理的對待」這樣的自動思考，但現在卻能想成是「生氣＝自己正在生氣」。這樣的新想法就是具適應性的。就算發洩情感，事情、現實也不會改變。透過進行情感處理，情感的主軸就會轉移到自己身上。壓抑或抑制情感時，自己情感的主體不是在自己身上而是在周遭人身上，但能鮮活地感受到情感，主體就會變為是自己。也就是說，在情感處理過程中，會鮮活地感受到自己的情感就是自己所感受到的東西。透過這樣的體驗，就能理解，情感是自己所感受到的東西，而不是他人讓自己感受到的。正因為是自己感受到的，所以會知道是能靠自己選擇的，最後就能面對與自己情感相關的問題。

　　要把情感傳達給對方，將之化為語言很重要。必須要能將感受透過語言轉化。而且是要通過自己的體驗，用自己的話說出，而非概念性話語。因此，透過情感處理法傳達情感給對方是較為恰當的做法，對解決問題有很大的幫助。

● 事前準備
　①談論「至今為止都是怎麼應對的」
　②談論「一般來說都是在怎樣的情況下感受到那樣的情感？」（述說情感）
　③察覺到情感是自己所感受到的東西

● 搖擺的過程

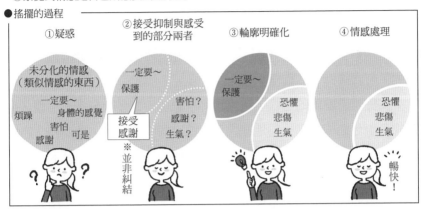

● 調整（自然地）
　・過強→稍微減弱（過弱→增強）
　・適應性表現

圖 2-3　搖擺的過程

　　此外，在調整階段，諮商者能接受客觀的事實，能看到自己是如何表現出情感的。自己本該是悲傷的，卻表現為向對方抱怨；不安時卻是去責備對方等，能深入理解自己所體驗到的情感以及表現方式並不一致，因此，就能重新看待自己與他人相處的方式。或許這樣的表現方法並非最能獲得對方理解，而且或許對與對方建立起良好關係有很大的負面影響。但透過看清這些，將會察覺出自己與他人的相處方式，甚至是自己的生存方式。而這就是引致巨大改變的一步（圖2-3）。

4　理解並修正對情感的否定認知

（1）抑止情感的否定認知是什麼意思？

　　所謂對情感的否定認知（思考），就是會抑制或壓抑情感的思考方式，而背後則有其動機。

　　某位年過25歲的男性上班族壓抑了悲傷。他多次有去看牙醫，但都找不出牙痛的原因。男性在人生中沒有哭泣的記憶，他認為「自己沒有悲傷」。而且他並不認為那樣是負面的，反而認為很好。若說有什麼讓他感到不便的，就是他認為哭泣的人很麻煩，尤其是和女性說話時，會非常注意不要讓對方哭。若是有人在哭，他會為了讓對方早點停止哭泣而介入，跟對方說：「沒問題的唷」「別悲傷喔」。男性的雙親沒有讓他見過自己流淚的模樣，也沒有使用過「難過」「痛苦」等字眼。雖然他沒有特別記得自己有被禁止表現出悲傷，但他從小就是在沒有表現出悲傷情感的環境，也就是沒有悲傷的家庭中長大。

　　男性試著幻想自己再度遭遇了過去曾碰過的悲傷狀況，並體驗那樣的悲傷，以及自己所做出的表現，然後關注身臨其境的自己內心有什麼變化（自己的想法或感受）。所謂的身臨其境就是回到體驗該事件時的自己，想像那件事是正在進行中，宛如現正體驗到的般。這就稱之為「再體驗」。因為身臨其境，在那樣的場景下就能鮮活地感受到自己的情感、思考以及身體感覺等。試著身臨其境之後，男性體驗到了「感覺自己好像被人討厭了」。「若是感受到悲傷，好像就會被人討厭」就是他控制悲傷情感的否定認知。

　　其次，他去探尋了自己從何時開始熟悉了「一旦悲傷好像就會被人討厭」這樣的想法。所謂從何時開始熟悉，指的是探尋決定要抑制

或壓抑情感的時期的過程。人不會抑制或壓抑天生就有的情感，是在某一時期中做為對環境的反應才決定要抑制或壓抑。下決定的場景就是「原始場景」。要解決對情感的否定認知（思考），就必須弄清楚導致抑制或壓抑的決定，並做出修正。男性已經理解了自己懂事時起，就有著「表現出悲傷，感覺會被人討厭」的想法。而他也知道，小時候就覺得若對雙親表現出悲傷似乎會被討厭。男性深信表現出悲傷會被他人討厭，而他已經理解那樣的想法不合理。理解不是僅靠大腦，內心也要認同，亦即是由衷那麼想的，所以必須要對下那決定時的自己非常有共鳴。男性理解了自懂事起的自己為了獲得雙親的愛而不表現出悲傷（為了不被討厭），所以不得不控制悲傷，並對年幼自己做出那樣決定的心情——想被雙親愛、即便悲傷也要忍耐的心情（當然，在壓抑之前他應該也有多次感受到悲傷）——有所共鳴。之後，他便能發自內心地認同並修正不合理的決定。

（2）否定認知的修正過程

從理解到修正否定認知（思考）的過程如下：

①感受到壓抑或抑制的情感，想像表現那情感的自己模樣，然後探尋身臨其境時是怎麼想、有何感受。大多時候都會表現出否定性認知。

②要弄清楚原始場面就要探尋是從什麼時候開始熟悉那樣的想法（不合理的思考、決定）

③理解因為怎樣的經過才導致有那樣的想法（不合理的思考、決定）

④對有那樣想法（不合理的思考、決定）的自己有共鳴

⑤發自內心認同後就能修正思考

●弄清楚否定認知

　　諮商時，要修正諮商者對情感的否定認知，諮商師在「④對有那樣想法的自己有共鳴」的過程中就要理解導致諮商者會有那想法的背景，並帶著共鳴去與諮商者互動，同時幫助他們在決定性情況下處理情感，這樣做是非常有效的。

　　以下就用事例來說明如何幫助諮商者在決定性情況下處理情感。某位60多歲女性會抑止恐懼，所以不太會感受到恐懼。例如即便她開車時超速了，也完全不會感到恐懼。為了探尋她為什麼不會感受到恐懼，就要去探尋「若感受到了恐懼，她會有什麼樣的想法或感受」。結果明確顯示出「她擔心一旦感受到恐懼，就會發生更恐怖的事」，而這就是對恐懼的否定認知。該女性在孩提時代若感到恐懼，就會被母親罵。對她來說，母親的憤怒會伴隨體罰，因此讓她更添恐懼。這就是讓她認為「一旦感受到恐懼，就會發生更恐怖的事」的經過。處理方式是讓她身臨其境被母親責罵的場景（下決定的場景），然後以吐氣的方式吐出恐懼。這時候，吐氣吐出的是圖2-4的「恐懼b」。「恐懼a」被擋下了，所以很難感受到，但「恐懼b」沒有被抑止，所以能感受到。透過處理「恐懼b」就容易修正「一旦感受到恐懼，就會發生更恐怖的事」這個否定認知，並減緩對「恐懼a」踩下的煞車，於是就容易感受到「恐懼a」。

（3）伴隨魔術性思維的否定認知

　　對情感的否定認知有不少情況都是非現實的。愈是在年幼時期做出的判斷，認知就愈不現實。前述的男性不僅不記得曾在雙親面前表現過悲傷，也沒有在表現出悲傷時被雙親嫌棄過。說不定，該名男子在幼年時期表現出悲傷時，雙親也可能不覺討厭，或許這才是事實

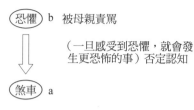

圖 2-4　決定性場景的情感處理

（不過，可能無法表現出悲傷的雙親在孩子表現出悲傷時沒能好好接納，所以讓孩子停止了悲傷。因為沒有想到要接受孩子的悲傷，結果孩子就做出了要控制悲傷的決定）。然而剛懂事的男子是使用了能理解當時事物道理的能力來做出判斷。小孩子並沒有足夠客觀且釐清事實的判斷能力，是不成熟的，要到12歲左右才能像大人一樣思考。

在溝通分析中，多稱不具備同於大人思考力的孩子所做的判斷思考方式為「魔術性思維（magical thinking）」。尤其是3歲前幼兒受到魔術性思維影響而做出對情感的否定認知決定，像是「若是感受到恐懼就會活不下去」「若是感受到憤怒就會遭遇到恐怖的經歷」等，簡直像是感受到情感就會威脅到生存的極端扭曲認知。若是大人，就能理解感受到情感不會誇張到活不下去。可是對幼兒來說，感受、表現情感會帶給父母困擾，會不被愛、會無法生存，或是會死、發生可怕的事等，這讓他們很混亂，並做出伴隨恐懼的否定式認知決定。諮商者的魔術性思維因為傾訴感受到情感會有抽象的恐怖與不安而明確化。例如一旦感受到情感，他們會說：「雖然不知道為什麼，但總覺得很危險」「感覺好像會發生什麼可怕的事」「雖然不知所以，但就是很害怕」等。

前述的60多歲女性例子其實就是也有對「恐懼b」踩了煞車而無法體驗到。若能體驗到「恐懼b」就能進行處理，於是就能體驗到「恐懼a」。而抑止「恐懼b」時，就有對「恐懼b」的否定性認知。

她想要體驗到「恐懼b」時就會感到「活不下去的恐懼」。雖毫無根據，卻會湧上一旦感受到恐懼就會活不下去的恐懼。這就是「恐懼c」。關於「恐懼c」的否定認知——一旦感受到恐懼就活不下去——是如「恐懼b」的「一旦恐懼就會被母親責罵」的認知，是抽象而不現實的。那是一種模糊的感覺，但從「活不下去」這種表現可以明確看出，是攸關生存的。因此，3歲前的幼兒會受到魔術性思維的影響而對情感做出否定性的認知判斷。她的情感處理首先要體驗‧處理「恐懼c」，必須將認知修正為「即便感到恐懼也能活下去」。其次是處理「恐懼b」的體驗，將認知修正為「即便體驗到恐懼，也不會發生更恐怖的事」。因此才能實現體驗「恐懼a」（圖2-5）。

即便是用「恐懼」一詞來表述，也有像「恐懼a」「恐懼b」「恐懼c」這樣是各別的情感。不可以將之視為相同的「恐懼」來進行處理。即便處理了「恐懼c」，也無法體驗到「恐懼a」。諮商師要做的就是在明確地理解到要貼近、支援諮商者的何種情感後再給予援助。

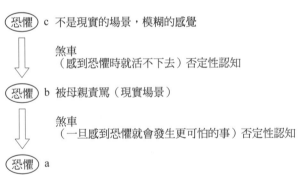

圖 2-5　伴隨魔術性思維的否定性認知

（4）養育者的情感表現方式會影響否定性認知

　　此外，對於情感的否定性認知也會受到養育者情感表現方式的影響。該人成長的環境中，養育者感受到了什麼樣的情感以及如何表現出來，都會成為形成否定性認知的助力。某位諮商者的成長環境是，母親一旦感受到不安，就會一邊歇斯底里地哭泣，一邊陷入混亂地責備父親，他看過好幾次這樣的景象。看到母親那樣的模樣，小孩子就會期望父母可以和諧相處，在他心中，有著父母會分開的不安，感到非常恐懼、悲傷。諮商者長大成人後，感受到不安或恐懼時，就會踩下煞車，導致身體緊繃。諮商者因反覆看到母親歇斯底里的言行而接收到恐懼與不安是「一旦感受到了就會失控的東西」，而他也從父母關係中學到了「無法與人和諧共處」。要修正這否定性的認知，就要讓自己置身在看到母親責備父親時的幼年場景，再次體驗當時擔心父母分開以及做出「若是心懷恐懼與不安就無法與人和諧共處」這種否定性認知的景況。之後讓他一邊吐氣吐出體驗到的不安，一邊對當時做出否定性認知判斷的年幼自己有共鳴。

　　某位30多歲男性諮商者曾對憤怒很沒輒。他在職場上遭受到了後輩的精神面霸凌以及來自上司的精神面職權騷擾。職場上的後輩硬推給他不合理的事務，並對他說出類似侮辱的話語，像是：「前輩的想法很不靈活呢」「看到前輩的女朋友就知道前輩不是外貌協會的」。即便如此，他的情感也毫無波動。即便處在會生氣是理所當然的狀況下，他也沒感受到憤怒。男性諮商者的父親平常很溫柔，但一喝醉了酒，性格就會丕變，經常會對母親大聲小叫、施以暴力。對幼小的男性諮商者來說，父親對母親發洩怒氣的模樣很恐怖。而憤怒是「會傷害重要之人的恐怖東西」，所以「絕對不可以感受到」。就像這樣，養育者表現出情感的方式對形成情感的否定性認知有極大的影響，這樣的案例並不少見。在這種情況下，也同樣要讓諮商者置身於做出否

定性認知判斷的原始場景，並有共鳴地貼近當時的想法，這對修正否定性認知來說很重要。所以這名男性諮商要置身於喝醉酒的父親對母親發洩怒氣的場景中，再次體驗當時的恐怖、判斷「絕對不可以感受到憤怒」，以及當時所受的傷，然後要用吐氣的方式來處理情感。如此，就能稍微減少當時的恐怖，以及對感受到憤怒的恐懼。最後則是對當時年幼自己所受的傷感同身受。

（5）文化與價值觀會影響否定性認知

　　文化以及價值觀也會影響情感的否定性認知。某位60多歲的女性諮商者受到了祖父「女性一定要端莊文靜」這個價值觀的汙染。所謂汙染就是深信不是事實的事為事實。又或者是在思考層面上雖能理解那不是事實，但情感面卻跟不上。那位諮商者成長的家庭中，女性的地位比男性低，大家都要表現得討如專制君主般的祖父歡心，要遵循祖父的價值觀才會獲得認可、才能感受到自身的價值。單只是和同胞兄弟比較，生為女子就是沒價值的，若再失了端莊舉止，就更沒價值了。因為要端莊文雅，就不可以發怒，所以她便壓抑了憤怒。

　　此外，有位40多歲女性諮商者的家族認為除雪是女性的工作，要是覺得討厭就會不想去做，所以她會控制住討厭除雪以及做家事的感受。強推給她這種價值觀的是她的婆婆。像這樣與性別角色相關的價值觀會大為影響對情感的否定性認知。有很多年過50的男性諮商者似乎都會控制悲傷與恐懼。他們大多認為悲傷、恐懼與「軟弱」是同義詞。另一方面，也有很多年過50的女性諮商者將發怒視為「沒有女人味」。這些也都可以想成他們是受到了成長時代價值觀的影響。

（6）對做出否定性認知的自己有共鳴

對情感的否定性認知不僅是要透過道理去理解，以下的過程也很重要：③理解因為怎樣的經過才導致有那樣的想法（不合理的思考、決定）、④對有那樣想法的自己有共鳴、⑤發自內心認同後進行修正。有某位女性諮商師的愛犬過世了，她一直都將愛犬視如家人般珍重。愛犬過世一個月後，她每天除了工作以外的時間都在想著愛犬，每天以淚洗面。在喪失體驗中，好好面對、接受悲傷是很重要的，若不接受悲傷，有時身心的健康都會崩壞（小此木，1979）。她自己身為心理師，非常知曉這些知識，也知道對自己來說，接受悲傷是件好事，即便痛苦，她仍想好好重視沉浸在悲傷中的時間。然而過了一個月後，她發現自己的狀況愈來愈糟，她開始擔心，若持續這樣的狀態下去是否會陷入憂鬱。某次入浴中，她在鏡子中看到了自己哭泣的臉，她發現在自己臉上，尤其是眉間很用力。也就是說，她雖感受到悲傷，但因為臉上用力，就表示根本沒有接受。她理解到，自己雖認為「應該要接受悲傷比較好」但那也只是在道理上這麼想，卻沒有發自內心的認同。之後，她試著探尋自己對悲傷所持的否定性認知，看看自己對接受悲傷這件事到底是怎麼想的。最後她察覺，接受悲傷就是真正與心愛的愛犬告別，所以自己並不想接受悲傷。她是因為不想與愛犬分別而控制了悲傷。

就像這樣，大腦雖理解要接受情感，有時內心卻沒理解。在類似情況下，身體就會用力以控制情感。要發自內心認同就要理解導致擁有否定性認知的經過，並且對當時心情有共鳴，歷經這樣的過程至關重要。要能對做出否定性認知決定的自己有共鳴，進行方式可以按照下節要說明的做法去做。

5　對幼年期的自己有共鳴

　　進行情感處理法的過程中，有些諮商者並無法對幼年期的自己感同身受地去體驗當時情感。有這種情況的許多諮商者都是在讓他人看到偽裝的自己而非真實的自我。諮商者形容讓他人看到偽裝的自己這件事是「穿著盔甲而活」「穿著人偶裝而活」等。對這些諮商者而言，體驗真實自我的情感就是在觸碰盔甲中受傷的自己，是要接受受傷這件事，而這就伴隨著強大的恐懼。

　　這類諮商者要能體驗到幼年時期自己的情感，有個有效的方法，亦即對年幼的自己有共鳴。為此就要使用「外在化」這個手法。所謂的外在化就是客觀以對，從外側來看待自己內心的情感，將之當做身外之物來處理。具體方法是使用空椅子，投射出為了生存而不讓人看到真實的自我，即年幼的自己在椅子上，然後理解並對當時的情感做出共鳴。

　　某位40多歲的女性諮商者認為，從幼年時起，雙親就沒能接受真實的自己。因此她創造並扮演了貼近雙親期待的女兒形象。在持續偽裝自我的期間，她漸漸不知道真正的自己是怎樣的一個人？自己的情感又是如何？而她只要能被他人接受就會感到滿足，所以覺得不被人接受時就會歇斯底里。她身臨其境於幼年時期的自己、無法被雙親接受真實自我的自己並再度體驗到當時的情感時，她感覺到情感好像被隔絕了，在體驗情感上受阻。因此她將當時年幼的自己投影在空椅子上，思考自己想體驗到怎樣的情感。然後她說，當時年幼的自己「覺得很痛苦」「真實的自己不被人接受很悲傷」「那時的我好可憐」。因為只有自己知道年幼時自己的心情，所以促使現在的自己能對當時的自己有共鳴後，她就覺得當時的自己很令人疼惜、很可憐，並體驗

到了悲傷。因為體驗到悲傷，她的情感處理就大有進展。而這就成了能讓她覺得真實自我也很好的契機。

　　某位60多歲的女性諮商者在小時候離開了父母身邊寄住在祖父母家，而且姊妹中只有她一個是從幼兒期到幼童期都一直住在祖父母家的。她認為「我是被父母拋棄的」，一直對父母懷恨在心。她就靠著這樣的想法自我支撐著。如果她不心懷恨意，就不得不去面對在姊妹中只有自己是無法與父母同住的悲傷。而這悲傷是令人難以忍受的。她讓自己身臨其境於幼年期時，感覺所有的思考似乎都停滯了，接下來則無法體驗到情感。她所體驗到的不是恨而是悲傷，這點從她的表情中可以明顯看出。因此她將年幼的自我投影到空椅子上，然後思考年幼的自己感受到了什麼樣的心情時，她說：「大概是感受到很深的悲哀吧。是難以忍受的悲傷。」接著她就體驗到了悲傷並流下淚來。

　　像這樣，將難以接受的自我情感外在化，客觀地看待幼年期的自己，就能對自己產生共鳴，並體驗到難以接受的自我情感。

6　理解情感的肯定面

（1）從進化論來看情感的適應性意義

　　理解情感的肯定面就是在面對、接受、體驗情感上有正向運作。理解了情感肯定面後，就能從進化論來理解為何會有情感，而這點是有意義的。進化論是從達爾文的「物種起源」開始，現在「演化心理學」等承繼其潮流的學問也在持續發展中。就進化論的觀點來看，生物的身體與行動特徵是由遺傳密碼所形成，下一個世代會接續傳承。遺傳密碼是彙整了細胞內DNA上基因的資訊後傳遞出去。情感也會因基因而繼承下來。這分遺傳密碼會因為發生複製錯誤而改寫，導致發生突變、多樣化。多樣化的特徵在生存競爭、環境中會被淘汰。也就

是說，包含情感在內，人具備的各種特徵，都是為了留下後代而經過長時間才獲得的，是能適合生存而不被淘汰所留存下來的。就這意義來說，情感在我們的生存中有著必要的意義，亦即可以說情感有著適應性的一面。

表 2-2　反覆降臨在祖先身上的適應性「難題」與情感波動

與其他個體或環境的關係	反覆發生的事態・情況	情感波動
愛（情緒性羈絆）	與愛戀對象在一起	喜悅、愛
	愛戀關係中斷（分離）	困惑、不安
	愛戀關係回復（重新開始）	安心（偶爾生氣）
	愛戀關係喪失	悲傷、絕望
照顧、養育	以嬰幼兒為首，幫助他人	養護的愛
合作	（合力）確立關係，建立計畫	開心
	達成計畫	開心
	互贈（行為或事物）	感謝
	性交、打扮（動物個體間的毛髮梳理）	喜悅、愛
	（合力）關係崩壞，計畫以失敗告終	悲傷
競爭	獲得地位或資源、防衛	憤怒
	敗北	恐懼、羞愧
補食	狩獵	興奮、喜悅
	被狙擊	恐懼
與無生物的接觸	發現物質性資源	喜悅
	遭遇物理性危險	恐懼
	接觸到毒藥或汙染物	厭惡

（出處）Oatley & Ienkins（1996）〔轉載自遠藤（1996）P.23〕

　　關於各情感有著怎樣適應性的一面可以參考表2-2與表2-3。沒寫在表中的情感有像是對伴侶的嫉妒，那很難讓人接受是種好情感，是經常會引致麻煩的一種情感。不過就進化論的立場來看，嫉妒是對伴侶發生不合理性行為時採取譴責的一種情感。咸知，男性與女性誘發

嫉妒的模式並不一樣。男性對於在肉體關係上的懷疑有更強的嫉妒傾向，而女性則是在愛情關係上的懷疑有更強的嫉妒傾向。那是因為女性要防止伴侶將資源分配給自己以及自己孩子以外的人，而男性則是不想把自己的資源分配給伴侶為其他男性所生下的孩子。嫉妒是三不五時就會引起問題的情感，但若沒了嫉妒，伴侶關係就將難以維持。即便是像嫉妒這樣的情感，其中也是有適應性意義的。

（2）理解情感肯定面的意義

　　情感處理的對象主要都是不愉快的情感。一般容易因為不愉快情感的表現而將之視為負面的。因此人們會誤以為不愉快情感有著否定意味。某位諮商者說：「不安有什麼用處呢？我覺得不安這種情感沒什麼意義。」全面否定了自己所感受到的不安。的確，若情感只顯露出否定的一面，或許人們會澈底否認自己有那樣的情感，並覺得沒有體驗到比較好。可是希望大家理解，不論是怎樣不愉快的情感，其中都有肯定的一面。至少為了要在生存競爭中活下來，就有肯定的意義。包含不安在內，人類擁有各種情感，以能活下來這點來看，就有肯定的意義。了解其肯定的一面後，就能許可自己擁有那分情感，而且也可以進展到面對並感受那情感。

　　諮商者因理解到本身不愉快情感的肯定面，就有助於接受情感。理解肯定面並不是由諮商師所指點的。為了讓諮商者能發自內心去理解，諮商師會對諮商者做出肯定意義的提問，在接受諮商者的想法後一起探討，並整理出肯定面，這樣做是比較理想的。

（3）理解情感肯定面的重點

　　透過談話及探討，讓諮商者理解、接受情感的肯定面，並理解其中幾項重點，亦即接受各情感的動機。

表 2-3　情緒訊號的特性・適應性功能

情緒	先決條件	自我系統內的功能	對人系統內的功能
生氣 (anger)	目標的挫折	除去妨礙達成目標的障礙	發出現在或許會被攻擊的警告
悲傷 （sadness）	喪失重要對象、缺乏自我效能	低水平會促進同理心，高水平則會抑制活動（恐怕為了防止發生更多的創傷經驗）	引發（來自他人的）養護、共鳴和協助
恐懼 （fear）	危機感	威脅的認定，促使逃跑或戰鬥	服從的訊號、迴避被攻擊
輕視 （contempt）	優越的感覺	建立・維持社會性地位・支配・優越感	針對他人的支配・優越訊號
羞恥／害羞 （shame／shyness）	覺知到自己成為注視的對象	為了守護自己的隱私不被過度侵害而發起行動	要求保護隱私的訊號
罪 （guilt）	認識到自己做了什麼壞事，以及感到無法從當下逃離	促進做出慣性行為	減少被攻擊的機率，做出服從的姿態
嫌惡 （disgust）	不愉快・有害物質／人物的感覺	排除不愉快・有害物質／人物	沒有想要包容接受的訊號
興趣／興奮 （interest／excitement）	新奇性、不一致、期待	為獲取資訊而運作的感覺系統	有想要包容接受的訊號
喜悅 （joy）	親近性、舒適的刺激	對自己發出要繼續現在活動的訊號	因傳遞良好的內在情感而促進社會性羈絆
驚訝 （surprise）	新奇性的感覺、與期待不一致	做好準備讓生物體感受到新經驗的功能	顯示生物體的單純（無知・沒有經驗），防禦生物體遭受攻擊

（出處）遠藤（1996）pp36-37.

　重點如下：

・理解憤怒、悲傷、恐懼、厭惡、寂寞、喜悅等情感是大家都有的。

・理解（思考）情感的肯定面。

・理解情感有助於解決自己問題或改善症狀。

・理解因為感受到情感，人生會更豐富多彩。

以下將解說各重點。

●理解憤怒、悲傷、恐懼、厭惡、寂寞、喜悅等情感是大家都有的

　　有諮商者會說：「我沒有悲傷這種情感」「我不會生氣」等。我碰到不少諮商者都如此深信。而且他們認為，世界上有很多人都跟自己一樣沒有某種情感。這當然是錯誤的想法。

　　有個理論是，人類有超越種族和文化的基本情感。關於普遍的基本情感是什麼眾說紛紜，但代表的研究者保羅・艾克曼（Paul Ekman）從表情來分類情感，舉出有快樂、驚訝、恐懼、悲傷、憤怒、厭惡等（其後還有列舉像是幸福、喜悅、滿足、困惑、興奮、輕蔑、羞愧、罪惡感、與功績相關的自負心、安心、認同等）。在所有文化圈中，針對人們是否會通過相同表情表現出情感雖仍有疑問，但根據艾克曼表示，這些情感都是與生俱來，所有人都有的。

　　誠如前述（第1節），約翰・R・麥克尼爾（John Robert McNeill）曾說：「所有人都有情感世界。」我們所有人都有豐富的情感。只要大腦沒有器質性障礙，或是在特殊文化圈成長的。

　　憤怒、悲傷、恐懼、厭惡、寂寞、喜悅等情感是所有人都有的，所以我們每天都會體驗到各種各樣的情感。去工作、回家、結束用餐與入浴後就休息，即便是像這樣看起來一成不變的每一天，也能體驗到許多情感。

　　讓諮商者理解自己本就有豐富的情感，那是極其自然的，對面對情感很重要。

●理解（思考）情感的肯定面

　　情感擁有合理性的功能。人會依據情感而做出某些行動，而某種行

動中也會投入情感。此外，人會因為情感而調整身體狀態。人會為了在採取某種行動時打造必要的身體狀態而使用情感。情感在與他人傳遞資訊、溝通上肩負重責大任，也扮演了與他人建立起關係的角色。

關於理解情感的肯定面，可以讓諮商者關注在沒能接受的情感上並進行討論。諮商者若無法接受憤怒，就去思考憤怒的肯定面；若無法接受悲傷，就去思考悲傷的肯定面。進行方法就是問諮商者對該情感的肯定面有什麼想法，並以諮商者回答的內容為基礎，一邊談話一邊整理。

憤怒是能量的一種來源，會成為幹勁，是活力的基礎。憂鬱症患者的活力很低，特徵是不會發怒。透過情感處理讓憂鬱症的諮商者發出憤怒後，他們就漸漸回復了幹勁及活力。此外，憤怒也是有助打破現狀或突破危機的情感。

悲傷是能克服痛苦的必要情感。若不面對悲傷，就難以擺脫感受到的痛苦事件。悲傷是能終結過去、看向未來，並邁出步伐的必要情感。

恐懼是迴避危機的必要情感。正因為感受到恐懼，才會避開危險的舉動，慎重行事，此外，也會使人在事前做好周到的準備。不知恐懼為何的人會做出危險的行動。此外，恐懼也是會讓人對未來做出明確計畫的情感。

其他還有厭惡是為避開討厭事物的必要情感；而寂寞是迴避孤獨，使人建構起人際關係的情感。

諮商師針對代表性情感雖做出了肯定面的描述，但以此為基礎，由諮商者自己去思考情感的肯定面並認同才有意義。諮商者思考並得出情感肯定面時，最好盡量讓諮商者去體驗那分情感，如此一來，他們才會具體表現出在日常生活中「自己」或「與他人的關係」有怎樣的變化。例如「（因為體驗到憤怒）不再顧慮伴侶，可以把想說的話

都說出口，不會覺得好像會受到對方批判了」「（因為表現出悲傷）能獲得朋友的共鳴、在孩子痛苦時也能感同身受、能理解工作上的痛苦而慰勞自己」「（因為感受到恐懼）減少亂花錢的情況、不會不管身體的異常，在造成更大疾病前能前往醫院就診、能確實做好工作的事前準備，讓工作順利進行」「（因為會感到討厭）能輕易說出NO、會問討厭的上司到底是怎麼看待自己的」「不再隨便接受討厭的工作，減少了忙碌」等（也請參考表2-3）。

●理解情感對解決問題或改善症狀很有用

　　利用心理諮商的目的有各種各樣，例如想要解決憂鬱的心情、想要減少對人緊張、想減緩不安、想改善疼痛或噁心、想改善容易發飆的性格、想改善過度迎合對方、想擁有自信、想要改善與他人的溝通等。在此請試著思考一下，諮商者的主訴又或者說是想通過心理諮商達成的目的，以及有關體驗情感或能感受到自身所控制情感的情況。這些也都不是由諮商師所教導的。必須透過對談，由諮商者本人摸索出答案。控制著憤怒的諮商者有著強烈的對人緊張傾向，他們會投射出壓抑的憤怒，誤以為受到他人攻擊，又或者是被人說些批判的話語，因此與他人接觸時就容易緊張。如果是不擅長去感受憤怒的諮商者，能理解到自己想改善容易緊張與感受到的憤怒有關，就能為接受、感受憤怒附加動機。

●理解因為感受到情感，人生會更豐富多彩

　　不愉快情感的肯定面也可以不只是從進化論來思考。如果只感受到正面積極的情感，就不會想要面對自我。因為有不愉快的情感，才會面對自我、會思考自己的事。正是因為有不愉快，才會深入思考為

什麼會有那情感，又為什麼會那樣想。這就是與真實自我的對話。在這過程中，將能更深入理解自己。

不愉快的情感也會喚起行動，以減少這分不愉快。思考該怎麼做才能迴避那分情感？是否能不去體驗到那分情感？以改善自己至今的行動。在這過程中將能獲得成長。至少我們會想讓狀態變得更輕鬆，而那就是成長的動機。

羞恥、罪惡感、悲傷、寂寞、不安與恐懼等情感會培育出道德心、對他人的體貼、關懷等。人會為了不丟臉、為了不做出有罪惡感的行為而培育出道德心。此外，正因為知道寂寞，才會生出體貼；正因為知道悲傷，才能對他人的痛苦有共鳴。

不要單只是體驗正面情感與不快情感其中一方，重要的是其中的比例。要把兩者都想成是必要的情感。要知道，就算正面情感比例很高，也不能說一定是幸福的。訴說自己體驗的情感幾乎都是正面的諮商者，看起來是就算體驗到了不愉快的情感也會否認。儘管碰上痛苦的事，接下來若發生了令人興奮的事就會把痛苦的事當成沒發生過一般。此外，正因為有不愉快的情感，才會突出正面的情感，例如克服痛苦完成某件事、克服悲傷後體驗到喜悅等。人生中，正面的情感與不愉快的情感都各自有其任務與必要性。就像這樣，不愉快的情感不僅有各種肯定的一面，對人生來說也是必要的。

（4）情感會為人生增添色彩

我們無法避開不愉快的情感只感受到正面的情感。若是關上不愉快情感的大門，正面情感的門也會關上。我們必須要接受、感受正面與負面情感兩方。負面情感或許讓人覺得不舒服，但是接受才能讓我們鮮活地感受到正面的情感。這才是自然的情況。

有位感覺不到太多情感的諮商者在透過情感處理後，變得能感受

到許多不愉快與正面的情感，他說：「感受不到情感時，我活著也沒感覺什麼痛苦。可同時我也沒有感受到開心及喜悅，活著很無趣。然而能鮮明感受到情感後，我在難受時會感到難受，痛苦時會感到痛苦，卻也感受到了許多快樂與喜悅。以前黑白的人生，所有場景都有了顏色、變得鮮豔、令人印象深刻。」這樣的感想就是他在明確訴說感受到情感的意義。的確，一旦控制下不愉快的情感，就也會控制住喜悅、開心、幸福等正面情感。即便看起來是只在抑制單一的情感，但影響卻會擴及其他全部情感。

也有諮商者在體驗情感上感到很困惑的。有位諮商者某天突然覺得很寂寞。一位30多歲的女性諮商者在某次諮商過後，突然體驗到了寂寞。此前，她都沒感受過寂寞。丈夫長期出差時，她也完全不覺得寂寞，但現在卻突然感受到了寂寞，並對此感到困惑。因為她不知道該如何應對不熟悉的寂寞。於是她增加了與出差中丈夫通電話以及與朋友會面聊天的次數。感受到寂寞的結果就是增加了與他人的交流。或許突然面臨到不熟悉的不愉快情感會令人困惑，但那對人生來說具有建設性的意義。

誠如前述，我們每天都會體驗到憤怒、悲傷、恐懼、厭惡、寂寞、喜悅等情感。看到戰爭的新聞會感到悲傷與憤怒、看到家人與朋友時會感到喜悅。與生動的情感一起，我們會同時鮮活地體驗到日常中不經意間的各種事件。這完全就是在為事件添加色彩，使之增豔。我曾問過諮商者：「妳今天分別體驗到憤怒、悲傷、恐懼、厭惡、寂寞、喜悅幾次呢？」一開始諮商者答不上來，但隨著情感處理的進行，她就能說出體驗到各情感的次數了。例如：「今天電梯門在我眼前關上了，我感覺很悲傷」「在視訊會議中WiFi斷線了好幾次，讓我很生氣」等，諮商者變得能去注意到微小的憤怒、悲傷、恐懼、厭惡、寂寞以及喜悅了。結果諮商者就能實際感受到每天都過得很多采

多姿。因為感受到情感，人生將變得更為豐富多彩。

7　身體用力

　　亞歷山大・洛文（Alexander Lowen）*用能量的流動來說明情感，他說，本能、衝動、情感是從身體中心活化肌肉後才抵達表面，然後排放出身體外〔Lowen／村本・國水（譯），1988〕（圖2-6）。肌肉為了將情感排出體外而做運動，抑制時也一樣。抑制時，肌肉或是皮膚會緊繃。緊繃是表面能見的現象，若是沒有排出到外部而是貯存在內部的情感能量增大，表面膜（皮膚與肌肉的表面）會收縮，表面就會緊繃。也就是說，當情感湧現，會透過肌肉的運動而排出體外，與這樣的情感流動相對，抑制則會讓肌肉及皮膚緊繃，並將之壓制在內側。

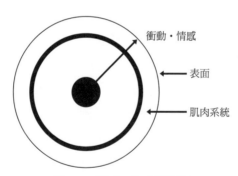

圖 2-6　情感、肌肉與表面

（出處）Lowen／村本・國永（譯）（1988）P.13.（添加了部分）

---

*註：亞歷山大・洛文，1910～2008年，美國醫師與心理治療師。

　　此外，壓抑情感的人雖完全沒有意識到，但他們肌肉的某部分其實總是處在緊張、用力的狀態。源於自我力量的適應性情感控制會控制隨意肌，自我的強韌則是取決於隨意肌的意識性控制程度。為了使自我的作用發揮適當功能，隨意肌就必須柔軟有彈性。

　　因此，進行情感處理時，找出肌肉緊繃的地方，並鬆緩該處，對吐出抑制或壓抑的情感來說是必須的。

　　此外，因為鬆緩了肌肉的緊繃，就會有頭緒去察覺到被壓抑或被抑制的情感。一位30多歲的男性諮商者肩膀與下顎因用力而緊繃。有人指出他肩膀與下顎的緊繃，要他試著鬆緩，他試著做了後就湧現出悲傷，流下了眼淚。諮商者當初也沒能理解自己為什麼會湧現悲傷並流淚。諮商師建議他：「不要去想流淚的原因，請關注並貼近流淚以及湧現上悲傷這件事。」結果，男性諮商者說：「至今為止，我一直都假裝堅強，但其實我一直都很痛苦。」那時候，男性諮商者感受並吐露出了一直忍耐至今的痛苦。男性諮商者是透過在肩膀、下顎用力來抑制痛苦的。

8　鬆弛肌肉

（1）所謂的鬆弛肌肉是指？

　　身體用力時就無法吐出、處理情感。因為用力的地方會止住情感。關於在哪個地方用力止住情感是因人而異。身體用力時大多時候我們會感到該部位變僵硬。諮商者的肌肉很發達時，可以測試一下其肌肉是否有彈性。不論肌肉怎麼發達，沒用力的肌肉都有彈性。

　　諮商中，諮商者身體用力時，我們要幫助鬆弛用力處的肌肉。基本做法是對用力處（肌肉）施以反作用力，維持這狀態一陣子，然後一口氣放鬆，這樣的方法很有效。放鬆時要一口氣放鬆，不要慢慢

來。做法可以參考埃德蒙・雅各布森（Edmund Jacobson）*漸進放鬆法（Progressive muscle relaxation）的做法。漸進放鬆法是透過緩解肌肉的緊張，以減低手術後痛楚、改善焦慮症、減低不安等，同時還有提升注意力、提升睡眠品質等多項效果。

做法是特定出用力的肌肉，然後極為用力（緊繃），維持5～10秒的緊繃狀態，然後瞬間放鬆（鬆弛）。用力時要停止呼吸。放鬆肌肉或是停止用力吐氣，這樣一來，肌肉就會從緊繃狀態轉為放鬆狀態。用力是能靠本人刻意在該處用力來進行的。若進行一次並無法緩解肌肉緊張，可以試著多做幾次，直到舒緩肌肉的緊繃。

（2）身體各部位用力的方式

能舒緩各處緊繃的用力法如下所記。不過，此處介紹的方法並非唯一的正確解答，最好是能摸索並進行適合諮商者的做法，亦即最能緩解肌肉緊繃的做法。

●上臂

彎曲肘關節，雙手靠近肩膀，以能形成二頭肌的感覺，上臂用力，雙手輕輕握拳。

*註：埃德蒙・雅各布森，1888～1983年，美國一位專長於內科及精神科的醫師，也是一位病理學家。

●手

　　伸直手臂，做出握拳動作，用力。指尖不要貼在手掌上。

　　與上臂一同用力時，上臂用力的同時彎曲肘關節並握拳，然後用力。

●肩膀

　　雙肩靠近兩耳，縮脖子。放鬆肩膀力量時，雙臂不要用力，自然下垂，只有肩膀用力。

●脖子

把臉稍微向上抬，面向正面，伸直脖子（若臉朝下，扭頭的時候脖子另一側會用力）。依次左右扭轉。緩慢地向左或右轉，然後停止，再立刻轉回正面，接著慢慢轉向另一側，然後停止。

或者咬緊牙關，將下巴貼在胸前，用力。

●腳

淺坐在椅子上，腳根著地，伸直兩腳。接著腳尖轉向身體的方向。或腳尖往前伸直，用力。

●臉 ・眉間

　　閉上眼睛，想像把眉間的皺紋往鼻子靠近，或是想像要把眼鼻口都擠往臉部正中央般用力。

　　抿嘴（縮小嘴巴），想像要把鼻子往前挺並用力。下巴與臉頰也要用力。這時候要咬緊牙關，將舌頭用力往上顎頂。

　　或是嘴巴不要用力，而是縮起整張臉地用力。

●頭

　　睜大雙眼，眉毛上揚，擠出額間的水平皺紋。想像從額頭用力至全頭皮。

●後背 ・胸

雙肩向左右擴展（胸往左右打開）靠近肩胛骨，用力。

或者彎曲肘關節，將握拳的手靠近肩膀，然後直接將雙臂往左右拓展，用力。

●腹部

坐在椅子上，腹部內縮。腹肌用力，想像腹部要貼到後背般並用力。

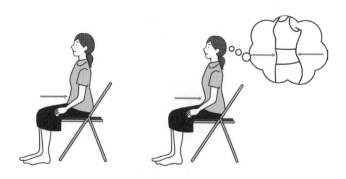

上腹部用力時要在胸口附近用力，使之凹陷。

腹部正中央用力時要在肚臍附近用力，使之凹陷。

下腹部用力時要在肚臍下方約一個拳頭的地方用力，使之凹陷，並向上提升。

（3）放鬆身體內部力氣的方式

雖然身體外部的肌肉沒有用力，但也有諮商者說自己的身體內部有用力。這時候依舊是止住了情感的狀態。要放鬆身體內部的力量，可以利用以下方式：

・嘴巴像是刁著一根吸管的感覺，從鼻子吸氣，從嘴巴吐氣
・慢慢吐氣，吐氣時間是用鼻子吸氣時間的3倍左右

（4）全身的肌肉放鬆

最後要來介紹全身的肌肉放鬆法。

順序是依腳、小腿、大腿、臀部、腹部、後背、胸、上臂、前臂、握拳、臉部來用力，保持用力部位的緊繃狀態，形成全身用力的狀態，維持5～10秒，然後一口氣放鬆。

雖然放鬆肌肉是緩解肌肉緊繃一個有效的方法，但若該處有疾病或疼痛時，就應該要避免，建議可嘗試下節要介紹的方法。

9　放鬆肌肉以外的放鬆法

以下要來介紹除了放鬆肌肉這個方法以外的、在諮商中能鬆弛諮商者肌肉緊繃的方法。

（1）將緊繃部位擬人化

要將緊繃部位擬人化，可以用以下順序來進行。

首先讓諮商者關注在緊繃部位的肌肉上，然後請諮商者回答提問：「如果肌肉會說話，它會說什麼？」並告訴諮商者這問題沒有正確解答，包括「我不知道」在內，回答什麼都可以。若假定該部位會說話，諮商者說的話，就表示該部位會肌肉緊繃的原因。他們會吐露出該部位為什麼會緊繃。如果諮商者有回答，就可以進行如下的兩個方法。

假設諮商者說該部位想說的話是「已經受夠了」，第一個方法就是諮商師要做出接受・有共鳴的應對。例如「已經受夠了啊」「你有覺得這麼厭煩啊？」「是什麼讓你這麼厭煩呢？可不可以告訴我」之類的回答。諮商者會因為引起肌肉緊繃的心情或想法被他人接受而緩和緊繃。

第二個方法是讓該部位與諮商者本身對話。假設該緊繃部位的發言是「我已經受夠了」，對此可指示諮商者「請回應這句話」並推進對話。而推進的對話可以是「我已經受夠了」「雖然討厭，但非忍耐不可」「我討厭忍耐」「雖然討厭，但也莫可奈何」等。這時候，讓諮商者交互坐在兩張空椅子上來推進對話是很有效的。依據弗里茨・珀爾斯（Fritz Perls）*提出的完形療法（Gestalt Therapy）概念，揭露糾葛並澈底進行對話後，就能終結並整合糾葛〔Perls／倉戶（監修翻譯），1990〕。揭露使肌肉產生緊繃的糾葛並進行對話的方法，很適合用來解決糾葛，最後也能緩解肌肉的緊繃。

---

*註：弗里茨・珀爾斯（1893～1970年），德國精神科醫生、精神分析師和心理治療師。

（2）想像法

這個方法是由諮商師引導諮商者來進行想像以緩解肌肉緊繃。想像法有兩種。

第一個方法請按如下順序進行。

一開始要告訴諮商者，只要他希望，隨時都可以停下來。

然後盡量讓諮商者放鬆伸直背脊的身體，並引導他開始想像。

讓諮商者閉上眼睛，想像自己身處在一個能放輕鬆的地方。想像的場所可以是

・小時候就非常喜歡的地方。

・想去的地方（能放輕鬆的地方）。

・有漂亮景色以及好聽聲音、香氣的任何地方。

・如果無法想像這些地方，就想像一個虛構的地方。

置身於那個地方，閒適地放輕鬆。享受自己看到的景色、聽到的聲音、味道，或是陽光的照射、舒適的風、潔淨的水的感覺。接著，緩慢、輕鬆地呼吸。之後放鬆用力的肌肉，想像整個人鬆弛下來、變得柔軟。在那個地方放鬆幾分鐘後，再回到「當下」。

第二個方法則是以如下的順序進行。

注意緊繃部位的肌肉。該部位之所以緊張，是因為花了很多力氣不去感受到情感。因為不去感受到那分情感會比較容易生存下來。也就是說，該部位的緊繃是為了守護自己能活下去。因此我們要對該部位心懷感謝，並理解那是一件好事。之後再進行下述的想像練習。在家中練習時，可以選擇在洗澡時或躺上床後能放輕鬆的地方來進行。

・想像在該部位用力的年幼自己就在眼前。

若是知道在哪個時期有在該部位用力以停止情感，也可以想像當時的自己而非年幼的自己。

・對眼前的自己（在腦中）說：「謝謝你至今以來一直止住了情感以

守護我」。

・抱緊眼前過往的自己。

・想像過往的自己被抱緊，緩解了緊繃的部位。

可以從以上方法中選用適合諮商者的。

（3）伸展

以團體練習來進行情感處理法，又或者是以在家練習的方式來進行時，很推薦伸展這個方法。在進行情感處理法練習前，可以花幾分鐘時間來做伸展。

・以輕鬆的姿勢坐在椅子上。

・輕輕閉上眼，慢慢呼吸。

呼吸時，一開始要花點時間把氣全部吐出來，之後再從鼻子吸氣，接著花上一倍的時間從嘴巴吐氣。建議吸氣4秒，吐氣8秒。

緩慢呼吸能穩定心跳與血壓，有緩和壓力的效果。若是進行上述的呼吸方式有困難，也可以用較為輕鬆的方式來呼吸。

・輕柔且緩慢地轉動頭部，不要弄痛脖頸。

・雙手交叉，手心朝向天花板，一邊吸氣，一邊直直地往上伸以伸展全身。手放下，同時放鬆、吐氣。

・擺動手腕和腳踝。試著聆聽身體的聲音。感受身體的感覺。

進行團體的情感處理法前，只要進行這些伸展，就能提高對自身情感的覺察。

10　開始情感處理法前要先知道的事

開始情感處理法前，要先知道幾個觀念。這是能獲得情感處理法效果的前提，所以很重要。

（1）再次體驗情感

一開始是關於進行情感處理時，所謂身臨其境這點。

說到體驗情感的場面時，諮商者會再度體驗到情感。諮商者透過接受並對體驗到的情感有共鳴，情感處理就能進行下去。透過接受、共鳴，諮商師能一邊傾聽諮商者說話，一邊進行情感處理。而且說到過去事件時，諮商者多會以過去式來表現。對於當時的情感，也是用過去式來述說，像是「曾經很悲傷」「那個時候很生氣」。多數時候，這樣是沒問題的。可是比起用過去式來描述過去的事件，用像是正在體驗到情感的現在式來述說，能更鮮明地體驗到當時的情感。

用來達成這個目標的方法就稱做「情感處理練習」。情感處理練習是身臨其境於當時事件的場面下（再度體驗）來進行。諮商者透過談話體驗到情感時就停止對談，讓他們想像宛如自己現今正在體驗、感受到那分情感的場面，並於當下再度體驗那分情感，然後透過吐氣吐出情感來進行情感處理。

身臨其境時，要用現在進行式來表現發生了什麼事，以及自己又是如何應對的。因此，為了描繪出身臨其境時的事件，就要用現在式來講述、表現——對現今發生的事，現在有何感受。

要在當下體驗情感。用過去式來講述時，該事件已經過了一段時間，焦點會放在評價回顧該事件時的情感上。假設有個人想克服不擅長面對他人愁眉苦臉這件事而進行情感處理。一天，他在上司皺眉時體驗到了「恐懼」，且一句話都說不出來，隨著時間經過，他再回顧該件事時，覺得自己一句話都說不出口的「羞愧」情感會占優勢而關注該分情感。若想解決的問題是「對方愁眉苦臉時，自己一句話都說不出來」，最好要把焦點放在減輕看到人愁眉苦臉時的那分恐懼上。把焦點放在「很羞愧」這點上並非壞事，但就解決問題而言是在繞遠

路。若身臨其境於上司皺眉的場景，就能鮮明地體驗到當時的恐懼，並對之進行處理。

在當下體驗情感並進行處理會比較有效。

此外，情感是很複雜的。在一個狀況下會體驗到「憤怒」「悲傷」「羞恥」等多個情感。透過身歷其境，就能一一體驗並處理那些情感。可是在回想的時候，那些情感會混雜在一起，有時無法鮮明地表現出每一個情感。混雜的情感並非不能處理，而是難以處理。

（2）思考・情感・行動是由自己管理的

第二個是思考・情感・行動是由自己管理的。我們並非因為某人而感到焦躁，也是有人對我們說了同一句話卻不會讓人煩躁的。那不是誰的問題，而是我們的意志導致了焦躁。我們能靠自己選擇、控制情感。若是站在因他人而引起焦躁的立場，我們就會將那分能量用來改變他人的言行舉止，一直將之灌注在無意義的心機（參考第1章第8節）上。而心機會持續感受到慣性的不愉快情感，最終將遠離感受到舒暢心情的生活。在溝通分析中，諮商者的目標是「自主性（autonomy）」。自主性是包含了能在多個情感中選擇相應於當下的情感。對自己的情感負責是自主性一重大要素。依自己意志選擇情感並站在某個立場上時，就能擺脫想要改變他人言行的心機，順利處理情感。

（3）過去與他人無法改變

第三個是理解「他人是無法改變的」。我們希望獲得對方的理解、認同，所以會發洩情感。可是這就是想要改變對方。明確地希望對方理解自己，會在想要改變對方時體驗到扭曲情感（參考第1章第8節），可是卻無法處理（感到不舒暢）。而發洩情感時就會成為心機。

　　某位40多歲的女性諮商者不擅長體驗憤怒這種情感。在可以體驗到憤怒的場面下，她察覺到了自己的憤怒。在持續處理情感的過程中，她變得逐漸能體驗憤怒了。此前她都沒感受到過憤怒，但現在則能對丈夫看輕自己的言行舉止感受憤怒。之後，她對丈夫發了幾次脾氣。那時候她發洩地對丈夫說：「你為什麼就是不懂呢？」一旦想要對方理解自己，有時就會哭著重複訴說好幾遍。可是對方並不會改變。她在想要改變丈夫並表現出憤怒時，內心並不舒服也不輕鬆。於是只能重複訴說好幾遍。她的內心並不舒暢，而且說著相同內容的話也只會不斷體驗到一點都沒減少的厭惡情感，對她來說，那段冗長的時間只是白浪費在感受到不愉快的心情上。若期待著對方能配合自己來理解自己、改變言行，反省並改變至今為止的事，將無法進行情感處理。

　　和他人無法改變同樣，過去也是無法改變的。即便對感受到痛苦事件的心情有共鳴、不斷哀嘆、一直心懷怨恨，過去發生的事都不會改變。受到丈夫家暴的女性諮商者說，丈夫聽講了家暴加害者教育課程後就停止了家暴並溫柔對她。可是一旦知道丈夫不會再危害自己了，女性諮商者就漸漸地對丈夫做出有支配性的・具攻擊性的舉動。她說：「現在之所以能安穩生活都是因為我原諒了丈夫。我為了孩子忍了好多年，現在該是丈夫對我盡心盡力了。」她的內心強烈地恨著過去發生的事。她對於痛苦體驗十分有共鳴。可是照這樣下去，她並無法變輕鬆。

　　「過去與他人無法改變，能改變的只有現今的自己」。為了清除憤怒、為了處理並減少那分厭惡的情感，就必須從想要改變他人或過去的事件中解放自我。

（4）就算發洩情感也無法處理好

第四個是要理解到，就算把情感發洩到旁人身上也不會感到暢快，所以基本來說，情感不是一種可發洩物。從「發洩到旁人身上」這樣的表現來看，很容易讓人聯想到發洩的是憤怒，所以在此就用憤怒來做說明。

所謂的情感處理，大多人會誤解成是能清楚對對方表現出情感來。可是情況並非如此。在情感處理中，情感是要「體驗」而非「表現出來」，所以希望大家能明確區分並理解「發洩到旁人身上」與「處理」這兩件事。

很少有人把怒氣發洩到旁人身上後就暢快無比的。發洩怒氣到旁人身上時，我們的身體會用力。一邊用力一邊向對方說些什麼。誠如前述，在身體用力的狀態下，憤怒的情感不會排出到身體外，而會在身體中循環，因此無法吐出怒氣，也無法感到暢快。若是一邊對對方發洩怒氣，一邊放鬆身體，就有可能透過發洩怒氣而感到暢快，但話說回來，發洩怒氣到旁人身上時，當下的情感不會只有憤怒，還混有像是攻擊心、責備對方的心情、悲傷等情感。情感是很複雜的。我在下一章會詳述情感處理的做法，而按順序一一處理複雜情感是有必要的，若不按照順序，很難處理攻擊心或表現出責備對方的憤怒。

重要的是，要知道憤怒要靠自己來處理而不是向對方發洩。不僅是憤怒，悲傷、恐懼、不安與寂寞都只能靠自己。這時候比起發洩在對方身上，獨處來進行情感處理會更能暢快處理憤怒。有時我們會向朋友訴說自己的憤怒，並因此感到舒暢。那是因為傾聽對象是第三者而非當事者。那時候我們不會專注以對，而是身體放鬆，所以自然能順利將憤怒排出體外。此外，因為與朋友間有信賴關係的安心感，在說到憤怒心情時，也有放鬆身體的效果。不要只靠自己一人來處理，找能信賴的某人而非當事者說說話，也是處理憤怒的一個方法。再重

複一次，處理憤怒，就是要把身體內的憤怒排出體外。

憤怒不是攻擊。有很多對憤怒有否定認知的人都誤以為憤怒等同於攻擊。所謂的攻擊是「責難對方、批判對方」，這不是情感，是行動。憤怒是人類最基本的情感之一，屬於原始的情感。就守護我們來說，憤怒的肯定面較多。壓抑‧抑制憤怒導致的損失較多。憤怒的情感對我們來說很重要。體驗憤怒是OK的。我們可以把感受到憤怒與攻擊的行動想成是不同的兩者。憤怒只靠自己一個人處理就好，不要發洩到別人身上。

某位參加企畫的參加者問了一個很有趣的問題。他三不五時就會對他人使用暴力，有傷害前科。他問：「如果不把怒氣發洩到對方身上而只對對方好，那不是很吃虧嗎？」或許有很多人都會這樣想。我進一步問他：「你把怒氣發洩在對方身上後，要產生怎樣的結果才不吃虧呢？」結果該名參加者回答：「打對方一頓，讓他道歉才算勝利。」我再度問他：「做了這件事後，你的心情有比較好嗎？」結果參加者沉默以對。我對這名參加者說明：「在你人生中，一定要獲得的是幸福。不論是工作還是人際關係都是為獲得幸福的方法。能開心、幸福的生活，即是你獲得的勝利。即便打了對方讓對方道歉，若是那結果沒有讓你開心幸福，那就不算勝利。靠自己處理憤怒，正是為了能讓你暢快活下去。」結果參加者就表現出了一臉能認同的模樣了。你究竟是為了什麼而想減少不愉快的情感呢？目的有各種各樣，包括減輕壓力、改善人際關係等。可是，其箭頭必須要是朝向幸福的人生。幸福就是每天都能心情舒暢地生活，這點是絕不能妥協的重要事項。

11 表現情感

　　不要把情感發洩在別人身上，重要的是要表現並讓對方知道你的情感，但這很難。若只靠自己一人處理情感，就無法將心情傳達給對方知道。傳達自己的情感就建立親密關係來說很重要。

　　要傳達自己的心情給對方時，有個很恰當的方法，就是不要流於情緒化、要冷靜。要使用成人的自我狀態A（參考第4章第5節）向對方傳達自己的情感，並且不要要求對方做出改變。若是要求對方「因為你這樣做讓我很難過，所以不要那樣做」，將難以傳達情感。只要用能簡單傳達自己心情給對方的言詞就好。

　　我會介紹幾個能有效向對方表現情感的技法 ── 肯定法（assertion）與DESC法。

　　肯定法指的是「我OK，你OK（I'm OK.you are OK）」，是一種站在實際立場上的自我表現法，除了尊重自己的價值與權利，同時也尊重對方的人權與價值。此外，肯定法是認知行為療法的一種，能靠練習來提升技能。

　　DESC法是理解對自我表現來說的必要要素，並能思考表現法所使用的方法。D（describe，描述）是描述客觀事實，例如「感覺你的語氣似乎增強了」「沒能聽到你的回覆」等；E（express，表現）是表現自己的心情，例如「我很害怕」「我覺得寂寞」等，表現時是以自己為主詞（我訊息，I-message）；S（specify，建議）是提出特定的建議，例如「……這樣做比較好吧」；C（choose，選擇）是連對方的NO回答也設想到了後來做出選擇。

　　要全學會這些有點吃力，但只要記住其中兩項即可：

・描述客觀的事實。

・用我訊息來表現情感。

　　要能學會這兩點，以下提出幾個一般常用的句子，讓大家練習根據客觀事實的描寫以及我訊息*的表現來思考、修正。例如「因為你說話的方式很討人厭⋯⋯」就不是客觀的事實。認為那種說話方式很討人厭的是自己，是基於我方主觀在說話。因此，請思考一下若要用客觀事實來描寫「因為你說話的方式很討人厭⋯⋯」會變成怎樣的句子。「不要用那種說話方式」並不是我訊息。這不是在說我的心情，而是在批判對方的說話方式。思考一下，該怎麼用我訊息來表現「不要用那種說話方式」。圖2-7是能用來練習「描述客觀事實」與「用我訊息來表現」的表格。

　　無論使用多少這種肯定式表現手法，若還是用情緒化的方式表達就沒有意義。表達時必須要不情緒化。為此有一個方法，就是先進行情感處理法，減少不愉快的情感，然後在沉靜、冷靜時表達自己的心情或提議，這樣才是有效的。這時候的自我狀態最好是處於成人自我狀態的A。

　　一開始進行情感處理法時，若在之後沒有充分的獨處時間，將無法接受、體驗、處理情感，但隨著多次進行情感處理後，漸漸地就能在當下邊與對方說話邊接受、體驗情感，然後因為在情感處理上進步了，即便不拉開一段時間，也能在當場表現得沉穩又冷靜。

　　傳達自己心情時，重要的是不要說「所以要這樣做、那樣做」。做出這種傳達法時，不僅是想要改變對方，也可能變得有攻擊性。DESC法中雖有「建議」，但這個建議是用即便對方說「NO」也可以

---

*註：我訊息是指以我為中心的資訊，讓他人知道我們的感受，但不做人身攻擊
　　或批評。「我」不是自我中心的我，而是「我的感受」的我。

不要讓我說這麼多遍。	→	
總是這樣的呢。	→	
我說過了要照這樣做吧。	→	
總之老實待著就對了	→	
你有在聽我說話嗎？	→	
所以我不是說了嗎？	→	
你不知道我很忙嗎？	→	
為什麼不聽我說的話？	→	
為什麼要做這種事？	→	
不要一直抱怨。	→	
不要責備我。	→	
我說了等一下吧。	→	
為什麼不認真做呢？	→	
不要忽視我。	→	
你為什麼生氣？	→	
不要用那種眼神看我。	→	
你知道我有多辛苦嗎？	→	

圖 2-7　肯定練習表

的說法，是以被拒絕為前提。硬要人家「要這樣做」，不是一個好的表現方法，了解這點很重要。

　　此外，若是還沒能在當下進行情感處理、還沒提升技巧卻又非得要在當下傳達事項時，在能提升情感處理技巧前，可以使用過渡法──「憤怒管理」的「6秒規則」，亦即使用在心中數6秒後再傳達事項的方法。憤怒的高峰是6秒，6秒規則就是利用高峰過去的時間。比起立刻傳達，在憤怒高峰過去的這段時間中，多少能冷靜些傳達。

像這樣學會表現情感的技巧，能恰當地傳達出情感，就靠獨自處理自己情感的情感處理法來說是有意義的，這點很重要。

12　情感處理的禁忌

在本章最後，想要來談一下關於情感處理的禁忌。

不要對思覺失調症的諮商者進行不安與恐懼的情感處理。思覺失調症的諮商者的不安若變強，狀態就會惡化，也無法處理恐懼的情感。即便想要處理，恐懼也不會減少。因為長時間體驗著恐懼，反而會有增強不安與恐懼的風險。思覺失調症的諮商者感受到不安與恐懼時，雖可以去共鳴那分不安與恐懼，但要幫助他們不要長時間去體驗。

不要去對雙向情緒障礙的諮商者進行憤怒的情感處理。他們訴說自己的憤怒時，雖可以對之感到有共鳴，但最好不要讓他們強烈且長期地體驗到憤怒。因為長時間體驗到強烈的憤怒會有成為躁態的風險。如果諮商者體驗到了憤怒且想要處理，不要使用拿報紙敲打坐墊的方法，只要進行4～5次呼吸的輕微處理就好。不僅是憤怒，若是強烈且長時間地體驗到悲傷以及恐懼，即便不會變成躁態，情緒也有可能會過度高漲。體驗情感時，最好能幫助他們不要一直持續強烈且長時間的體驗。

第3章 情感處理法的實踐

1 情感處理法的進行方式

　　將情感處理法當作作業練習時，有時會要一邊傾聽諮商者的話，一邊幫助他們自然地去進行情感處理。自然地進行情感處理，對諮商者來說是負擔最小的方法，因此是我想推薦給大家的做法，而且當作作業來進行的情感處理法效果也高。不論是哪種選擇，都要考慮到諮商者的狀況後再做決定。雖說效果好，但要避免打斷諮商者說話，強制他們接受練習。希望大家可以參考第5節的方法，一邊聆聽諮商者說話，一邊自然地進行情感處理。

（1）情感處理的目的

　　情感處理法有兩個目的。一個是處理、減少現在體驗到的不愉快情感。為了減少現在強烈感受到的煩躁與不安，就要進行情感處理。這時候，諮商者已經察覺並體驗到了不愉快的情感而能做出應對，為將其減輕到不會感到不快的程度而進行情感處理，此時要聚焦在已經體驗到的不愉快情感。

　　情感處理的另一個目的是能感受到相應於該狀況的自然情感。在本來應該感受到憤怒的情景下卻無法體驗到憤怒，導致身體出現疼痛

時，要能恰當地去體驗到憤怒，因此就要活用情感處理。無法恰如其分地體驗到情感是因為壓抑或抑制。所謂在當下感受到相應的自然情感就是不要去壓抑‧抑制能解決問題的情感，而要去感受。這時候，諮商者在那場景下並沒有察覺到自己的情感，又或者是雖察覺到了卻無法接受。要處理那時的情感，就要以能察覺、接受、體驗到自然的情感為目的來進行。

因此要遵循情感處理進行的方式，幫助諮商者置身於沒察覺到情感或是雖察覺情感卻無法接受的場景，並體驗當下自然的情感。

（2）情感處理的進行方式

情感處理的進行方式很簡單（參考第1章第1節）。基本是以如下順序來進行。

①身臨其境於體驗到情感的場景
②察覺情感
③接受情感
④再度體驗情感
⑤吐出情感

若是為了減少現在已經體驗到的不愉快情感，上述的②就是非必要的。諮商者從開始處理情感起就已經察覺到了自己不愉快的情感，所以或許③也是非必要的。這時候可以如下的順序來進行。

①身臨其境於體驗到情感的場景
④再度體驗到情感
⑤吐出情感

不過，這時候④所體驗到的情感或許會是扭曲情感（參照第1章第8節），此時，就算處理了那分情感也不會感到暢快。因此必須要察覺並體驗真正的情感，並進行處理。此外，多數時候在④所體驗到的情

感不會只有一種，而有很多種。這時候，若沒有將在那個當下體驗到的情感全做處理，就不會感到舒暢。因此，處理完一個情感後就要檢測諮商者還有沒有體驗到其他情感，若有，就要一一處理。直到體驗到的情感消逝、內心變暢快為止，都要不斷重複④跟⑤。

（3）置身於體驗到情感的場景

●處理扭曲情感與重新審視判斷

　　情感處理練習是從身臨其境於體驗到情感的場景，或是沒察覺到自然情感的場景中開始。在第2章第4節已經說明過，身臨其境就是再度體驗，是回到體驗該事件時間點上的自己，想像事件是以現在進行式在進行，然後再度體驗。因為身臨其境，除了能鮮活地體驗到當時的情感，同時也容易察覺到當時沒注意到的情感。身臨其境時，可以讓諮商者用「宛如當下正在經驗那件事般」的現在式來表現。不是「丈夫一臉厭煩的模樣」，而是「丈夫現在一臉厭煩的模樣」；不是「我曾經很悲傷」而是「我很悲傷」來表現。用現在式來表現，與情感的距離會更近，能更容易察覺並鮮活地體驗到情感。

　　要減少不愉快情感而進行情感處理時，諮商者要選擇並再度體驗最近體驗到不愉快情感的場景。透過進行該場景的情感處理，就能減少當時的不愉快情感。

　　如果那個場景的不愉快情感是令人熟悉，且三不無時就會在相同狀況下重複體驗到的，那就是「扭曲情感」。這時候，透過對體驗到扭曲情感的最近場景進行情感處理，大多時候雖能處理那個場景中的不愉快情感，卻無法從根本上進行解決。今後若遭遇了同樣的場景，仍會體驗到同樣沒有建設性的扭曲情感。為了不重複體驗到同樣的扭曲情感，最好是對判斷使用扭曲情感的場景進行情感處理以及修正思考（判斷）。例如「別人不理我時就把煩躁不安發洩到對方身上」

「別人不理解我時只要沉浸在悲傷中就會獲得理解」等思考，就是在感受到特定壓力的狀況下決定要使用扭曲情感。因此讓諮商者置身於相似狀況且體驗到同樣不愉快情感的最原始場景中。原始場景大多可追溯至幼年期，因為採用體驗扭曲情感的模式多在那時。要解決體驗扭曲情感的模式，就要進行原始場景的情感處理，重新修正當時的思考（判斷）。因為有某些原因，諮商者才會決定使用扭曲情感。首先要進行原始場景的情感處理，減輕當時的不愉快情感，接著思考為什麼會使用那分情感，並決定不再使用。例如停止使用煩躁不安來獲取對方的關心，不要在對方反應不如預期時用鬧彆扭來操控對方。

● 難以置身於過去場景的諮商者

　　不管是體驗到不愉快情感的最近場景，還是決定了一切的原始場景，在發生事件後經過一段時間進行情感處理時，如前述般宛如現正體驗當時的場景會比較容易再度體驗到情感。因為在那個場景下，能鮮活地感受到自己的情感、思考，以及身體感覺等。因此要對諮商者做出以下的指示：「請置身於體驗到那分情感的場景中」「現在請體驗在那個場景中發生的事件」等。

　　面對不擅長置身於過去場景或該場景是模糊不清的諮商者，可以提問他們在哪裡發生了事件？該場景中有誰？那時候發生了什麼？為什麼會發生？該事件又是如何發展的？諮商者在說起當時情感、身體感覺與思考時，可以促使他們將意識投注其上，並幫助他們能鮮活地體驗到那個場景中的情感。

　　此外，也有諮商者討厭身臨其境的練習。若是強迫這些諮商者身臨其境，他們會對諮商生起強烈的防衛心。對與情感保持距離的人來說，他們難以接受情感處理的練習。這些諮商者給人的印象多是以冷靜、與情感保持距離地淡漠口吻，如俯瞰自己的角度來說話。所以最

好可以在事前向他們說明身臨其境練習的做法與目的，在取得他們理解後再進行。諮商者若是對此提議面有難色，就不要用作業而是改採自然的對話形式，請他們詳細說說該場景並體驗其中情感，然後處理體驗到的情感。可以用這樣的方法來進行情感處理。

● 關於創傷情況的情感

　　此外，該情況為創傷情況，又或者是對諮商者來說會產生強烈恐懼的情感時，也要避免身臨其境。例如置身於受虐待孩子的處境時就會體驗到強烈的恐懼。這對諮商者來說是極大的負擔，有陷入被湧上的強烈恐懼給擊倒而無法應對的危險。因此，面對像是創傷場景那樣會伴隨強烈恐懼的事件時，就要從「不要身臨其境」並拉開距離來體驗情感開始，然後幫助諮商者漸漸地加強情感體驗。

　　關於創傷體驗，只要聆聽諮商者的話並做出共鳴就好。將那件事當成過去的事，讓諮商者用過去式來表現、談論，以回想著「當時的情況是那樣的」來述說。此外，將事件當成是其他人的事來表現，與情感保持距離也很有效，例如「曾經那樣想過」「曾經覺得應該是那樣」。要注意的是，諮商者能一邊對在該場景下的情感保持一定距離一邊述說。然後若判斷諮商者能靠近該情感後，就問他有關該情感的事。這時候也要注意不要一下過於靠近那情感。要花些心思以漸漸地靠近情感並做出提問，例如「一般來說，面對那樣的事件你會怎麼想呢？」「那時候你的心情如何呢？」「那時候或許很害怕吧？」「那時候你有何感受？」「那時候應該很恐懼的吧？」

（4）與現實接觸

　　在進行情感處理的過程中，也要注意有些諮商者在對談時完全不會與諮商師對上眼。沒有對上眼就只是諮商者如自言自語般地在碎念

些什麼而已，這表示他並沒有與諮商師交流，而是縮在自己的世界中，只與自己交流。或許有人會覺得諮商者是在將自己體驗到場景的心情說給諮商師聽，這也沒什麼不好，但完全不與諮商師對上眼的諮商者也沒有在與現實接觸。情感不是只在自己內心體驗就好，還必須與外界接觸，也就是與現實接觸。與現實接觸後，才能做出與現實間的調整。因此，若諮商者完全不與諮商師對上眼時，諮商師就要與之面對面，並對諮商者說：「請看我」「請對我說話」。

也有諮商者不是置身在過去的場景，而是只變成過去的自己，宛如在體驗閃回般進行情感處理。這時候因為諮商者看起來是強烈地體驗到了情感，所以也會像是在有效推進情感的再體驗以及處理。可是那是無效的。因為這時候諮商者也沒有與現實接觸。所謂情感處理時要身臨其境指的並非進入過去的場景中。必須一邊想像著宛如體驗到過去的場景般，一邊與現實接觸。許多時候，若是在對成為過去的自己進行情感處理，就只會重複體驗到該場景中未處理的情感並終結。再次體驗，又或者是沒有處理完就結束，最後該事件就會以沒結束的狀態繼續留下來。最好的狀態是，面對與現今自己而非過去自己相關的事情，也要能一邊體驗過去的場景，一邊認識到現今的自己是身臨其境於某處，客觀地在看待現實。

（5）察覺情感

情感是主觀式的體驗。重要的不是他人如何看待自己，而是自己如何感受。若是把煩躁不安發洩到別人身上，對方雖覺得你看起來在生氣，但或許本人很悲傷。這無關乎憤怒與悲傷何者正確。不論就他人看來的憤怒，還是本人的悲傷都是事實。重要的是察覺自己是如何感覺的、自己的情感是什麼。例如能察覺到自己很悲傷，這不僅有助於與他人順利溝通，也能與他人建立恰當的關係，這才是真正的情感。

　　所謂的察覺情感，就是知道在面對該場景時體驗到了什麼樣的情感。諮商者沒有察覺到自己的情感時，必須幫助他們察覺。

　　雖說一言以蔽之為察覺情感，但也會因諮商者各自不同的背景而異。既有人是像述情障礙那樣無法體驗到情感，也有人是因為在那場景下體驗到的情感造成了過強的心理負擔，所以就視那時的情感不是自己的而保持距離。也有的人因為對憤怒與悲傷等特定情感有否定性認知而對之抑止，難以察覺到這些特定的情感。此外，也有人的人格是難以察覺到自身情感的。這時候雖難以察覺到情感，但能幫助他們從在該場景中思考或身體感覺開始靠近以察覺到自己的情感。理解了諮商者無法察覺情感的背景後，就實施適合諮商者的、察覺情感的支援。幫助諮商者能察覺情感的進行方式，希望各位參照第2章的1～3節，以及第4章。

　　不太會察覺情感的人只要關注於自己的思考（想法）或身體感覺就能容易察覺到。尤其身體的感覺是察覺情感的線索。例如不安的時候，會感覺脖頸沉重；生氣時，胸口有沉重感等。身體的感覺多會與特定情感相連結。透過理解自己身體的感覺與當時的情感，就容易從身體的感覺察覺到情感。

　　對於察覺自身情感到困難的人，很多時候也難以察覺到自己身體的感覺。若不關注、專注精神在自己身體感覺上，就會錯過那分感覺。因此只要找出狀況與體驗到身體感覺的特定模式就好。討論體驗到肩頸僵硬、頭痛等自己身體的感覺，與受到他人責備、不被理解等身體的感覺時所發生的狀況，就能理解特定狀況與身體感覺的關連。之後，藉由在日常生活中留意、察覺那樣的身體感覺，就容易體驗到、掌握到身體的感覺。這就是變得容易察覺到情感的入口。

　　做為察覺自身情感的方法，還可以將他人的情感當作線索。覺得他人像是在責備自己時，自己也會對對方心懷責備感。對方看起來很

痛苦時，或許是自己的痛苦。

同時，透過進行正念冥想，將可以提高察覺情感的能力。

（6）接受情感

●情感沒有錯

所謂的接受情感，就是不要否定評價體驗到的情感，只要如實接受就好。情感雖然有適應性與不適應性之分，但沒有好壞。即便是扭曲情感，也不是壞的。體驗到的情感，對該人而言只是一項事實，是要接受的對象。

某位40多歲的女性諮商者再次體驗到了丈夫針對家事碎念的場景。她身臨其境，體驗到了對丈夫碎念的厭惡、憤怒以及悲傷。可是她無法接受對丈夫碎念感到的厭惡、憤怒以及悲傷。她認為丈夫的碎念很合理、正當，自己的厭惡與憤怒是不通情理、是錯誤的。她因為多年來與婆婆的關係不睦，讓她感到強烈的疲勞感，以至於難以做家事。收拾家裡、準備三餐對一般家庭主婦來說是理所當然的，而丈夫則忍耐著該做這些卻做不到的自己。因此就算丈夫會跟自己碎念些什麼也是莫可奈何的，這就是她為什麼會覺得感到厭惡或憤怒是很奇怪的原因。當然，她的厭惡與憤怒並沒有錯也不是糟糕的，只要接受就好。

此外，有位30多歲的女性諮商者在醫療機構任職醫師，她休了幾年的育兒假回歸職場後，因長期的空白而使工作落後，因而失去自信、沮喪不已。雖然同為醫師的上司表示理解她還處於未習慣工作的狀態，但職場上的護理師們對她卻不甚友好。她感受到了來自護理師們冷淡的目光、冷漠的態度以及呼叫他們卻被忽視的態度，因而不斷體驗到悲傷，但卻認為會那樣想的自己只是在撒嬌，認為會那樣想的自己不

好。因為孩子還小，她完全無法加班，於是給其他醫師以及護理師增加了負擔，這是事實。她認為，若是給周遭人添麻煩的自己還覺得悲傷，那就是錯誤的。因此，她的悲傷當然也是錯誤而不被接受的。

　　情感是通過評斷自己對事件有怎樣的感覺而產生。因為評斷被丈夫碎念心情不好所以才體驗到憤怒與厭惡；因為護理師的態度讓人感覺不舒服才體驗到悲傷。可是卻透過理性且有邏輯性的思考來抑止了體驗到的情感。因為自己的情感是錯誤的，就嘗試著不去感受。我們不一定能透過理性或道理來勉強控制情感，有很多例子都像上述那樣，即便想遏止自己的情感也無法順利進行。而這樣的情況將會導致出現疲勞感、沒自信以及沮喪等狀況。只要有所體驗，那分情感就是真實的。而透過接受那分情感，就能進行之後的處理，也就是減少不愉快的情感。

●情感與思考都是事實

　　就像這樣，諮商師要對無法將自己體驗到的情感當成自然事物來接受的諮商者說明：「情感無分好壞，只要有所體驗就是事實。」道理（思考）也許是合理的，但建議要切割道理與情感並接受情感。不是認為「不可以感受到憤怒」，而是感受到憤怒是事實，覺得感受到憤怒不好也是事實。思考與情感是透過大腦各別部位的運作而體驗到的。兩者都是事實。諮商師要幫助諮商者理解，這兩個事實都是可以被接受的。

　　前述的30多歲女性諮商者會對護理師的言行舉止感到悲傷是很自然的，而覺得在工作上給護理師們造成負擔、添麻煩也沒錯。若沒有理解到這點，即便想要體驗，情感也會立刻退縮，直到處理情感前，這樣的情況都會持續下去，無法體驗到情感。如實接受感受，然後才能移動到下個步驟，也就是再次體驗到情感。

●情感的否定認知

　　若對情感的否定認知看起來很牢固，就無法前進到下個步驟——再體驗。例如有位30多歲的女性諮商者與前述40幾歲女性諮商者情況類似，她婚後也持續工作，對孩子學業成績不佳，以及無法好好打掃家裡這件事很自責。在情感體驗中，她雖能理解感受到了悲傷，卻抗拒接受。對她來說，接受悲傷就代表著更做不到對孩子的照顧與家事，而這樣並不好。即便對她說明，那無關乎好壞，會感受到悲傷是很自然的，她仍舊說著：「雖然大腦知道那是正確的，可內心卻無法認同、接受。」抗拒用心去理解。

　　有位30多歲的男性諮商者在父母感情不佳的情況下成長，從幼兒期起他就深信，若自己不振作起來，家庭就會四分五裂，對他來說，接受悲傷就等同於無法振作。他的大腦雖理解接受悲傷是件好事，內心卻很抗拒，因此無法放鬆身體。

　　在諮商中，我們回顧了從年幼時期起就支撐著他的「振作生活法」以及對悲傷的否定性認知，並花了些時間去做修正。若是像這樣，對情感的否定性認知很牢固，是從年幼時期起就支撐著諮商者生活方式的情況時，為了能接受情感，就要修正否定性認知，而且比起教育性的，以共鳴性的方式貼近諮商者是更為必要的。詳細說明希望大家去參考第2章第4節。

●感覺變糟

　　進行情感處理時，有些諮商者會說自己的感覺變糟了。這些諮商者的狀態多是雖體驗了情感，卻無法接受。這時候，諮商者會表示的糟糕感覺有像是眩暈、噁心、如搭乘交通工具所引起的頭暈感等。感覺之所以會變糟是因為有糾葛。雖開始感受情感，但卻無法接納，

「不想接受」的想法想抑制情感。想要體驗情感的部分（NC的自我狀態）與不可以體驗情感的控制部分（CP的自我狀態）相互糾葛著。這時候也必須幫助諮商者能接納情感。若能接納情感，減弱不想體驗以及控制的部分，糟糕的感覺就會消除。

某位60幾歲的諮商者將報紙捲成棒狀後大力拍打坐墊以發洩對丈夫的憤怒（對憤怒進行情感處理的一種做法，參閱第6節），可是過程中，卻漸漸開始感到想吐。因為她把吐出憤怒想成了對丈夫的攻擊，所以感覺變糟了。對於在NC中感受到的憤怒，若不攻擊丈夫，就要用CP來控制。諮商師阻止了她用報紙敲打的動作，並對諮商者說明：「發洩出憤怒不是攻擊丈夫，請只想著要吐出心中所有的憤怒來發洩。」之後諮商者就能一邊繼續用報紙拍打坐墊，一邊吐出憤怒了。接受了說明後，諮商者即便拍打著坐墊也完全不覺得想吐了。

（7）再次體驗情感

●——重新體驗情感

所謂的再次體驗，就是宛如現今正在遭遇該件事，鮮活地去體驗。因為再次體驗到事件，也就能再次體驗到事件當時的情感。此外，不僅是情感，也能再度體驗到當時身體的感覺與思考。而且能重新發現在那個場景中體驗到了什麼樣的情感。

實際上遭遇到該件事時，自己並無法理解體驗到了什麼樣的情感，很多時候都認為沒有任何感覺。因此要置身於該場景中，追溯時間的經過，用慢動作或是暫停重新體驗該事件，並試著將意識關注在自身內心，仔細找出情感、思考、身體的感覺。這樣做，或許能察覺並重新體驗該事件發生時錯過的自身情感。

此外，假設發現到在該場景中只體驗到了「憤怒」這一種情感，

藉由身臨其境，或許就能察覺到有體驗到除「憤怒」以外的「悲傷」。有時也會驚訝地察覺到，原來擁有的情感與自己對該事件的評價是相反的。例如本以為該事件是令人生氣的，其實卻隱含悲傷。情感是很複雜的，無法用道理簡單地做切割。

體驗到好幾種情感時，要從感受最強的依序體驗。例如感受到不被理解的悲傷與憤怒時，不要將悲傷、憤怒統整起來，要一一按順序來體驗、處理悲傷與憤怒。因此要以「現在強烈體驗到的情感是什麼？是否能體驗到？」這樣的順序來進行感受。

進行這個過程時，幫助諮商者能體驗到在該場景中體驗了卻沒察覺到的情感很重要。為此，諮商者在體驗了察覺到的情感後，就要問他們：「有沒有感受到其他情感？」或者是「是否覺得有留下些什麼嗎？」關於這部分，希望大家可以參閱第3節。

●提升情感的強度

進行情感處理是為解決壓抑或抑制並能體驗到適合於該場景的情感，而非為了處理現正體驗中的不愉快情感時，體驗情感的步驟就能加強體驗到情感。若能察覺、接受情感，就能體驗到情感。

選擇能將體驗到至今以來一直壓抑的情感想成是自然而然的場景，並置身於該場景中體驗情感。這時候，因為持續在進行情感處理，體驗到的情感強度就會漸漸上升。壓抑著的人須要練習才能體驗到情感。若目標的情感體驗強度為100，或許一開始是10或20左右。從這數值開始，目標是提升到能體驗到30與40的情感強度。最好是能將其分數化，好讓諮商者能認識到現今情感的強度（圖3-1）。持續練習後，就會發現每天的情感強度都有不同。透過分數化，將有助於掌握能強烈體驗到情感的訣竅。因為持續練習情感處理，過程中就能體

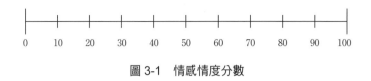

圖 3-1　情感情度分數

驗到情感為60、70的強度。這時候，在日常中即便不刻意也能體驗到以前壓抑著而無法感受到的情感。

2　吐出情感（用呼吸來吐出）

「吐出」情感是情感處理法的重要步驟，也被稱為「處理」或是「消化」。實施情感處理法的目的有兩個，但不論是處理現正體驗中的不愉快情感，還是解決壓抑與抑制並體驗到適合於該場景的情感，在體驗到情感後都會吐出那分情感。

例如很多諮商案例的問題是，因為壓抑著憤怒而無法體驗到憤怒，所以就以解決這個問題為目標來進行情感處理法。在諮商者重複進行情感處理的過程中，即便在特定場景下能體驗到至今沒感受到的憤怒，也不是在體驗到憤怒就結束了，而是要透過吐出憤怒來減少憤怒。

所謂的吐出，就是獨自一人靜靜發散的感覺。情感是存在於身體內的，想像將身體內的東西排出體外，就以「吐出」來表現。「吐出」是緩和肌肉與皮膚的緊張，將身體內的情感排出體外以減少不愉快情感的。以下將要說明幾個吐出情感的方法（3～7節）。

在情感處理中所使用最一般的方法就是呼吸，是配合呼吸吐氣時，一併吐出情感。諮商者因為控制了不愉快的情感，所以會停止呼

吸或是呼吸變淺，同時因身體用力而緊張。將控制情感當作理所當然的人，不僅會在身體各處用力，平常的呼吸也很淺。改善了這情況，並配合呼吸吐出情感，就能減少不愉快的情感。一般來說，在諮商中採用呼吸法並不罕見，在情感處理時，活用呼吸法能減輕不愉快的情感。

告訴諮商者：「請一邊緩慢呼吸（一邊吐氣），一邊將現在感受到的心情吐出體外。」放鬆身體力氣，緩慢呼吸，想像身體內不愉快的情感隨著吐氣一併排出體外（圖3-2）。用呼吸吐出情感時能讓自己變輕鬆。吐氣時不要一口氣、大力地吐出，要幫助諮商者緩慢吐氣。一口氣或是大力吐氣時，身體某處多會用力而無法處理情感。

●注意姿勢

透過呼吸來處理情感時，要注意姿勢。對沒有明確意識到情感的諮商者來說，姿勢就是對情感的想法（感覺），或者有時也是抗拒處理情感或以及對情感有否定性認知的表現。例如若是以拱著背、頭朝下的姿勢來吐出憤怒時，該諮商者將只會讓憤怒於內心中流動而不會吐出體外。這就是不想放開憤怒，又或者說是想持續帶著憤怒而表現出抗拒去處理憤怒。此外，若感受到恐懼時所擺出的姿態是拱起肩背的怯懦樣，則表示雖想吐出感受到的恐懼，卻也害怕感受到恐懼。

圖 3-2　吐出情感

　　某位30多歲的女性諮商者很憎恨自小就三不五時會對她使用暴力的父親，而現今她想要減少這分憎恨。因此首先她要回想起幼年時期遭受父親暴力的場景，置身其中，處理對父親的恐懼。雖然她用吐氣吐出了感受到的恐懼，但瞬間，諮商者此前本是一直抬頭挺胸的姿勢卻拱起形成了駝背。諮商師多次指出她的情況並要她打直背脊。受到諮商師提點時，她雖能打直背脊，但只要一感受到恐懼，後背又會拱起來。諮商者經過三次調整後，終於能伸直背脊吐氣來處理恐懼。駝著背想吐出恐懼時，在吐氣過程中，諮商者並沒有感覺恐懼減少了。別說減少恐懼，她甚至覺得自己反而更增強了對父親的恨意：「都是因為那個人才讓我有這種感覺。」可是打直背脊吐氣時，每次都能感受到減少了恐懼的心情。進行過情感處理後，諮商者回顧說，用駝背的姿勢來處理情感時，在內心某處會想著：「不想放下對父親的怨恨，想繼續恨他」「不想忘記自己體驗到的恐懼，想記住」「為什麼痛苦的我非得要接受諮商來放下怨恨不可呢？」但伸直背脊時，則會想著：「為了父親，自己就這樣一直擁有怨恨這種不愉快的情感簡直有夠蠢，我已經放下怨恨了」「我也可以減少被打時的恐懼了」。

　　類似姿勢的壞處是，對於處理感受又或者是想要感受到的情感會表現出否定的想法。姿勢不良就無法處理情感。或許對諮商者來說，這就是在表示對處理情感的抗拒。進行情感處理時的姿勢不用像茶道禮儀那樣端正，也可以是很輕鬆的姿勢。可是身體用力，或是無法輕鬆呼吸的姿勢是不理想的。理想的姿勢是情感能伴隨著呼吸一同吐出。

　　關於諮商者的姿勢，就像圖3-3、圖3-4那樣，要注意以下幾點，幫助諮商者以理想的姿勢來吐出情感。

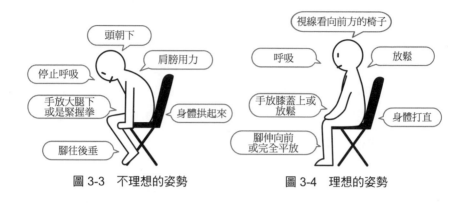

圖 3-3　不理想的姿勢　　　圖 3-4　理想的姿勢

・身體前傾時
　→盡可能伸直身體（在不感到痛苦的程度下）
・駝背時
　→盡可能打直背脊（在不感到痛苦的程度下）
・頭朝下
　→臉朝上（看向正前方或斜上方）
・肩膀上提
　→放下肩膀
・手放在腳下
　→手放在大腿上，或是垂在腳旁
・腳尖往後伸
　→腳尖放在膝蓋前方，又或者是放在與膝蓋相同位置上
・手臂或手、腳是合起來的
　→不要合起手臂、手、腳

　　所謂合起手臂、手、腳，指的是雙手抱胸、右手觸摸著左臂，又或者是左手觸摸著右臂、雙手交叉、雙腳交叉、腳踝交叉的姿勢。擺出這些姿勢時，就是在與正體驗的情感或是想要體驗的情感保持距

圖 3-5　合起來的姿勢

離。此外，對體驗中或想要體驗的情感，大多是持批判性、拒絕性、防衛性的心態。圖3-5從左起是合起雙臂，其次是手腳都合起來，再其次是雙腳合起來，右圖也是在表現手臂合起來的狀態。

　　要一邊注意姿勢，一邊緩慢呼吸數次地來進行情感處理。進行情感處理的期間，要注意身體某處是否有用力。若有，就要幫助諮商者放鬆肌肉（參閱第2章第8節）。

　　通常只要吐氣5～6次，情感就會減少，但這指的並非消除了不愉快的情感。若開始情感處理時所體驗到的不愉快情感程度是100，則可以判斷有減至40或50左右的程度（圖3-6）。若想完全消除不愉快的情感、使之變成0、全部吐出，就會陷入「完美主義」、身體用力，最後大多無法減少情感。吐出情感時，希望大家記住，別想著「完美」，反而要以不做到完美為目標。在重複處理情感以將情感減少到

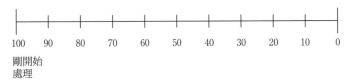

圖 3-6　將情感處理程度分數化

某種程度的過程中，若能明白不愉快的情感終會「消失」，不愉快的情感就是減少了的。

有人說，開始處理情感後，不愉快的情感卻反而增加了，分數甚至超過了100。那正是處在無法接受體驗到情感的狀態下。也是處於體驗到對情感有否定性認知而控制著某情感的狀態下。最好是進行放鬆肌肉以放鬆身體的練習，或是解決了情感的否定性認知後（參閱第2章第4節）再進行情感處理。

●確認情感是否有減少

要確認情感是否有減少，可以直接向諮商者說：「如果悲傷有減少，請告訴我」「恐懼有減少嗎？」或是在進行情感處理前，告訴諮商者，請他在感受到不愉快情感減少時做出告知，例如：「請做幾次呼吸，並將恐懼排出體外，如果覺得恐懼減少到40或50左右，請告知我。」

為了確認情感是否真如諮商者所報告的有減少，最好要檢測諮商者的言行舉止是否一致，亦即確認諮商者陳述的話語內容是否與表情、姿勢、手勢一致。

某位男性諮商者是會過度在意他人的性格。這件事成了他在職業生活上懷抱巨大壓力的一個主因。諮商者處理了憤怒的情感後，表示憤怒減少了，但眉間卻有用力，臉上則是露出了緊張的表情。某位國中生諮商者進行了情感處理練習後，諮商師問他：「現在心情如何？」他一邊說著：「心情很好。」但一邊又對這提問露出驚訝的表情，簡直就像是在搖著頭說「NO」。這些就是言行舉止不一的例子，但這樣的情況很少見。諮商者雖然說「情感減少了」「感覺舒暢了」，若說的話語表情、手勢並不一致，狀態就不會如諮商者所報告

那般。若是漏看了這一點，諮商者即便經過多次的情感處理，仍會停留在沒能改善問題的狀態。此外，不少諮商者連本人都沒察覺到言行不一致。也有例子是諮商者本身誤以為並深信情感處理進行得很順利。這時候，諮商者不論順利進行多少次情感處理，仍會覺得自己的問題解決沒有進展，也會考慮不再進行諮商。諮商師須察覺到諮商者的言行不一致，並回饋給諮商者，他的情感處理進行得並不順利。為此，就要隨時注意諮商者的表情‧手勢‧姿勢，察覺言行不一致之處，不要漏看，然後為了讓諮商者容易接受，要幫助他們直接面對（對決），也就是指出諮商者的言行不一致，例如：「你在說著感覺舒暢了時臉卻是皺著的，這點你知道嗎？」並詢問他體驗到了什麼：「現在有感受或想著什麼嗎？」同時體諒導致這種言行不一致的心情，並帶著共鳴去貼近這樣的心情，例如：「雖然想獲得舒暢，卻有著什麼牽掛吧。」

3 尋找並處理其他情感

（1）在一個狀況中會存有多數情感

經歷過處理情感的過程並認知到情感有減少後，就要檢測是否有感覺到其他情感。這點可以透過詢問表示不愉快情感減少了的諮商者：「有沒有其他感受或想法呢？」來進行。在一個狀況下並不限於只感受到一種情感，既會感受到憤怒，也會感受到悲傷。在沒人了解自己的狀況中，經常會感受到不被理解的憤怒與悲傷。此外，或許也會對不受人理解一事感到不安。有多個情感時，就要依順序來進行處理。

某位60多歲的女性諮商者處在不被丈夫理解的狀況下，一開始，她對丈夫感到憤怒，並透過吐息來進行情感處理。她進行了透過吐氣來處理情感的基本步驟，也就是緩慢地呼吸，然後想像憤怒隨著吐氣

一同排出體外。進行了5次左右用氣息來吐出憤怒後，憤怒比起吐氣前減少至30左右。之後，她試著將注意力轉向自己現今的感受上，也就是關注自己有沒有感受到什麼其他的感覺。結果她察覺自己感受到了不安。她感受到，原來不被理解會令人不安。因此把焦點放在不安上，然後透過吐氣來進行情感處理。處理不安與處理憤怒一樣，呼吸5次，想像著一併將不安吐出體外。然後她知曉了不安已減至40左右。接著再度將注意力轉向現今的感受，察看是否有感受到什麼其他的情感。結果她察覺自己感受到了悲傷。原來不被理解會令人悲傷。接下來，她聚焦在悲傷上，以吐氣的方式來進行情感處理。要靠吐氣來吐出悲傷需要多些次數，起初進行約5次時，她的肩頸都有用力，她說：「無法用吐氣的方式來吐出悲傷，悲傷沒有減少。」因此改進行放鬆肌肉以放鬆肩頸的力氣後，再進行約10次的吐氣以吐出悲傷。最後悲傷相較於一開始的100，減至了20左右。諮商師再次問她：「是否有感受到什麼其他的感受嗎？」她回答：「沒有特別感受到什麼，感覺很舒暢。」諮商者就是以「憤怒→不安→悲傷」這樣的順序來處理情感的。因為這一連串的情感處理，才真正結束了情感處理。

　　情感與生理性的反應以及情緒（參閱第1章第4節）相較，有很大一部分與大腦皮質有關，因此與思考同樣複雜。情感是主觀的體驗而非客觀的，是內在的心靈狀態。因此就像在一個狀況下會想到許多事情一樣，諮商者也會體驗到各種各樣的情感。不論是不安還是悲傷都不要想著：「我到底是感受到了哪種情感？」「我的情感到底是哪一種？」不要認定只有一個情感，這些情感都是諮商者體驗到的事實，都要看成是真實的。諮商者會表現出「處理憤怒後，其深處有著悲傷」，所以把情感想成是多層重疊的存在會比較好懂。

（2）留意扭曲情感與真正的情感

在前述溝通分析的「扭曲情感」這個概念（第1章第8節）中，有將情感分類為「扭曲情感（虛假的情感）」以及「真正的情感（自然的情感，authentic feelings）」並做過說明。所謂扭曲的情感就是為適應於該狀況而代替真正情感來使用的東西，之後在同樣狀況下仍會持續使用。扭曲情感是為了隱瞞真正的情感才使用的，與真正的情感能解決問題相對，一般認為扭曲情感無法解決問題。

例如上述的60多歲女性諮商者對丈夫不理解自己的憤怒就是扭曲情感，而對丈夫不理解自己的悲傷則是真正的情感。其中的憤怒並無法解決問題。的確，即便對丈夫表現出不被理解時的憤怒也無法解決問題。或許與丈夫間的交流還會變得具批判性且糟糕。那麼悲傷這情感呢？若表現出悲傷，或許就不會覺得像是在責備丈夫，所以與丈夫間的交流就沒那麼糟糕了。

此外，扭曲情感是不愉快的情感，大多時候是幼年時期用作獲取雙親之愛的手段，會與心機（參閱第1章第8節）相結合，因為在遇到同樣狀況時能重複使用，只要停止重複使用，亦即若在相同狀況下能不去體驗到扭曲情感，可以說就能解決問題。因為這種不愉快的做法與情感體驗就是在減少讓人內心舒暢的時間。

像這樣關於扭曲情感與真正情感間關係的思考方式，有部分能有助理解諮商者情感與部分行動並幫助他們解決問題。不被丈夫理解的憤怒是扭曲的情感，因此即便進行處理使憤怒減少了，仍難以連結到解決問題的思考與行動。若用這名諮商者的例子來說，假如只處理了憤怒，在那個當下雖然感到暢快，但因為沒有處理真正的情感，所以並不會真正感到暢快。要著手處理真正的情感悲傷，並能客觀地看待不被丈夫理解的狀況，才能選擇出不一樣的思考與行動。處理了真正的情感，才能做出解決問題的思考與行動。

以扭曲情感與真正情感的概念為背景，理解諮商者現今感受到的究竟是扭曲情感還是真正的情感，並幫助諮商者處理真正的情感是有意義的。為了不是只對扭曲情感進行處理就告終，一定要分清諮商者體驗到的究竟是扭曲情感還是真正的情感。扭曲情感是在同樣狀況下會出現、形成模式的不愉快情感，是在壓力狀況下所體驗到的，是諮商者三不五時就會體驗到的、深為熟悉的東西。多是在孩童時代用來獲取雙親之愛的手段，會連結起非適應性行動與不合理的思考。為能理解諮商者所體驗到的是否為扭曲的情感，提問諮商者：「你很熟悉那分不愉快的情感嗎？」很有效。諮商者若回答那是他三不五時就會體驗到且熟悉的，有很高可能性就是扭曲情感。

　　若諮商者體驗到的是扭曲情感，就要對判斷使用該扭曲情感的原始場景，以及當時的真正情感進行情感處理。這能有效修正諮商者於同樣狀況下體驗到相同扭曲情感的模式。對判斷使用扭曲情感的原始場面進行情感處理時，有時該判斷（想法）內容與諮商者的生活方式有很深的關連，這時即便進行一次的情感處理就讓情感輕鬆舒暢，大多仍無法修正判斷。與該人生活方式有很深關連的思考（判斷）就稱為信念（信條，belief），代表性的信念有禁止令判斷。與信念相關，且從幼年期起就熟悉的扭曲情感，若是只在最近的場景中進行情感處理，諮商者多會說情感處理得不順利，例如：「一旦想要處理情感，內心就會被什麼給卡住而無法有進展。」所謂被什麼給卡住的問題，就是過去的判斷（信念），所以須要對做出判斷的原始場景進行情感處理。關於修正信念，亦即思考，以及對之所做的情感處理會在第14節中詳述。

　　隨著對判斷使用扭曲情感的原始場面進行處理相關的真實情感，諮商者在同樣狀況下使用的情感就會逐漸出現變化。例如在丈夫不理解自己的狀況下，至今為止，諮商者對丈夫都是使用強烈的憤怒，但

逐漸地，比起憤怒，她更體驗到悲傷。隨之而來的則是思考與行動也會出現變化。前述的60多歲諮商者浮現出了如下的否定思考：「我不受重視」「我是不被人理解、不被接受的存在」並做出了如下的行動：「向丈夫抱怨」「爭論過去的言行舉止，責備丈夫的言行」。而隨著處理悲傷這個真實的情感，她改想成：「我能理解丈夫的性格很沉默寡言，但還是希望他多少能對我說的話感點興趣」且行動也出現了變化：「對丈夫做出要求，希望他有回應」。

　　注意到到扭曲情感與真實情感並支援諮商者，這對處理情感很有效，但有一點須要注意，就是諮商師不要做出片面的判斷。大多時候，煩躁不安是扭曲的情感，而真正的情感是悲傷。這雖是正確的，但並非所有諮商者的煩躁不安都是扭曲情感。煩躁不安是真實情感也不奇怪。此外，真實的情感也不一定就是悲傷。煩躁不安的真實情感是擔憂或是憤怒也很正常。使用扭曲情感與真實情感的概念時，諮商師一定要避免做出片面的判斷以及將諮商者誘導至特定情感來進行情感處理。諮商師一定要知道，情感是因人而異，沒有正確答案。

4　將情感處理程度數值化

　　誠如前述，處理情感時大多會將體驗到的、處理完的情感程度用數值化來表示。數值化是用從0到100的數字來表示。體驗到的程度是用數值表示開始體驗情感的0以及現在體驗到的程度（參考圖3-1）。處理完的程度則是，譬如開始處理情感前的不安用數值表示為100，則現在的不安又是到多少數值的程度（參考圖3-6）。

　　藉由數值化，就能知道諮商者的不安程度有多少，並做為判斷的資訊，以確定是要繼續處理不安，還是轉而尋找有沒有其他的情感。情感不是100：0。不要想成是能100％處理情感，要想成是，情感處

理是將本為100的不愉快情感，減少至40～50左右就很足夠了。若是要嘗試體驗至今都沒體驗過的情感時，體驗到20～30程度左右就算好的了。誠如前述（2節），一直努力處理情感不是上策。一邊確認些微的變化，一邊進行才是有效的。若想努力去做，就會陷入「完美主義」或「應該」思考，反而會減少情感，又或是難有成效。

此外，數值化還有另一層意義——能緩和諮商者100：0的思考。100：0的思考有時會讓些微的變化全都白費。我們要一小步一小步慢慢累積處理情感所出現的變化。當然，也有些諮商者會在一次的情感處理中就出現戲劇性的變化。然而，那只是剛好同時碰到了幾個好條件的結果。許多案例都是一步一步累積而成的。然而若是100：0思考，就會偏向強烈的極端思考，即便認知到有改善，但只要稍微有些不好的體驗，就會認為完全沒有變化。因此會對好不容易出現的小變化視若無睹，再度回歸到0的狀態。

有位諮商者很在意他人目光，並對於因此而表現得不像自己感到有壓力。這位諮商者在持續情感處理的過程中，曾有好幾次體驗到不在意他人目光的瞬間。某天，諮商者體驗到了一整天都沒有在意他人目光，可以不用顧慮別人，輕鬆行動。然而隔天，和前一天不同，他好幾次都很在意他人目光。於是他認為：「我果然完全沒變」「果然，在意他人目光是治不好的」。之後到下次諮商的一個星期間，諮商者每天都過得很在意他人目光而做出不是自己風格的行為舉止。根據諮商者所說，那一個星期間，他覺得「完全就是回到了接受諮商前」。就像這樣，若是100：0的思考，儘管好不容易出現了變化，也會覺得完全沒變化，將自己逼入窘境，妨礙好不容易出現變化的進展。一步一步確實累積變化，並正確認識現今的狀態與微小的變化是很重要的。

5　吐露情感（用會話吐露出來）

（1）接受與共鳴

　　情感處理的基本過程是伴隨著呼吸一同吐出不愉快的情感，但在諮商中最常使用來整理情感的方法則是邊談話，邊自然地整理情感。即便不進行刻意呼吸以吐露情感的練習，如果在與諮商師對談的過程中，諮商能者自然察覺、體驗、處理自身的情感，對其負擔會比較小。話雖這麼說，也不是單靠對談就能處理情感。要透過對談處理情感，須要諮商師能以接受・共鳴・自我一致性的態度來聆聽對話。接受・共鳴・自我一致性是諮商師該學習的基本，這部分雖因篇幅有限無法多做說明，但諮商師的這種態度對能諮商者能否處理好情感起著重要作用。諮商者能聚焦並體驗自身的情感，是因為當下很安全。要探尋情感，須要將意識集中在內心。若當下不安全，就無法集中。而若諮商者自身沒有敞開心扉，也無法在諮商師面前體驗那分情感。諮商者不信賴諮商師就無法做到這點。而當下安全與否以及信賴感的產生就與諮商師的接受性・共鳴性相關。

　　如前述，諮商者要能面對情感處理，不光是要靠言語表現出情感，必須要一邊說一邊體驗、吐露該情感。述說時要接受自己的情感，並沉浸其中，而不是要與自己的情感保持距離。為此，諮商師須要能貼近諮商者的心。

（2）反問的技巧

　　要讓諮商者能聚焦並體驗自己的情感，諮商師可以接受・共鳴・自我一致性為前提來進行反問。

　　反問有兩種，一種是「單純性反問」，亦即不要大為改變諮商者

說話的內容、話語、文章來反問；另一種是「複雜性反問」，亦即將諮商師的解釋加入諮商者的話語中進行反問。希望諮商師能善加利用這兩種方法。

　　複雜性反問是使用諮商者沒用到的想法、情感語言。諮商者會因為諮商師的反問而聽聞到與自己表現不同的想法以及心情。因為包含了諮商師的解釋，諮商者為了判斷那是否合於自己的想法與心情，就會凝視自己的內心。諮商師的表現與自己的想法、心情不一致時，諮商者會試著讓諮商師理解自己，或是透過不一樣的表現來表現出自己的想法與心情。在重複這種做法的過程中，諮商者就會多次凝視自己的內心，而即便那是難以將之明確化為語言的東西，諮商者也會為了想傳達給諮商師而化做語言。這是能讓諮商者深刻看到自己內心，並察覺到自我情感與思考的契機。因此複雜性反問對諮商者察覺自己情感及想法是很有效的。

　　幫助諮商者釐清自己的情感，並且能一邊述說心情一邊體驗情感時，最好是能直接貼近諮商者所說的話來與之交流。為此，可使用單純性反問，也就是不改變、直接使用諮商者使用的情感話語及思考方式來進行反問。這時候諮商者表現情感的詞語或許會是「不～（灰心）！」「嗚嗚（垂頭喪氣）」「啊？」等。即便如此，若認為無法充分表現出情感時，最好能重視並直接使用那些詞語。單純性反問的表現不是淡漠地回應，必須是表現出自己心情、有共鳴的回應。諮商者會因為能用明確的詞語表現情感，以及諮商師沒有加入自己的話語只是單純反問，而能將自己的心情當成是對方說出口的話來聆聽，並聚焦且體驗到那心情。此外，透過這樣做，諮商者在接受到諮商師對自己的情感是有共鳴時，就會減輕感受到的情感，並能進行減少那分情感的處理。

　　在能明確說出心情的階段，複雜性反問沒什麼效用。用諮商者沒

使用的情感詞語來反問他們時，諮商師要調整自己的情感與感覺，以確認使用的詞語是否有表現出自己的感受。在這過程中，諮商者或許會進行思考。這雖然對察覺並清楚知道自己的情感很有效，但在體驗、處理情感的階段卻不怎麼有效。因為比起體驗，意識會更關注於查找自己的感受。例如請試著以如下的兩種做法為基礎來思考。

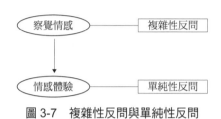

圖 3-7　複雜性反問與單純性反問

〈複雜性反問〉

諮商者：有總說不上來的感覺，總之感覺就是那樣。

諮商師：所以是無法接受的感覺呢。

諮商者：嗯，與其說是無法認可，又好像是自己覺得很難為情。

諮商師：所以是無法釋懷的感覺呢。

〈單純性反問〉

諮商者：現在什麼都說不出來，總之感覺就是那樣。

諮商師：總之就是有那種感覺呢。

諮商者：總之是這樣的吧，就是這種感覺。

諮商師：是「總之就是這樣吧」的感覺呢。

複雜性反問能用於加深察覺。夠過累積這些反問，就能察覺到情感。另一方面，單純性反問是用在體驗情感。透過回顧這些問題，就能體驗、處理情感。為能讓諮商者察覺並體驗到情感，就要活用兩種反問（圖3-7）。

此外，也有不少諮商者在諮商中沒有使用情緒性詞語而只描述發生的事實。當然，沒有表現出伴隨事件的情感與想法將無法順利進行情感處理。為了讓諮商者說出伴隨事件的情感，最好能巧妙地對諮商者提問。

例如詢問諮商者行動的意圖或原因：「為什麼想要採取那樣的行動呢？」又或者是問他們行動的必要性：「為什麼覺得一定要做出那樣的行動呢？」讓諮商者回覆位在該行動背後的價值觀，也就是思考與行動的基礎。當諮商者回覆的思考與價值觀是「因為我覺得非做不可」「因為要確實盡到自己的責任」等，諮商師要做出共鳴的貼近，像是：「因為覺得非做不可才去做的啊」「因為想盡到自己的責任，所以才一直做到現在啊」此時諮商者才會開始察覺到情感。透過謹慎地貼近那分情感，就能體驗到情感，也能進入到情感處理的階段。

（3）對努力有共鳴

在交流分析中，我們認為，壓抑或抑制情感的狀態是受到「別去感受」的禁止令的影響（參考第1章第1節、本章第14節）。一般認為，這是在幼年期接收到雙親「不要去感受情感」這類非語言性的訊息，而做出「我感覺不到情感」的決定。雙親非語言性的訊息就是雙親沒有使用那情感，又或者是禁止孩子使用那情感。例如若雙親沒有使用憤怒，孩子就會認為使用憤怒是不被接受的。此外，孩子在哭泣時，若雙親斥責道：「別哭了！」就會讓孩子認為是被禁止悲傷、感受到悲傷。孩子接收到這些訊息後，就會做出不要感受的決定。這就稱為

「別去感受」的禁止令決定。做出了「別去感受」的禁止令決定後，
為了緩和「感受到悲傷很危險」這種禁止令的絕望性痛苦，只要有必
要，就會做出任何事以不去感受到情感。這就稱為「反抗性決定」，
是反抗禁止令決定而活。

　　不只是「別去感受」，其他的禁止令決定也一樣。為了能緩和禁
止令決定的絕望性痛苦，人們就會遵循各種反抗性決定。做出「不要
存在」的禁止令決定時，就會想要將活下去正當化；做出「不要信賴
人」的禁止令決定時，就只能靠自己。

　　諮商師除了要理解諮商者帶著禁止令而努力生活著，還要帶著共
鳴去貼近他們的努力或是對之表示讚賞，如此，諮商者會更容易觸碰
到自己的情感。諮商師要能肯定・接受・讚賞・共鳴諮商者基於反抗
性決定所做的努力。

　　這樣的做法最好在診斷諮商者有著什麼樣的禁止令、體驗到了怎
樣絕望的立場，以及進行評估、加深對諮商者理解的階段來使用。在
這流程中，有時禁止令決定的絕望性一面會表現出與本人的意思無
關，此時就必須治癒這部分。對本人來說，或許是因為心理性負擔過
重，所以在現階段無法接受。那若是「關於生存的禁止令」這類別的
禁止令決定，就是攸關自己生死，所以心理負擔頗大。因此諮商師應
該在帶著共鳴性體驗了諮商者的情感，並了解進入治癒以及再決定的
步驟後，再慎重進行。

6　吐露出情感的其他方法

　　除了透過呼吸來吐露出情感，還有以下的方法。

（1）用報紙拍打物品以吐出憤怒

●動員身體的感覺

　　其他吐出情感的方法有透過表情以及動作來表現情感，但這指的並非情緒化的表現。例如在處理憤怒以及嫌惡的情感時，「將報紙捲成棒狀來拍打坐墊」的方法很有效。也可以用毛巾或手帕來取代報紙。拿著毛巾或手帕，做出棒球投球姿勢般，手臂向下擺。以這樣的動作來處理。使用報紙發洩憤怒時，會比透過呼吸發洩出更強烈的憤怒。因此想發洩出強烈怒氣時，這方法很有效（圖3-8）。

　　一位20多歲的諮商者以前曾飽受霸凌而休學，之後數年都心情憂鬱且對人感到恐懼，他雖然會重複述說被霸凌的痛苦，但對於三位加害者同學卻無法感受到憤怒。他說：「其實我覺得應該要生氣的，卻沒有湧現出憤怒。」諮商師為了幫助他感受到憤怒，就給了他捲起來的報紙，然後讓他拍打坐墊以吐出憤怒。諮商者一開始很躊躇，但諮商師敦促他說：「請試著去做會感受到憤怒的動作。因為只要去做了，就會湧現出憤怒。」諮商者用報紙面無表情地拍了坐墊5～10下左右，然後就漸漸地湧現出了憤怒，開始發出「可惡」的聲音並大力拍打著。從諮商者的表情可以明顯看出，他湧現出了憤怒。用報紙大

圖 3-8　　使用報紙來進行情感處理

力拍打坐墊10次左右後，又讓他一邊放鬆力氣、一邊緩緩吐氣地用報紙拍打坐墊5次。因為大力拍打時湧現出了憤怒，身體處於用力狀態，之後則要透過放鬆、吐氣來吐出憤怒。就像這樣，利用報紙來拍打坐墊的動作大多能有效地讓極力被遏止的憤怒湧現出來。

使用報紙來處理憤怒的情感對精神疾病患者，或有霸凌、受虐體驗等難以發洩出憤怒的諮商者來說特別有效。精神疾病患者難以感受到憤怒，尤其是憂鬱症患者在這方面更是明顯。此外，有受過霸凌或虐待的諮商者，容易先行升起對那體驗的恐懼，因此難以體驗到隱藏在深處的恐懼。這樣的諮商者難以透過對話來觸碰到恐懼，而且在用呼吸吐出情感時也無法掌握到自己的憤怒。使用報紙拍打的做法會用到整個身體來表現憤怒。因此不僅是自己的情感，也能總動員身體的感覺來感受。也有諮商者在試著開始用報紙來處理憤怒的情感後就察覺到了自身的憤怒。

●注意點

用報紙拍打坐墊的動作雖有效但也有要注意的地方。那就是身體在做該動作時會很用力，無法處在完全脫力的狀態下進行該動作，所以要盡可能不用力，以「使用報紙吐出」而非「拍打」這樣的感覺來進行。諮商者在使用報紙拍打坐墊時，諮商師要觀察其在手臂、肩膀、腳等處是否有用許多力，若用力過多，就要幫助他們放鬆。用報紙用力拍打時，可以像前述那位20多歲的諮商者一樣，用力拍打數次後再放鬆拍打數次。此外，用報紙拍打坐墊時，要幫助諮商者在進行期間不要停止呼吸。能配合拍打時間點來吐氣是最好的。有諮商者會用報紙拍打坐墊時停止呼吸，此時的憤怒情感處理將毫無進展。而且用報紙拍打法處理憤怒時，臉不要朝下，最好是平視。臉若向下，憤怒就不會被排出體外，而會在身體內循環。

透過報紙拍打坐墊來吐出憤怒時，最好能放慢呼吸。這樣一來，就能吐出殘留在身體內的憤怒。誠如前述，即便想放鬆地來進行用報紙拍打坐墊的動作，身體還是會用上不少力氣。因此，用報紙拍打坐墊後，有時仍會有憤怒沒能完全排出，殘留在身體中。所以，做完這動作後，要用呼吸將殘留在體內的憤怒吐出。可以建議諮商者想像著如要將殘留在身體中的憤怒拔出身體外般，緩慢地呼吸。此外，也可以在諮商者的呼吸沉靜下來後，聆聽諮商者說說關於對現今情況所表現出來的憤怒。提問：「回顧現今的憤怒，你有何感想？」「你現在有何想法？有何感受呢？」等，幫助諮商者能冷靜地回顧憤怒。透過這樣的做法，諮商者就能吐出殘留在身體中的憤怒。

此外，大力遏止憤怒時，則可以反過來想像著身體用力，並用報紙憤怒地拍打坐墊（圖3-9）。

例如，某位諮商者在使用報紙拍打坐墊時說：「雖然瞬間有湧現出憤怒，但很快就消失了。」諮商師指示他：「手臂、肩膀與雙腳用力，然後用報紙拍打坐墊。」諮商者照指示所說，身體刻意用力並拍打了5次後表示「確實湧現出了憤怒」。放鬆去做時，「會感覺到湧現的憤怒立刻消失了」，但肩膀、手臂用力去拍打時，就發現到「憤

圖 3-9　用力的憤怒處理

怒沒有消失而是殘留在身體中並逐漸累積下來」。強力遏止的情況下，會因為用力而無法有意識地將憤怒排出體外，形成在身體內循環的狀態。因此諮商師要幫助諮商者能湧現出憤怒。進行這步驟時，為了將從身體湧出的憤怒排出體外，就必須緩慢呼吸。某位諮商者一邊身體用力地用報紙拍打坐墊，一邊表現出強烈憤怒時，諮商師敦促他要放鬆身體、緩慢呼吸，然後他就能以沉靜的口吻，回顧並述說自己表現出的憤怒，例如「對於會表現出這麼大的憤怒，連自己都大吃一驚」「處於事件中心時，都沒察覺到自己這麼生氣」「察覺到在生氣這件事就是在重視自己」等，同時漸漸地將憤怒排出體外。

●吐出嫌惡

　　嫌惡與憤怒是不同的情感，但可以與憤怒一樣，用報紙拍打坐墊來吐出。嫌惡是針對人、物、所擔負的工作有著「討厭」的情感，而這做法尤其容易處理對人的嫌惡。關於嫌惡，在多述情況下，是為了不讓自己覺得討厭而控制了自身情感所累積下來的。愈是控制「討厭」就愈是會累積，結果反而更加強了嫌惡感。

　　有位40多歲的女性諮商者最近只要聽到丈夫的聲音就會感到嫌惡，她很討厭丈夫大手大腳的花錢。雖然沒有到去借高利貸的地步，卻會擅自挪用生活費、用掉孩子存下的紅包等，三不五時就會做出這些令人難以容忍的行為。她一邊厭惡著丈夫，一邊利用呼吸來吐出這感受，結果因為腦海中依序浮現出自己家事做得不完美以及對丈夫的照料而進行得不順利。因此諮商師讓她用報紙一邊拍打坐墊，一邊吐出厭惡的感覺。結果諮商者開始卯足了勁地拍打坐墊，並強烈感受到了累積的厭惡感。結束了約10次的拍打坐墊後，諮商師請她調整呼吸，然後回顧並談談對於丈夫的厭惡之情。結果她說：「我會告訴自己不要討厭丈夫」「愈是這麼做反而愈是討厭丈夫」「認為就算自己

覺得丈夫很討厭也沒關係了」。之後她就能說出自己很討厭丈夫了，而且也因此一併處理了積累的嫌惡，之後就算聽到丈夫的聲音也不覺得討厭了。如這案例一般，被強力遏止的嫌惡與憤怒相同，是能進行處理的。

不限於憤怒與嫌惡，大力抑止表現情感時，幫助諮商者解決對該情感的否定性認知會比較有效。前述的40多歲女性諮商者也是對嫌惡有否定性的認知。她認為「若是認為丈夫很討厭，就會更加討厭丈夫」，此外也認為「妻子要重視丈夫，不可以討厭丈夫」。諮商師要做的，不是幫助她解決否定性認知，而是讓她用報紙一邊拍打坐墊一邊表現出厭惡，之後讓她主動察覺並理解「覺得討厭與不重視是兩回事」。然而有時，不論如何建議諮商者用報紙一邊拍打坐墊一邊表現出來，若沒有先解決否定性認知就不會有成效。很多時候，若否定性認知的決定大為影響到人的生存方式時，就要優先解決否定性認知。

（2）做出表情以體驗情感

表情是因內在的情感體驗而產生出來的。反過來說則是如同弗里茨・史特拉克[1]等人（Strack, F., Martin, L. L., & Stepper, S.，1988）為人所知的研究──「臉部回饋假說」（Facial feedback hypothesis）所說，因為做出臉部表情，就會產生出與該表情相應的情感。其實，透過讓感受不到情感的諮商者做出某種特定的表情，他們就能感受到與該表情相對應的情感，或者是開始感受到與該表情相對應情感類似的感覺。幫助諮商者練習做出表情就能體驗到情感。根據保羅・艾克曼[2]等人（Ekman, P., & Friesen, W. V./工藤（編譯）、1987）的說法，對應情

---

*註1：弗里茨・史特拉克，1950年～，德國社會心理學家。
*註2：保羅・艾克曼，1934年～，美國心理學家。

感的表情如下。

【恐懼】

・雙眉上揚，擠在一起

・上眼瞼抬起，下眼瞼緊張地繃緊

・閉口，嘴唇稍微緊繃地往後拉，或是張開往後拉

【憤怒】

・雙眉下垂，擠在一起

・雙眼圓睜

・緊閉雙唇或嘴巴張開成四方形

【悲傷】

・眉頭上揚

・嘴角向下

【厭惡】

・上嘴唇上揚

・臉頰上揚

・鼻子皺起來，下眼瞼下出現皺紋

（3）透過書寫以吐出情感

　　因不同諮商者而異，書寫這種表現方法也能有效處理情感。有些諮商者就是難以透過呼吸以及動作來表現。他們大多在認識自己情感並想要表現時，就會感受到身體的疼痛與不適。這些諮商者大多都有著「顯露感情很危險（會被拋棄）」的否定性認知決定。對他們來說，表現情感就會被拋棄，會遭遇到活不下去的危險。

　　例如某位諮商者用呼吸吐出不被伴侶理解所產生的悲傷時，就感受到了出汗、心跳加速的恐怖。一開始，諮商者本人也無法理解為什麼會那麼害怕表現情感。隨著諮商的進行，諮商者才理解了其中緣

由。諮商者得知，對於表現悲傷感到恐懼，和年幼時期的自己在哭泣時，害怕會讓母親感到難受、害怕母親抱怨說很痛苦想離開、對母親離開後會拋下自己感到絕望，以及害怕一個人無法獨自活下去的感受是一樣的。諮商者於是做出了否定性認知的決定：「表現情感（悲傷）會被重要的人拋棄」「一旦表現出情感（悲傷），就會變成孤身一人，無法生存下去」。會被重要的人拋棄、會變成孤身一人而無法活下去的想法，就會讓諮商者聯想到表現情感是很危險的。不管諮商者本人有沒有意識到，若有著「表現情感是很危險的」這個信念（思考），就難以表現情感。於是這名諮商者就用寫信的形式來書寫自己的感受。諮商者的信是針對不理解自己的現任伴侶，以及年幼時期抱怨著想離開的母親所寫。諮商者在每次諮商中都寫下了一封封要給伴侶與母親的信，然後交給諮商師。信中寫滿了對伴侶以及母親的憤怒與悲傷。之後，諮商者在寫來5封信件的期間，就漸漸地能處理悲傷的情感了。

有著「表現出悲傷、憤怒、恐懼等情感是很危險」這種成見的諮商者，並沒有認識到什麼是危險的，在想要體驗情感時就體驗到了身體的緊繃以及對象不明的恐懼。為了能弄清楚到底是什麼東西很危險，就要以緊繃的身體感覺與情感為線索，去探尋體驗過同樣感覺的過去場景，這樣會比較容易找出真相。

有諮商者認為表現憤怒很危險。該名諮商者用呼吸來吐出憤怒時，會有胸口疼痛、無意識地緊繃身體並停止呼吸的情況。於是諮商師讓他停下處理情感。諮商者一旦想要表現憤怒，就會湧現出恐懼。諮商師讓諮商者去探尋自己到底是從何時起開始習慣於「一想要表現出憤怒就會湧現出恐懼」。結果他發現，這感覺就和幼年時期自己面對有暴力傾向、打過自己好幾次的父親時一樣。如果幼年期的諮商者表現出了憤怒，就會遭受父親更過分的對待。對做出「一旦表現出憤

怒，就會倒楣」這個否定性認知決定的諮商者來說，表現憤怒是很危險的。諮商者於是採用日記形式，以融入情感的方式寫下日常的生活事件。不僅是事件，也請諮商者留意要寫下特別針對某件事的憤怒情感。請他寫下關於發生那件事時，自己感受到了怎樣的憤怒？又是如何去控制那憤怒的？持續透過這樣的做法來進行情感處理約3個月後，他就漸漸能處理憤怒的情感了。

利用書寫的情感處理有以下方法：

・用寫信的方式書寫

・用日記形式書寫

但重要的不是單純書寫事件或事實，而要

・融入情感去寫

・寫下有意識想要處理的情感

其他還有如下能處理情感的表現情感法

・畫畫

・在紙上塗顏色

・撕紙

有發展障礙的孩子多喜歡撕紙的方法。

7 孩童的情感處理（利用「情感卡片」）

（1）什麼是「情感卡片」？

針對孩童，可以使用「情感卡片」來進行情感處理的練習。針對幼兒期以及兒童期孩童的諮商多會進行遊戲治療（play therapy）。針對能進行對話交流的孩子可以使用「情感卡片」做為遊戲治療的一個道具。

「情感卡片」是共有36張名片大小的卡片（參照圖3-10），每張上都寫有情感。讓孩子選出多張與自己現今心情相近，或是與孩子談到事件時所體驗到情感相近的卡片後，諮商師以接受的態度用話語來回覆孩子，同時與孩子一同來談談這些情感。孩子難以將自己複雜的情感化作語言。「情感卡片」對處理未能成熟化為語言的情感很有幫助。化作語言的是不愉快情感而非積極正面的情感時，若大人否定且想要分散孩童的注意力，孩童在之後就會壓抑或抑制該情感。因此讓孩童能夠將化作語言的不愉快情感視作理所當然並接受是很重要的。培養如何接受、應對不愉快情感的能力，能培養孩子的柔軟心。而孩子透過認識並接受自己的不愉快情感，就能很好地控制情感，也有助養成應對壓力的能力與韌性。

　　孩童的情感從幼兒時期到兒童期會有急速的發展。孩童能陸續將自己的情感化做語言。若想要提高情感控制力，雙親幫助孩童將情感化為語言、接受且能應對情感就至關重要。能接受孩子所體驗到的情感，尤其是不愉快的情感很重要。

　　透過接受化為語言的情感，孩子就不會否定自身不愉快的情感，而能認可那是自己內在的一部分。因為內心能保有那分情感而成長，所以有助孩童發展豐富的情感。此外，接受感受到不愉快情感的自己，就是接受並肯定真實的自我，也有助於提高自尊。

　　孩子從「情感卡片」中挑出與自己心情相近的卡片後，大人再回話應對。孩子用自己的耳朵聽聞大人的回話，就能連結並理解自己內心無法順利化作語言的感覺、情感，並將之定位為自己的一部分，因此，就不會升高自己的感受，而能冷靜看待。

厭煩	憧憬	焦急	撒嬌	討厭
煩躁	懷疑	羨慕	開心	驚訝
失望	傷心	舒服	恐懼	發飆
不甘心	害怕	喧囂	靜不下來	擔心
高興	糟糕的感受	緊張	害羞	生氣
提心吊膽	驚嚇	孤獨一人	不安	不滿
不服輸	悲慘	火大	空虛	不好
興奮				

圖 3-10　情感卡片範例

（2）情感的發育

孩子出生後不久，會因應刺激的內容而表現出被稱為先驅性的情緒，包括痛苦、厭惡、驚訝、愉快等（沒有摻雜對事物的評價），從6個月左右起，才會評價事物的意義，並以事件的內容或評價為基礎而產生出情感。情感發育相關的見解起始於古典的布黎茲（Bridges）情感分化圖，該圖指出，孩子是從情感未分化的狀態開始分化出各種各樣的情感。之後關於新生兒的情感有了新的發現，最近則以麥可‧路易士（Michael Lewis）所提出的發展理論最為知名。該理論表示，情感可以區分為在某個月齡發現的基本情感，和以此為基礎，通過自我意識介入而發展的二次性情感（圖3-11）。卡羅爾等人（Carroll, J. M.，& Russell, J. A.，1996）研究從表情來識別人們情感，其中指出，愉快‧不愉快‧感興趣‧厭惡‧喜悅‧驚訝‧悲傷‧憤怒‧失望等基本情感會在出生後7～8月間表現出來，而罪惡感‧羞恥‧輕蔑則會在出生8個月之後表現出來。

到了2歲左右，孩子就能用語言來表示情感。他們會開始採行規範，並評價自己的行動是否恰當，因此會變得對他人的認可以及評價

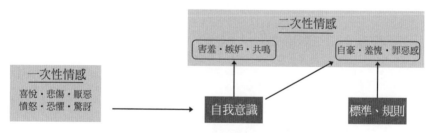

圖 3-11　路易士的情感發展理論

〔出處：Lewis / 高橋（監譯）〕（1997）

敏感起來。此外，也會開始能從他人的表情來理解情感，甚至發展調整情感的能力，並變得能控制情感。

到了3歲左右，調整情感的能力會更發達，若有他人關注，就會暫時忍耐自己的欲求，並選擇做出忍耐的行動。控制討厭的感受並行動的能力也會大為發達。此外，還能理解到能同時體驗兩種情感，在回想過去事件的同時還能沉浸在相同感受中。同時，到了4歲左右，因能採行雙親的規範而發展出了罪惡感。

要幫助孩子的情感面發展，周圍相關的人很重要。尤其是雙親，為了培育孩子體驗豐富情感、恰當調整情感與解決所面對問題的能力等，就要察覺到孩子的情感，帶著共鳴去接觸孩子的情感，引導其將之化做語言。在孩子難以控制情感時，要能接受並引導他們找出解決的辦法，雙親要通過這類相關事情來給予孩子幫助。

孩子到了5歲後，就能理解多重情感，也就是在一件事中同時感受到正面與負面的情感兩者。對此，不要告訴孩子哪一方是不好或是好的情感，而是要讓他們學習到兩者都是自然又重要的情感。這會促進孩子之後的社會性情緒發展。而且，父母要陪著孩子一起思考他們應對體驗到多樣情感的方法。

孩子在進入小學就讀後，表現能力會愈漸豐富。不只是單純的悲傷或喜悅，在感受到非常開心或極為厭煩的情感時，他們也能說明自己感受到的程度與狀況。此外也能理解其中的因果關係，亦即感受是因何而起的。到了8歲左右，他們就能擁有沒有盡到義務、破壞約定等的善惡情感。到了10歲左右，面對背叛信賴、不誠實的應對等，也會有道德性善惡的情感。對情感的理解以及表現，會隨著之後的經驗一同加深。

（3）使用「情感卡片」的方法

孩子上小學後，就能使用「情感卡片」來幫助孩子。使用「情感卡片」能讓孩子逐漸學會處理、控制負面的情感。

「情感卡片」的使用法是——攤開紙牌，讓孩子用一張一張的紙牌來確認自己所說的事。關於孩子所說的事，要用以下的方式來處理：

- 使用情感卡片選出數個自己的情感
- 讓他們說說是怎麼表現那感受的
- 讓他們說說當時若怎麼表現會比較好
- 讓他們推測並選出其他人對該事件的情感
- 讓他們說說為何會那樣想

透過諮商師的接受・共鳴或有效的提問，並使用「情感卡片」，可望能獲得許多效果。

透過與孩子對談他所選取的卡片，能幫助孩子發展將情感化作語言的表現能力。孩子若選了一張卡片，就問他：「還有其他感受嗎？」孩子又選了另一張卡片時，透過回覆他：「你覺得又害羞又開心吧？」孩子就會理解自己有著多樣化的情感。針對孩子選的卡片，問他：「有那種感受的時候，你做出了什麼行動呢？」「有這種感受的時候（身體）會變得如何？」透過這樣的提問，能促進他們理解情感會影響到身體以及行動面。而問孩子表現、應對情感的做法，並透過和他們一起思考，孩子就能學會處理情感的技巧。

8　特定出要處理的情感

進行情感處理練習時，一開始一定要特定出要處理的情感。諮商者傾訴有不愉快情感時，就建議他處理所說的不愉快情感，進入情感

處理的步驟。此外，若是諮商者邊說邊有感受到某種隱藏的情感，就要暫時中斷談話，建議他用呼吸吐出那情感，然後才能進入到情感處理的步驟。

　　諮商者所說的話大多會伴隨著情感，但也不是要處理全部的情感。想解決的問題很明確時，只要處理伴隨該問題的情感就好，不明確時，諮商師的一大重任就是特定出能透過處理來讓諮商者變輕鬆的不愉快情感，並幫助他能聚焦在那問題上。

　　諮商者感受到不愉快感而無法輕鬆時，其背後就存有糾結。該糾結就是「一定要⋯」以及「想要⋯」。某位60多歲的諮商者感覺身體怎樣都動不了，其中就伴隨有糾結。在人際關係中，本是為別人好而做的事，結果卻招人嫌。他在諮商中述說了自己希望別人理解他為人著想的心情，以及別人覺得自己很討厭的痛苦心情。諮商者的內心希望他人理解自己所做的事是為他人好，也有著不被理解卻被討厭的痛苦。因此要先聚焦並處理被討厭這點。稍微減輕痛苦輕鬆些時，他說覺得對他人感到很不好意思並有了想道歉的心情。在此，糾結的形式就很明確了，亦即「我覺得很不好意思，對不起」這樣的想法與「可是因為是為你好才做的，希望你能理解」這樣的心情產生了糾結。

　　諮商師問他：「承認了覺得對別人很不好意思後，心情上感受如何？此外，承認自己做錯了時，覺得自己是個怎樣的存在？」諮商者的回答是：「感覺自己不可以待在這裡，得消失才行。」在此，糾結之所以成為糾結的原因就很清楚了。因為「感覺自己不可以待在這裡，得消失才行」，所以無法承認自己做錯了，而正因為無法承認，才會與「因為是為你好才做的，希望你能理解」這樣的想法產生糾結。這分糾結，也就是之所以無法坦率面對自己做錯了、想道歉的心情，是因為轉變成了如下的感受──若是接受了上述情況，就無法待在這裡，得消失才行。

諮商師要讓諮商者身歷其境於小時候自己感受到，「覺得自己不可以待在這裡，得消失才行」的原始場景，並進行情感處理。這樣做之後，諮商者就會清楚浮現自己做錯了、想道歉的感受輪廓，加強想道歉的心情。理解了自己心有糾結──想道歉的心情以及希望對方知道自己沒有惡意的心情後，就能變輕鬆了。像這樣，弄清楚諮商者所懷糾結的形式，也就能弄清楚應該處理的對象情感。透過處理這些情感，就能解決糾結，變得輕鬆。

9　憤怒的情感處理

（1）憂鬱狀態與憤怒

　　有很多諮商者都是處於憂鬱狀態，但憂鬱的心情實與控制憤怒深有關連。處於憂鬱狀態的諮商者有很強的自責心，會一直責備自己「無法把事情做好很糟糕」「很丟臉」「給別人添了麻煩」「不可以一直處在這樣的狀態中」。若憂鬱狀態變強，努力就會變得沒什麼用，因此即便責備自己、想要振奮起來，身體卻會與所思所想相反，無法動起來。雖拚了命想往前進，卻前進不了。宛如是在拚命踩踏著掉了鍊的腳踏車般。愈是責備自己，沮喪就愈強烈，憂鬱狀態也會惡化，會陷入像這樣的惡性循環中。

　　憂鬱狀態可以想成是壓下了本該往外發洩的怒氣，卻反向朝著自己發洩（往內的憤怒）（圖3-12）。也就是說，是把憤怒朝向了自己、責備自己。有很多例子是，處理了憤怒的情感後，憤怒的箭頭就朝向外面，因而不再責備自己，也改善了憂鬱。

　　有位20多歲的諮商者在遭受霸凌後，變得無法去高中上課，就這樣退了學，之後歷經5年時間，都一直覺得心情很憂鬱，他說在受到霸凌之初，對那種不合理的行為感到了憤怒，但因不可能發洩到那些

圖 3-12　朝內的憤怒

加害者身上，就只能吞下憤怒。在這期間，他就沒再感受到憤怒，就算受到霸凌，也不會回嘴，並覺得無法斷然說出討厭的自己很沒出息。然後他開始覺得那樣的自己很沒用，並討厭起自己來。從高中退學過了5年後，他來到了諮商中心，在說著霸凌的體驗時，偶爾還會浮現笑容，並且還說自己完全沒有感受到憤怒了。他說，比起這點，他反而更加討厭自己。從諮商者的話中清楚表現出，他的憤怒逐漸轉向了自己，且責備起自己。在持續吞忍一開始所感受到憤怒的過程中，他逐漸感受到了對自己的厭惡。

　　憤怒的情感本該是朝外的。雖偶爾也會有諮商者說「對自己很生氣」，但我們不會去處理針對自己的憤怒。因為若是進行情感處理而接受了對自己的憤怒，就會加強自責的念頭以及自我厭惡感。憤怒必定是對外的情感處理。這名諮商者也是，要先讓他置身於遭受霸凌的場景，回想起並再度體驗當時所感受到的憤怒。即便現今沒有感受到憤怒，但可以請諮商者置身於有感受到憤怒時的情境中並再度體驗。之後讓他們用報紙拍打坐墊，以吐出再度體驗到的憤怒。最後讓諮商者說出：「我並不糟。」說出這些話時，若覺得「有違和感」「無法認同」，就重複地再度吐出憤怒。在重複過程中，漸漸地就能認同那句話了。認同了「我並不糟」這句話後，諮商者才說：「我察覺到了

至今為止在心底某處一直都認為自己很糟」「能打心底認為自己並不糟」「感覺吐出了積累的憤怒了」。這名諮商者除了自我厭惡，其他還有很強烈的憂鬱心情與疲勞感。他說：「每天都沒有幹勁」「稍微動一下就覺得好累」。接受諮商後，諮商者大幅改善了自我厭惡，憂鬱心情與疲勞感也減輕了。

把憤怒朝向自己會加強自我批判、自責的念頭、罪惡感、喪失自信、自我厭惡、沮喪、憂鬱感、無力感、疲勞感等。因為壓抑下了本該感受到的憤怒，導致憤怒轉向自己而加強了那些情感。諮商者訴說有自我批判、自責的念頭、罪惡感、喪失自信、自我厭惡、沮喪、憂鬱感、無力感、疲勞感等這些情況時，就要檢測他們是否有在應該感受到憤怒時感受到。若判斷諮商者無法感受到憤怒，最好要幫助他們能察覺並處理自己的憤怒。這麼做之後，諮商者就能改善自我批判、自責的念頭、罪惡感、喪失自信、自我厭惡、沮喪、憂鬱感、無力感、疲勞感等狀態。

（2）日本人與憤怒的情感

日本人似乎不擅長處理憤怒的情感。將歐美心理療法採用進日本時要留意這點。歐美人比日本人更善於表現憤怒，因此是以此為前提來建立心理療法的技巧。筆者在與歐美人一同參加的工作坊中，看到歐美人接受練習的場面時，強烈地感受到歐美人長於表現出憤怒。

馬庫斯*與北山（Markus, H. R., & Kitayama, S.，1991）認為西歐社會很重視個人的自我以及人格特性，是貫徹在各種人際關係中都不改變自我的文化，又或者說是以追求該人權利、要求、目的為首要的

---

*註：黑茲爾·蘿絲·馬庫斯（Hazel Rose Markus，1949年～），美國社會心理學家。

「獨立自我建構（independent construal of self）的文化」。另一方面，比起個人的權利以及要求，日本是把重點放在維持・確立與他人的關係上，或是在與他人的關係中給自己定位的「相依自我建構（interdependent construal of self）的文化」。西歐的思考運作是以自己為主，面對會威脅到自己的事時會出現強烈的反應，容易引起「自我焦點型情緒」的憤怒，而且頻率會增多。日本人的意識運作則是關注在維持、協調與他人的關係，因此憤怒的頻率較低，多傾向於是「他人焦點型情緒」的羞恥、罪惡感以及尊敬等。此外，日本人難以對親密的人湧現憤怒，但歐美人比起陌生人反而更容易對親密對象發怒，這也可以看成是日本人不擅長去體驗本來該感受到的憤怒的證據。歐美人很重視自主性，相對地，日本人很重視與周圍的協調。此外，歐美人較偏向於認識自我而無關乎周遭的人以及體驗與社會性連結較低的自我情感，而日本人則傾向於去認識與周遭人相融合的自我，以及與周遭相連結的強烈情感（Varnum et al., 2010）。從這些比較中就可以看出，歐美人與日本人有著很明顯不一樣的自我感。

　　像這樣一想就會發現，歐美人不僅是生氣，包含其他情感在內，他們能比日本人更為熟練地在日常中進行情感處理。為了能更容易關注到自己的情感、更重視自己是怎麼感受的，在日常中就要能自然地察覺並吐露出自己的情感。另一方面，日本人是在與周圍人的關係中定位自我，偏向於顧慮到自身的環境。比起感受自己的情感，更會因為與周圍的關係而控制自己的情感。這麼一想就知道，日本人難以察覺、吐露出自己自然的情感。就這意義來說，日本人才是須要進行情感處理訓練的。筆者之所以會覺得直接將歐美的心理療法用在日本人身上會有違和感，正是因為歐美人與日本人在察覺、接受、體驗、表現情感上全都不同。筆者之所以覺得將情感處理融入到歐美傳來的心理療法中是有效的，是因為那很適合日本人。不，反而是因為結合了

情感處理，歐美的心理療法才容易對日本人發揮效果。

（3）憤怒與攻擊的不同

憤怒是在重視與周圍關係的同時，最應該控制的情感，因此我們很容易習慣去控制它。我們必須理解，憤怒誠如前述（1節），不是攻擊。憤怒單純是自己的情感，與攻擊對方的行動不一樣。反而是在攻擊對方時，純粹的憤怒會減少，甚至不會吐出憤怒。因此在持續攻擊時，很少能處理憤怒的。雖說有憤怒但不一定就會攻擊對方。憤怒與攻擊是兩回事。要處理憤怒，重要的是想像朝外吐出自己內心的憤怒而不是做出攻擊。

（4）諮商師對憤怒進行情感處理時的相關事項

對不擅長表現憤怒的諮商者來說，諮商師與他們一起用報紙吐出憤怒也是一個方法（圖3-13）。諮商師要對諮商者所面對的不合理、不正當、殘酷表現出憤怒。其中一個容易理解的方法如下：諮商師在一旁感受諮商者表現出的憤怒，諮商者就有機會察覺到「我本來應該是要感受到這種程度的憤怒啊」，然後就能理解到自己無法感受到憤

圖 3-13　和諮商者一起處理

怒以及可以去感受更強烈的憤怒。

此外，諮商者會覺得與自己一起表現憤怒的諮商師是自己的同伴，能令他們感到安心。這麼一來，就容易察覺到自己的憤怒。就像這樣，因為和諮商師一起吐出憤怒，諮商者就有機會察覺、表現並處理比至今更強烈的憤怒。

諮商師代替諮商者表現出對體驗到事件的不合理、不正當、殘酷感到憤怒的方法，就是對諮商者受的傷有充分的共鳴，並告訴諮商者：「聽到剛才的話，我非常生氣。」這會是一個好方法。此外，諮商師也可以代替諮商者使用報紙來表現出憤怒給諮商者看。因為諮商師表現出體驗到了憤怒，諮商者就能接受體驗到憤怒這件事。

（5）處理了憤怒的情感卻仍沒解決問題的案例

在情感處理的基本進行方式中，處理憤怒的過程中要探尋是否有其他的情感。處理了憤怒卻仍感覺不暢快時，可以試著想一下有兩種可能性。一種是可能有「真正的情感」或「解決情感」等別種情感，還有一種是沒有順利吐出憤怒。

要探尋其他的情感，可以在處理完憤怒後再去尋找。進行完憤怒的情感處理、減少憤怒後再開始去尋找、處理其他情感，然後該情感減少後再去尋找其他情感。在重複這過程中，就會找到「真正的情感」以及「解決情感」。解決情感大多時候與真正的情感一樣，但也有不一樣的時候。真正的情感是在該狀況下自然的情感，必須要體驗、處理以解決問題。解決情感不限定是自然的，但能減少不愉快情感。例如在喪失體驗後的憂鬱心情，很多時候，悲傷是真正的情感，但要處理悲傷很花時間，所以須要持續進行情感處理。而處理對喪失體驗不合理之處所感到的憤怒，是有助於減少當前憂鬱感受的。這時候，憤怒是解決情感，而悲傷則是真正的情感。處理、減少了情感

後，在持續探尋其他情感的過程中，就會體驗到真正的情感或解決情感。這些情感會在處理最初不愉快的情感——憤怒——後，做為下一個情感出現，又或是在這下一個情感中又會出現下一個情感，雖沒有特定的模式，但找到真正的情感與解決情感很重要。因為真正的情感有時無法一次就處理完，處理後，仍會有殘留而非完全的暢快，是結束在稍微變輕鬆的狀態下。但處理了解決情感後，諮商者會不再感受到有其他情感。處理了解決情感後，感受就變暢快了。

處理憤怒卻無法感到暢快的兩種可能性中還有一種則是無法完全處理好憤怒。若是壓抑・抑制了憤怒，就會難以處理。而且無法體驗到恐懼的情感時，也無法吐出憤怒。無法體驗到恐懼的諮商者在處理憤怒時，或許本人會相信有體驗並吐出了憤怒。但其實純粹的憤怒遭受了破壞，即便看起來是有體驗並吐出了，也沒能處理好。沒能體驗到恐懼會造成阻礙，但希望諮商師們能知道，若反過來無法感受到憤怒，就無法處理恐懼。若不擅長感受憤怒與恐懼其中一種情感，就無法順利處理另一種。因此雖想體驗憤怒卻無法處理時，最好確認諮商者是否能體驗到恐懼。而若是無法體驗到恐懼，為了能處理憤怒，就要幫助諮商者能體驗到恐懼（這時候的恐懼雖是解決情感，但不一定是真正的情感）。

在進行了情感處理卻仍未解決的案例中，不僅是憤怒，還可以嘗試探討恐懼與悲傷的情況。

（6）感受不到憤怒與恐懼時

無法感受到憤怒與恐懼兩者的諮商者該怎麼辦呢？以強迫症為首，這樣的諮商者並不少。憤怒與恐懼的關係是，如果沒感受到其中一者，另一方也無法感受到。若多少能感受到恐懼，就多少能體驗到憤怒。只要能稍微處理憤怒的情感，就是稍微在處理恐懼的情感。諮

商師要幫助諮商者交互著一點一滴地對憤怒與恐懼進行情感處理，並讓他們能一點一滴地感受到這兩種情感。處理了憤怒後，其次是恐懼，處理了恐懼後，接下來就是憤怒，像這樣交互處理，就能感受到憤怒與恐懼了。

有些諮商者在無法感受到憤怒與恐懼時會將之當成是身體上的不舒服來感受。例如會透過陳述身體不舒服、身體變沉重（費事）、噁心等來表現。透過聚焦在這些感覺上並將之擬人化，有時就能獲得在情感上的線索（參考第2章第3節）。

以下要來介紹同時處理恐懼與憤怒的案例。某位男性諮商者不擅長感受恐懼與憤怒。他在幼年時期曾遭受過父親的虐待。父親因喝酒而心情不好時就會找他麻煩、打他、踢他。不唸書時打他、唸書時說他傲慢自大也打他。說他沒打掃家裡時踢他，打掃了又說他裝乖而踢他。對他而言，憤怒是個危險的情感。若是表現出憤怒，他就會遭受到更過分的虐待。他也必須壓抑下恐懼，因為感受到恐懼是比遭受到虐待更恐怖的事。他只能努力不去做任何感受以守護自己的心。他剛開始處理情感時，是從沒感受到恐懼與憤怒著手。諮商師在與諮商者的對談中，請他思考哪一種情感對自己來說比較不危險。結果他選擇了從憤怒開始。他雖使用了報紙拍打坐墊以吐出憤怒，但當時他說出口的話是「雖然害怕但很生氣」。說出這句話後，100分的怒氣就只發洩出了20分左右。而結束了用報紙拍打坐墊後，他用吐氣的方式吐出了恐懼。該分恐懼也只減少約20分。在整個諮商中，這樣的情況不斷重複上演著，到了第6次的情感處理時，他終於能發洩出60分的憤怒與恐懼了。就像這樣，諮商師要幫助諮商者能一點一滴地發洩出恐懼與憤怒。

（7）與憤怒相似的虛假情感（扭曲情感）

以下我想舉幾個有關與憤怒情感相似的虛假情感的例子。在此說明的虛假情感也是扭曲情感。諮商者大多會將以下的虛假情感表現為憤怒。隨著談話的進行會發現，那些並非憤怒，而是與憤怒很像的虛假情感。在這樣的情況下，即便處理了憤怒，大多仍不會解決問題（那分不愉快的情感沒有減少）。而且除了憤怒與虛假的情感，還藏有其他「解決情感」。因此雖然一開始是進行憤怒的情感處理，但幫助諮商者察覺、接受、體驗、處理其他情感（解決情感）的過程很重要。

諮商者在體驗了憤怒後，若報告有感覺到競爭心（敵對意識）、爭鬥心、煩躁、憎恨、感謝、想責備他人的心情、不甘心等時，就是沒有完全處理好憤怒。

一位20多歲任職業務的女性不想輸給同部門的男性員工。每月底，若明顯在業績上勝過了男性員工就會很有活力，若輸了，就會很沮喪，這樣的情況總是重複著，所以每個月的心情總是激烈起伏。她三不五時就毫無來由地對其他男性員工發火，也被周遭的人提醒過言行帶刺。她出生時，祖父期望生下的是男孩，於是她透過表現出不輸給男孩的男子氣概來維持自身的存在價值。不論是運動還是讀書，只要贏過了同年級男生時，就覺得獲得了祖父的認可。她開始對爭鬥心進行情感處理時，在憤怒之後，莫名地感受到了悲傷。一開始進行情感處理時她並不知道為什麼會這樣，但在探尋背後因素的過程中，她察覺到，身為女孩的自己是不受期望的，以及真實的自己不被認可的悲哀。接受並處理了那分悲傷後，她不想輸給男人的想法就減弱了。而周遭對她的評價也轉變為「磨去了銳角，變圓融了」。而且即便沒有以鬥爭心為食糧，她的營業額也沒有降低。她本以為是憤怒的鬥爭心，其解決情感原來是悲傷。

此外有位40多歲的男性諮商者則是性格雖外向又開朗，卻煩惱於

無法與人維持長久的人際關係。隨著時間的經過，他就漸漸會與他人保持距離，但卻不知原因為何。他只知道，自己經常會對對方感到憤怒，可是為了不表現出憤怒就吞忍下去。透過諮商，他進行了自我分析與情感處理，結果他察覺到經常會感受到的憤怒是來自於對他人有很強的競爭心、過度在意輸贏，並且會在無意識中表現在言行舉止上。例如像是對方說到自己朋友的事情時，他就會說自己也有那樣的朋友；對方說到國中時期社團活動很辛苦時，他就會表示自己在社團活動中更辛苦。此外，狀況不好或事情發展不順利時，他就會先不斷說著自己不在意那件事，完全就像是先下手為強地說著敗北的藉口。他是用競爭的框架來看待與他人間的關係，總是不想輸人。他察覺到這點後就試著去探尋自己為什麼會那樣。然後他察覺到自己很怕只要輸了，周遭的人就會離去。他從幼年期起就覺得，若自己不優秀，就不會被人奉承，周遭的人就會離自己而去，而他很怕這點。之後，他進行了恐懼的情感處理。透過幾次的諮商後，隨著他能體驗到恐懼，就停止了與人的競爭，變得能接受並公開自己不好的部分，與人的交往也變輕鬆了。他以為是憤怒的過度競爭心，透過對恐懼進行了情感處理就減少了。

就像這樣，有諮商者會表現出憤怒以隱蔽恐懼。他們即便處理了憤怒，或是即便覺得好像變暢快了，卻仍未解決表現出憤怒以隱蔽恐懼的問題。他們在處理了憤怒的情感後，有必要處理深藏其中的恐懼情感。

有位30多歲的諮商者只要事情一不如己意就會對妻子暴力相向，於是他進行了憤怒的情感處理。他了解到，原來自己一碰到不如己意的事就使用暴力是因為湧現出了無法控制的憤怒。若單只是處理憤怒的情感就結束諮商，之後，他仍會重複出現事情不如所想時就湧現出會使用暴力的憤怒這種模式。在情感處理中，減少了憤怒後，就要去

探尋他有無其他的情感。這位30多歲的諮商者在減少了憤怒後，感受到了恐懼與不安。對那分恐懼與不安進行了情感處理後，事情進行不如他預期時，就不會湧現出想使用暴力的憤怒了。比起事情進行不如預想時會湧現出想使用暴力的憤怒，取而代之的是感受到了不安，並轉變成會用話語告訴妻子「我很不安」。諮商者處理了感受到的情感後所感受到的其他情感，很有可能就是解決情感，處理了解決情感後，才能往解決問題邁進。

像這些案例一樣，有時為了減少憤怒就必須處理其他的情感。其他還有像悲傷是煩躁的解決情感、深層悲傷是憎恨的解決情感、恐懼是暴躁脾氣的解決情感、悲傷或恐懼是怪罪與不甘的解決情感等，這樣的情況有很多。

（8）因為自戀受傷而引起的憤怒

● 憤怒是「二次性情感」

在情感處理中，有很多是以憤怒為主題，因此以下要稍微來說明憤怒是怎樣的情感。一般的理解是，憤怒是與本能相連結的情感，人類在進化過程中一直保有，是為守護自己或留下自己的基因‧子孫所必須的情感。之前曾說明過憤怒與攻擊有關。動物遭受攻擊所做出的反擊反應就是憤怒，一般認為那與人類與生俱來的反應是一樣的，但兩者其實不同。保羅‧麥克萊恩*（Paul Donald MacLean）將大腦分為三層來說明，根據他的說法，大腦可分為職司本能的「爬蟲腦複合區」、主掌情感的「古哺乳動物腦」以及職司思考的「新哺乳動物腦」。〔MacLean／法橋（編譯‧解說），2018〕。在進化過程中，爬

---

*註：保羅‧唐納德‧麥克萊恩（1913～2007年），美國醫生、神經科學家。

蟲腦複合區最古老，而新哺乳動物腦是最新的。攻擊正存在於最古老的爬蟲腦複合區中。誠如爬蟲腦複合區這名字，爬蟲類也具備，是人類腦幹與小腦的部分，負責調整心跳、呼吸、血壓、體溫等以及維持基本生命的機能。爬蟲類的勢力範圍若被侵犯，就會做出攻擊。這乍看之下是憤怒，實則不然。一般認為，為守護領地而做出的攻擊並非憤怒。憤怒與攻擊是不一樣的。

　　古哺乳動物腦是以大腦邊緣系統為主，是哺乳類所具備的。沃爾特‧布拉德福‧坎農（Walter Bradford Cannon）*用「戰鬥或逃跑（fight-or-flight response）」反應來表現動物遭遇危機時的反應。瀕臨危機時，大腦邊緣系統的杏仁核與中腦藍斑核會受到刺激，交感神經會興奮，做出戰鬥或逃跑的反應。一般認為，這時候動物是感受到了憤怒或恐懼，這是本能的憤怒情感。像這樣的憤怒情感就被稱為「一次性情感」。這情感是來自於保命的本能。不論是多沉穩的人都會有這種憤怒，這是為了守護自己或自己勢力範圍的正當情感，是為了守護自己的憤怒。

　　來自新哺乳動物腦的憤怒則與學習、經驗有關，是摻雜了自我意識的。這分憤怒是與自己內心的傷痛或痛苦有關。所謂的自我意識就是對自己的認知，認知到不同於他人的自我，這樣的認知在剛出生與母親一體化的嬰兒身上是看不到的。如同會知道站在鏡子前的人是自己般，能用自己的名字表現出「我啊…」時，才產生出了自我意識。覺得「沒人理解我」「事情不如預期」時所湧現的憤怒，就是摻雜了自我意識的憤怒。湧現出那樣的憤怒時，人正在體驗著傷害。雖然努力做著被賦予的工作卻無法完成，又被同事批判時，若當下湧現出了憤怒，那麼在那之前應該就受了傷。

---

*註：沃爾特‧布拉德福‧坎農（1871～1945年），美國生理學家。

在湧現出憤怒之前會先體驗到受傷這個不同於憤怒的情感，而湧現出憤怒則是其反應。就像這樣，憤怒是有著雙層構造的，一層是受傷，另一層則是憤怒。像這樣的憤怒就是「二次性情感」的憤怒。

● 正當的憤怒，以及不正當的憤怒

做為二次性情感、摻雜了自我意識的憤怒可以再分為兩種來思考。這不是說我們能明確將之分為兩種，而是之後在進行情感處理時，分成兩種會比較容易思考。雖說是因為受傷而生氣，但也可以分成是正當的範疇，以及無法認可為正當的。因此，可以將做為二次性情感的憤怒分為正當範疇與無法認可為正當的兩者來思考。

若在飲酒會上有同事說了自己夥伴的壞話，同席的人聽到了，覺得「那很侮辱人」而湧現出的憤怒就是正當的憤怒。

某位男性在父親創業的公司中擔任常務董事一職，父親過世後，三年內，依照父親的遺言，由與父親一起創業後一直擔任專務董事的人擔任第二任社長，之後才由該男性繼任第三任社長。在齊聚公司所有員工與客戶的第三任社長就任派對上，第二任社長致詞說到：「由你過世父親所創建的這間公司，現在由長男你繼承下來，想必現在你父親是打從心底感到歡喜的。」此時，身為第三任社長的他卻激憤地大聲說：「我能成為社長是因為我的能力，跟老爸無關。不要看不起我！」周圍的人雖勸阻了他，他卻仍無法收束怒氣，離開了自己的就任派對。派對上的人都很震驚，好一陣子說不出話來。這就不是正當的憤怒。或許他認為自己受了傷，或許本人覺得那是很正當的，但就周圍的人看來卻不很不正當，寇哈特*（Heinz Kohut）稱這樣的憤怒為

---

*註：海因茨・寇哈特（1913～1981年），出生於奧地利的猶太裔美國精神分析學家。

圖 3-14　健全的自戀與肥大化的自戀

「自戀型暴怒（narcissistic rage）」。自戀型暴怒是因為自戀受傷而產生出的憤怒，正當憤怒肯定也是自戀受傷，但不正當的憤怒是自戀過頭不健全，是肥大化了的自戀受傷（圖3-14）。

　　自戀是從我們非常年幼的時候就有的，也是有健全的部分。小孩子認識到此前一直以為和自己是一體的雙親其實是與自己不同的存在，並且開始單獨離開父母四處活動時，才會因為自戀而期望守護自己擺脫離開雙親的痛苦。這是自戀，也是健全的成長。自戀雖是愛自己，但那分期望若能因為擁有雙親（或是周遭人）恰當的愛而獲得滿足，自戀欲求就會因愛而獲得滿足，並在之後發展成會愛他人的客體愛。而且之後，愛著真實自我的自戀也會健全地運作。可是自戀若沒有因為充分感受到雙親對自己的愛而獲得滿足，或是被寵過了頭時，就會一直執著地愛自己，只會認為「自己好厲害」。這就不是剛剛好，而是肥大化的自戀，會一直覺得自己比真實的自我還要偉大、優秀、特別。有著如此肥大化自戀的人，若對方不總是對自己有超出實際的認可或沒人奉承自己時就會受傷。因為自戀沒被滿足，客體愛就不是成熟的，所以無法擁有考慮、共感、體貼對方心情或立場的愛，只想要自己獲得照顧、被愛。或許也只會把伴侶看成是愛自己、會支持自己、會誇讚自己的對象。若會給予伴侶些什麼，或許其實也是因為希望自己能獲得滿足。視情況，為了滿足誇張的自戀欲求，甚至還

會若無其事地利用他人。可是這麼做的反面就是，會對他人的評價非常敏感，經常容易受傷。而受了傷後就會產生出憤怒。

既然自戀的健全部分與肥大化部分是連接在一起的，在受侵害時所感受到的是健全的還是病態的部分，連當事人也無法區別。處理憤怒的方法就是不要讓自戀肥大化，要修正認知，但因為檢測自戀肥大化不健全的機能損壞了，就無法上升到問題意識層面。

如上所述，做為二次性情感的憤怒有著健全的自戀與肥大化自戀的傷。而這兩者都是在發怒前就體驗到了受傷。受傷是羞愧、罪惡感、恐懼、悲傷等，針對這些情感才產生出了二次性情感。受的傷愈大，憤怒就可能愈是大得不恰當。評估諮商者怒氣的大小與其不恰當的程度，就能推測出他們自戀的健全度。

●剛剛好的自戀受傷時的憤怒

大多數情況下，剛剛好的自戀在受傷時所湧出的憤怒背後都藏有與悲傷有關的情感。覺得「其實希望別人了解自己，卻沒人能懂」時，悲傷大多藏在憤怒的背後。處理憤怒背後的悲傷時，也會處理到正當的自尊受傷時的憤怒。憤怒背後的情感不僅有悲傷，許多諮商者也表示有後悔、寂寞、嫉妒、羞愧、苦悶、強烈的不安與恐懼等。處理剛剛好的自戀受傷時所產生的憤怒後，許多人都報告說：「比起以前，不再會被他人的言行舉止或態度左右心情。」以前「想獲得認可」「想被理解」的念頭很強烈，因此多會被他人的言行舉止或態度給左右。但是透過情感處理，處理了不被理解的悲傷，想被人理解的念頭就和緩了下來、變輕鬆了。某位諮商者說：「我能轉變想法為，如果對方能明白，就會想讓對方明白，但是如果對方無法明白，那也是沒辦法的事，與人的關係變輕鬆了。」想被人理解的念頭也可以說是過度的以自我為主的期待，所以該諮商者的狀況就好的意義來說，

就是沒了過度的期待。因此，因為他人言行舉止而感受到過度悲傷、憤怒、煩躁的情況減少了，被他人言行舉止牽著鼻子走的情況也減少了。而且若減少了想被他人理解的念頭，不會對他人有過度的期待後，人際交往就會變輕鬆，自己也能鬆口氣，最後將能改善雙方的關係。

● 肥大化自戀受傷時的憤怒

　　肥大化自戀受傷時所感受到的憤怒很強烈，用激昂或「發飆」這樣的表現大多很確切。那是一種沒有界限、不恰當的憤怒表現。那樣強烈的憤怒不是來自於「希望人們理解自己」，而是「為什麼不這樣做」「這樣做才是理所當然的」。肥大化的自戀對自我有著偉大、強大、優秀、理所當然會受到他人關注的印象。因此本人會覺得那是正當的憤怒。可是就旁人看來，那絕非正當的憤怒，反而是不正當的。

　　某位20多歲的女性諮商者對一位女性前輩有著不好的情感。那位前輩負責指導她，會仔細提醒她的態度，像是「桌上沒有收乾淨」「聽到指示時要好好記筆記」「報告的方式不好」等，每天都會對她碎念不已。她正在聽來自直屬上司交代工作的指示時，前輩會打斷對話，插話提醒她：「都已經跟妳說過好幾次了，要好好記下上司說的話，這麼簡單的事為什麼都做不到？」下個瞬間，她推開了前輩，並大聲說：「說個沒完的煩死了！妳這個欲求不滿的女人。因為妳，我要辭職。」然後離開了辦公室，再也不去上班。周圍的人都對她的態度啞然以對。她的言行舉止就一個社會人來說是很不恰當的。

　　因為肥大化自戀受傷所引起的憤怒，特徵就是無法控制憤怒以及言行舉止。因為無法控制地會用行動表示出憤怒，就會出現像是「我本來沒打算要這樣做的」「不禁就脫口而出了（搞砸了）」這樣的言行舉止（在建立起信賴關係之前，會隱藏這樣不合宜的言行舉止，並強調、述說自己是被害者）。因此，憤怒的表現有著不恰當、不適應的特

徵。有時在當下，並不適合表現那樣的憤怒，例如大聲怒吼、威嚇，甚至行使暴力。就客觀看來，其實不須要表現到那種地步，那樣的表現被認為是不適用於該狀況的。

肥大化自戀受傷時的憤怒是在湧現憤怒前就感受到恐懼與強烈的不安。雖然剛剛好的自戀受傷時也會感受到恐懼與不安，但並不強烈。本人甚至在還沒察覺到的短時間內就體驗到恐懼與不安，然後在下個瞬間轉移為憤怒。因此，本人大多時候只認知到了憤怒。可是，自己置身於該場景並對憤怒進行情感處理後，若能逐漸面對自己的情感，就有可能捕捉到在憤怒之前的恐懼，這點就處理憤怒來說很重要。

在憤怒之前所感受到的情感，除了恐懼、不安、悲傷，還有孤獨、絕望、自卑感、被拋棄的不安、自我否定感、羞愧、罪惡感等。這些全都難以在瞬間捕捉到。此外，憤怒後所感受到的情感也有特徵。即便是從健全的自戀受傷中所產生的憤怒，也會對發怒後自己所採取的行動有所反省或感到自我厭惡。可是，肥大化的自戀受傷時所產生的憤怒卻會在發怒表現後，因為否定自身存在的自我否定感，以及怕被他人拋棄的孤獨感而沮喪。

●情感處理的做法

在情感處理中，首先會體驗並處理憤怒。因為容易感受到憤怒，所以能做到，但進行時還是要留心別出現攻擊行為。因此，別讓諮商者面對憤怒對象來吐出憤怒，重要的是幫助他們想像將身體中所有的憤怒排出體外。憤怒減少到某種程度後，就幫助諮商者去察覺在湧現憤怒之前，有著恐懼、不安或類似的情感。類似的情感有孤獨、絕望、自卑感、被拋棄的不安、自我否定感、羞愧、罪惡感、悲傷等，這些情感只會在極短時間內、在憤怒之前湧現。只要能察覺這些情感，就能促使諮商者去思考究竟是在害怕、不安什麼。

　　對恐懼、不安淡漠以對時，大多都是因為沒有明確的對象。恐懼與不安的對象之所以模糊不明確，是因為那分恐懼與不安是從自我尚未發展出來的嬰幼兒時期就持續存在的。可以說是威脅到嬰幼兒時期自我存在的恐懼與不安。嬰幼兒時期無法掌握基於客觀事實的理由與對象，只會對莫名會威脅自我存在的危險感受到恐懼。一旦覺得有些不安時，就會基於與嬰幼兒時期一樣的感覺去尋找原因，因此對象就不明確。所以一開始不需要具體又明確。感受到「莫名……就感受到不安」並思考到「到底是有什麼不安呢？」時，恐懼與不安的對象就會浮上檯面。慢慢地花點時間去探尋，就會知道對象為何。諮商者報告說感到不安與恐懼的對象，不論是自我存在被否定、無法活下去、無法活得像自己、不被人愛、被拋棄還是變得孤獨一人，這些都是近乎恐懼的情感。只要弄清楚了這些，之後就可以進行這些恐懼的情感處理。

　　為了能有效進行恐懼、不安、悲傷（孤獨、絕望、自卑感、被拋棄的不安、自我否定感、羞愧、罪惡感）的情感處理，讓諮商者利用毯子或是盾牌會很有效。自戀受傷所引起的憤怒，在前一階段的的恐懼與悲傷是很強烈的，是類似於會威脅到自我存在的恐懼，因此沒有安心感且很難接受。為了能接受，就要有安心感。拿著盾擋在自己前方或是抱緊毯子、坐墊去想像自己是被守護著的，然後再去體驗憤怒湧出前的恐懼與不安（孤獨、絕望、被拋棄的不安、自卑感、自我否定感、羞愧）。體驗到自己身體內的恐懼與不安，然後一邊吐氣一邊將之排出體外。直到恐懼與不安減少為止，都要持續將之排出體外。

　　對肥大化自戀受傷時所引起的憤怒進行情感處理時，無法簡單地只進行1次或2次就解決。要一邊重複多次處理憤怒與恐懼‧不安的情感，一邊慢慢解決。若是每2～3天進行一次情感處理，就要花3個月以上才會感到輕鬆。即便如此，只要一想到花3個月左右就可以減少

從幼年時起就一直擁有的不愉快情感，那過程就絕不冗長。一開始，即便對恐懼或不安進行了情感處理，仍會感覺恐懼與不安有殘留，好像沒什麼減少。這時候就要進行憤怒的情感處理。在不斷重複這過程中，憤怒就會確實地減少。

10 悲傷的情感處理

（1）藏在其他情感深處的悲傷

在總是會去購物的熟悉商店中，於關門之際購物並想付錢時卻發現忘了帶錢包，若是回家去拿，店門就會關上了，但你無論如何都必須在今晚購買到某種商品，於是你拜託店員：「我經常都來這裡購物，所以明天會拿錢過來。」但不巧的是，看店的不是熟悉的店主，而是新的打工店員，他不肯聽信你，並說：「我們無法賒帳。」古爾丁等人〔Goulding，R. L., & Goulding，M.M／深澤（譯），1980〕說，在這狀況下所湧現出的情感不是憤怒，說是悲傷會更恰當。在那當下不只感受到了憤怒，還有悲傷。悲傷是與喪失有關的情感，是自己的預期出現失誤時會感受到的情感。然而，如上述例子的情況，或許許多人都只會感受到憤怒。說不定還會拿新的打工店員出氣。但就算拿旁人出氣，結果也只會留下糟糕的情感。

悲傷是很容易被忽視的情感，也是最常被搞錯為是憤怒的情感。進行某事件的情感處理時，若該情感減少了，就要檢測還有沒有其他的情感，若有，就要進行處理。在依序處理體驗到的情感的過程中，很多時候悲傷都是最後才出現。在情感處理中，只要仔細檢測其他情感並進行處理，就不會漏掉，但若在對話中只接受了諮商者談到的情感，就難以找出潛藏其中的悲傷。

有位40多歲的男性被妻子帶來諮商，他經常會因為家中的不整齊

以及三餐準備晚了而對妻子、孩子表現出煩躁，與妻兒的關係很不融洽。他接受諮商的目的是為了減少對妻兒的煩躁。諮商師讓他置身於忙完工作回家後卻看到晚餐沒準備好，客廳也散亂沒整理而感到煩躁的場景中。之後，在找尋除了煩躁外還有無其他情感時，發現了還有悲傷。諮商師問他是怎樣的悲傷，諮商者回答：「對方不了解自己的悲傷。」再試著探尋他是從什麼時候開始對不被人了解的悲傷感到熟悉時，諮商者發現到那與在幼年時期對母親的感受相同。他因為不被母親理解而悲傷，而今則是對妻子感受到並用煩躁表現出來。悲傷無法用煩躁來處理。悲傷只能透過感受到悲傷來處理。諮商者於是處理了在幼年時期對母親感受到的、不被理解的悲傷。諮商後，諮商者出現了明顯的變化。他面對妻兒的煩躁舉止明顯減少，取而代之的是，在晚餐準備晚了以及客廳亂成一團時，他更多的是感受到了悲傷，而這悲傷正是他內心最深處的解決情感，因而不會再用煩躁等其他情感去做應對，進而減少了感受到煩躁的情況。

　　不僅是這位諮商者，有不少例子都是本人在感到不滿的場景下看起來似是感受到了憤怒，其實背後藏有悲傷，且因為沒有處理悲傷而無法減少憤怒。與之相反，也有例子是在悲傷後藏著憤怒。例如有些諮商者雖悲傷，但進行情感處理後，卻發現擁有憤怒，然後因處理了憤怒而減少了悲傷。

（2）失去與悲傷

●訣別練習

　　悲傷是一種有用的情感，它能讓人把心中的煩亂事情當成過去做結並向前看。所謂的做結，就是要變得不太在意那件事，回想起時不會有不愉快的心情，同時不被該事件所束縛，而是關注於未來。因

此，悲傷多是與失去體驗有關的情感。因為接受、處理了悲傷，人就能梳理好自己內心關於失去的體驗，然後能往前看，並活出自我。

失去體驗的內容有各式各樣，最具代表性的是「與愛‧依賴對象的生離或死別」。有位40多歲的女性諮商者因唸小學的兒子遭遇交通事故死亡，這5年因為心情憂鬱而影響了日常生活。她無法接受兒子的死，儘管兒子死後經過了5年，兒子的房間仍維持原樣。死去的兒子若仍活著，此時應該是念國中了，她甚至還為死去的兒子買了國中制服。諮商者的大腦雖理解了兒子已死，但內心卻拒絕接受。接受兒子的死是難以忍受的痛苦。諮商者也知道，為了改善憂鬱心情，就必須接受兒子的死亡。而為了能接受兒子的死，就必須要面對悲傷，必須要接受、感受並處理悲傷。因此她進行了訣別練習。

訣別練習是在諮商者前方擺放空椅子，將對象投影在上面（想著椅子上坐著對象者），想像能直接對對方說出想說的話（不是向諮商師說明，而是如同直接與兒子說話般）以進行情感處理。諮商者體驗到情感時，就讓她停止說話，用呼吸吐出情感。練習中要一直說話，直到沒有任何話想對對象者說為止。說完了所有想說的話，結束了全部的情感處理後，就讓諮商者說「再見」。

這名40多歲女性諮商者的訣別練習是請她從說「我很悲傷」這句話開始。諮商者一邊留著淚一邊對在椅子上的兒子投影說著他不在了的悲傷。然後對兒子表現出了留下自己而死去的憤怒。她吐出情感約20分，最後對兒子表現出了謝謝他告訴自己何為愛以及帶給自己人生喜悅的心情，並說了「再見」，然後把想像有兒子坐著的空椅子往後轉去。練習後，諮商者說自己的心情變輕鬆了，也改善了憂鬱的心情。一個月後，諮商者說自己外出的機會增多，能做家事，日常生活中能笑得出來，也開始整理兒子的房間了。

●各種失去體驗

　　根據小此木（1979）指出，人在失去所愛之人時會歷經急性的心理危機（emotional crisis）與持續性的悲哀（mourning）等心理歷程。在心中透過悲哀的歷程，整理與該對象相關的一切，在心中把該對象接受為是安靜、平靜的存在。這就是悲哀的工作的完成。在這過程中之所以會發生問題，是因為不去面對、壓下悲傷與憤怒等情感，導致悲哀的工作無法完成。悲哀的工作未完結時，會持續思念、執著於對方，形成憂鬱以及覺得活著很空虛的狀態。雖然應該避免一概而論地決定好要在限定期間內完成悲哀的工作，但若超過半年至一年，悲哀都未能完結工作時，有時就必須透過訣別的練習來進行情感處理。在訣別的情感處理中，意外重要的就是憤怒的情感。有時直到處理完對留下自己的人所感受到的憤怒之前，該事件都不會完結。因為會沒有察覺到、漏看隱藏在巨大悲傷後的憤怒，所以要特別注意。

　　「與愛‧依賴對象的生離死別」不只是與親密的人死別，也包含寵物在內。與以往相比，人們如今失去寵物的憂鬱心情似乎更為強烈且拉長了時間。最近，有人甚至陷入比與家人死別程度更重的憂鬱狀態中，原因之一是將寵物視有極大存在感的愛或依賴的對象。約在10年前，我曾聽一位諮商者說過，已經各自獨立各組家庭並分散居住在北海道與沖繩的孩子們，帶著全家聚集在東京的老家，為一起生活的狗舉行葬禮，大家一邊哭一邊共享悲傷，聽到諮商者的話，我大吃一驚，但現今，這樣的現象似乎並不罕見。而且這些人也會進行如前面所述40多歲諮商者那樣的訣別練習。與寵物的死別如今成了一大失去體驗。

　　此外也有與父母或與孩子分別的失去體驗。一般常為人知的是孩子因就學或就業‧結婚等離家所造成的失去體驗，但最近也出現了是

因同住孩子就學或就職而強烈體驗到了失去的悲傷。儘管孩子沒離開家，但因為角色改變了，就產生了失去體驗。

此外，也有高齡人士會因為親近的人死去而引起對自己死亡的不安。某位75歲以上的諮商者因弟弟的死，變得經常會想到自己的死而不安，導致沒有活力。在諮商中，他面對了弟弟的死，並體驗、接受了悲傷。然後發現到，自己以前無法接受弟弟的死以及會壓抑悲傷。接受了弟弟的死後，諮商者找回了活力，他說：「為了在彼世與弟弟相會時向他報告自己的景況，今後要嘗試去做各種至今都沒做過的事。」高齡人士的情況還必須察覺到有著喪失了部分的身體功能、健康有損、曾經能做到的事如今已做不到、失去了與他人間的聯繫、沒了作用等失去體驗。高齡人士是一邊每天都體驗到許多失去，一邊生活著。與其一一列舉那些事項並進行情感處理的練習，理想的做法是通過相互傾聽，自然地進行情感處理，心理上的負擔比較沒那麼大。

失去「夢想、驕傲、自我認同」也是悲傷的體驗。自身的自我認同意思是，例如只有身為孩子母親的自我認同時，若孩子離巢而去，母親的責任減少，就會喪失自我認同。此外，雖然為了成為設計師而有去就讀東京學校的夢想，但因雙親破產而無法實現心願，就是喪失夢想。

諮商師必須要知道的是，環境的變化會伴隨著喪失。人際關係的變化不僅是與熟悉、親近的人分離，失去親密感與一體感的經驗也會隨之而來。居住地、上班地點的改變則是關乎到失去了讓自己心情安定下來的自然、景色、味道、氛圍等已經適應了的環境。諮商者體驗到某種環境的變化時，其中就包含了失去體驗，而且也有著悲傷。對因為環境變化而導致健康變糟的諮商者來說，幫助他們理解環境變化對自己有何意義？失去了什麼？以及處理隱藏其中的情感很重要。

（3）男子漢氣概與悲傷

　　最近不討厭悲傷的10～20多歲男性增加了，也有許多男性能在悲傷時流淚哭泣。可是在男性中仍有許多人視悲傷為負面的，會大力抑止悲傷。這些人是受到了「悲傷是可恥、軟弱、不體面、沒有男子漢氣概、比對方低一等」的價值觀影響。在這些價值觀影響下長大的人，要花上不少時間才能感受到悲傷。可是悲傷是人生而有之的情感，若是抑制本就有的自然天性會出問題。

　　此外，要注意的是，悲傷有時會藏在不如預期、不被了解的事情中。事情結果不如預期時，人們容易察覺到自己的憤怒。因此諮商者多會詳細述說不如預期時的憤怒體驗，並進行情感處理。可是如果有悲傷藏在其中，沒有處理悲傷，事件就不會結束，而且之後也會一直如鯁在喉。

　　某位男性上班族諮商者無法認同自己依上司指示所做的文件被退件。儘管那是依照當初上司指示的內容所做成，但上司卻像是沒做過那指示般的提醒他要注意，而且簡直像在說他的能力低下般，所以諮商者感受到了憤怒，並對之進行了處理。可是不論他處理了憤怒幾次，都會不斷重複想起被上司提醒的事件並感到生氣。對諮商者來說，即便處理了憤怒，他仍未感受到暢快，因此就重新去探索自己的情感，結果發現了藏有悲傷的情感。因為男性諮商者不擅長應對悲傷，所以用了5次練習來處理。最初是用吐氣吐出像悲傷那樣悶悶不樂的感受，之後就逐漸能感受到悲傷並進行處理了。結束悲傷的處理後，諮商者就不再會想起那件事了。

　　當多次想到過去的事件並重覆體驗到不愉快的心情，代表著心理上的未完結，此時其中就殘留有未處理的情感。透過處理那些情感，就能使之完結。事件未完結時的情感並不限於悲傷，那些看似與悲傷無關的情況，也可能藏有悲傷。尤其諮商者是不擅長感受悲傷的類

型時，就會難以察覺這點，所以必須注意。

（4）沒能獲得愛的悲傷

　　處理諮商者於幼年時期沒能獲得愛的悲傷很重要。某位30多歲的女性諮商者母親在她小學時離家出走，之後再也沒回來。她認為自己被拋棄了，因而憎恨著母親。在諮商中，她重複好幾次吐出對母親的憎恨與憤怒。而在那憤怒的深處，她感受到了橫亙著深深的悲哀。可是她沒想要去觸碰那悲哀。因為她覺得自己無法接受那深刻的悲傷。她想避免一但體驗到悲傷，就得承認總是告訴自己即便母親不在也無所謂而努力生活至今的自己是很可憐的。在持續多次處理憤怒的活動中，她用報紙拍打坐墊以吐出憤怒後就開始冒出無法抑制的悲傷，諮商者於是體驗到了深層的悲傷並流下了眼淚。用吐氣吐出悲傷後，諮商者出現了很大的變化。她大幅減少了對母親的憎恨。而對於母親離家出走的事，她也說能冷靜地去思考其他的可能性而不會只從自己被拋棄了的觀點去看待了。不只是這名諮商者，覺得自己幼年時期沒獲得愛的諮商者，多數心中都有著深刻的悲哀。雖然其實很想被愛，卻沒能實現心願的悲哀。接受並處理這悲哀時，諮商者才開始從幼年時期沒被愛的體驗中踏出第一步。

（5）與悲傷相似的虛假情感（扭曲情感）

　　以下我想舉幾個關於類似悲傷情感的虛假情感的例子。諮商者大多會將以下虛假的情感用悲傷表現出來。隨著談話的進展就會發現，那並非悲傷，而是與悲傷相似的虛假情感。在大多數情況下，即便處理了悲傷也無法解決問題。而且除了悲傷與虛假情感，還藏有其他的「解決情感」。因此，幫助諮商者察覺、接受、體驗、處理解決情感的過程很重要。

在感受到憂鬱感、自卑、情緒低落（比憂鬱稍弱的現實性情感，不會對日常生活形成極大阻礙）、沮喪、無力感、空虛感等情感時，諮商者多會說自己有體驗到悲傷，但只處理悲傷是不夠的。

某位40多歲女性在大多時候都會與他人比較並覺得自卑。不論是和同事還是和朋友說話時，多會覺得「自己做不到」「自己不如這些人」，於是就和他人保持距離，且認為「反正自己就是會被人討厭」。她在孩童時期曾被母親認為是沒用的孩子，否定她的能力。比起靈巧又幹練的做事，她更喜歡慢慢地、一件一件地完成事情，所以會被母親斥責「好慢」「還沒做好嗎」「妳真沒用」，而一旦被斥責，她就會因緊張而出現更多失誤，結果又被認定為沒用，這樣的情況一直持續著。她曾經在那樣的情況下體驗過悲傷。她認為「我做不到是我不好，所以被罵也沒辦法」。處理了憤怒後，她注意到了其他的情感，然後體驗到了憤怒——我只是慢慢去做而已，為什麼要認定我沒用。持續處理憤怒的情感後，「我不是沒用」這樣的心情變強烈，並逐漸改善了自卑，她也對自己擁有了自信。就像這樣，與悲傷相似的自卑，能因為進行了同時包含有悲傷與憤怒的情感處理而獲得解決。

大多時候，其他與悲傷相似的情感像是憂鬱、心情低落、沮喪也不僅是要處理悲傷，還要處理憤怒；無力感與空虛感則是除了悲傷，還要透過處理恐懼與憤怒來解決。

11　恐懼的情感處理

情感處理法中，不安與擔心也能使用與恐懼相同的方式來處理。諮商者有時會用不安、擔心來表現恐懼。若是從諮商者所使用的話語文脈去判斷，恐怖、恐懼、不安、擔心會依序減弱程度。本章中會配

合諮商者的表現來標記恐怖、恐懼、不安與擔心。

（1）負面的未來幻想與恐懼

●修正扭曲的認知

雖一言以蔽之為恐懼，但情感處理所處理的恐懼情感有各種各樣的性質。因著不同的恐懼性質，有效的方法也不同。

一般來說，恐懼是在遭遇危機，以及對未來有負面想像時所湧現的情感。在諮商中處理的恐懼多為後者，比起面對實際身陷險境的恐懼反應，持續時間更長。是因為「要是提出的文件內容有錯怎麼辦」「要是考不好怎麼辦」「將來會如何呢」等想法所產生的。這些是表現為不安與擔心的恐懼。不安與恐懼是不愉快的情感，是產生自對未來有不好的想像。要解決因為對未來負面的想像所引起的不安與恐懼，就必須停止那樣想。此外，想像著不存在、不確定的未來發生了不好的事並非事實思考，其中夾雜有扭曲的認知。讓諮商者了解這點是有意義的。

大衛・伯恩斯*（David D. Burns），提出的認知扭曲有10種模式，且大多是會產生出恐懼、不安等不愉快情感的基礎。認知扭曲的10種模式有，對事物做出兩極端評價的「100-0思考（全有或全無思考，或是非黑即白思考）、以少數證據下結論的「以偏概全（過度一般化）」、將自己的負面思考正當化，並只採用否定部分的「心理過濾（選擇性抽象化）」、雖然事情發展順利但偶有不順時就會想著果然是那樣的「負面思考（側面否認消極）」、認為對方應該要知道自己想做什麼的「妄下定論（獨斷式推論）的讀心術」或是預測並認為絕

---

*註：大衛・伯恩斯（1942年—），美國精神病學家。

對會發生不好事件的「妄下定論（獨斷式推論）的錯誤預判（否定性預測）」、對事物極端誇大或貶抑的「誇大解釋‧貶抑評價（誇大看待與貶抑看待）」、以自己情感為思考根據的「感情用事（情緒化思考法）」、批判性思考事物的「應該化（『應該』表現）」、以不完美為理由塑造出否定式人物形象的「亂貼標籤」、與自己無關的錯事卻認為與自己有關的「個人化（與自己扯上關係）」〔Burns／野村他（譯），2004〕。

　　修正扭曲的認知、減少不愉快情感最簡單的方法就是試著去思考事實為何。以未來為例，我們不會知道往後順不順利，事實是，在現在這個時間點不會知道結果。例如可以對想著「要是考試不順利怎麼辦」的諮商者提問：「你認為要是考試不順利會變得怎樣呢？」「你是在幻想著怎樣糟糕的未來呢？」等，讓負面消極的幻想變得明確起來。諮商者若回答：「若考試不順利，人生就會不順利。」就再更明確地問他：「你認為人生會怎樣的不順利呢？」因為基於「無法到好公司去上班，家人也不會喜歡我」這樣扭曲認知的思考會變得清楚起來，就可以試著去思考事實究竟為何。若「考試不順利，家人就不可能會喜歡自己。因為糟糕的考試結果而得面對家人失望的臉很痛苦」是事實，就讓諮商者大聲說出這事實好幾遍，單是如此就會減輕不安。很多時候，比起用吐氣吐出不安來進行情感處理，修正認知會更快解決問題。

●對憤怒進行情感處理以減輕恐懼與不安

　　此外，對恐懼與不安進行情感處理時，進行憤怒的情感處理是很有效的。憤怒多是與恐懼、不安一起存在於一件事情中的情感。例如試著用報紙吐出對考試感受到的憤怒時，有時不安就會減少。這是在活用憤怒來減少恐懼。在東日本大地震後，儘管沒了餘震，仍有很多

人前來諮商說有感受到搖晃感。之所以明明沒有搖晃卻感受到了搖晃，是因為背後有著對地震的恐懼與不安。主因是沒有處理恐懼與不安（當然，在大災害後沒有處理是很正常的）而殘留在心中。這時候要處理恐懼與不安並不恰當。體驗到大災害後的人們雖要進行情感處理，但應該不會想刻意地再體驗到恐懼與不安。震災後我上了廣播的諮商節目，針對人們在沒餘震的狀況下卻仍感受到搖晃的諮詢，我建議他們用報紙拍打藉以吐出對地震或海嘯的憤怒。之後，聽了那個廣播節目的許多人都寫信來說，在用報紙吐出憤怒後，就沒有搖晃的感覺了。就像這樣，因為處理了憤怒的情感，就能減少恐懼與不安。

（2）不停製造出不安

接下來要談雖不到廣泛性焦慮症（Generalized anxiety disorder）的程度，卻會陸續製造出不安的問題。擔心、不安、恐懼的對象不限於一個，人們會對各種對像心懷不安。擔心或不安過度時，或許表現出來會比較恰當。

某位40多歲的女性陸續想像出了擔心的事項並感到不安，例如：孩子感染新冠肺炎、自己感染了新冠肺炎並且被職場以及鄰居批判、生了大病或遭逢事故導致無法繼續工作、公司破產、收入減少無法生活、老後的年金減少、自己說出口的話被他人批判等。除了工作時，其他時間都在為擔心與不安煩惱著，擔心與不安占去了一天中許多時間。女性從幼年時期起，就總會因好擔心的雙親而使她感到不安。女性的家庭總處在擔心中，例如「做這種事沒問題嗎？」「要是事情變糟該怎麼辦？」「要是搞錯了可就無法挽回囉」「妳有仔細想過了嗎？」雙親過度的擔心嚇唬到了孩子，而且他們告訴孩子，不論做什麼事都不可以好奇心過重、不能開心去做，強迫孩子有著過度的不安（即便不是像這樣受到嚇唬的例子，年幼的孩子只要看到好擔心的雙親都

會感到不安）。在這樣環境下長大成人的諮商者並不覺得自己體驗到
了過度的不安與恐懼，反而認為那很正常。因此，被有著過度擔心性
格雙親養育的孩子，尤其會覺得沒有感受到恐懼與不安。可是在那個
時候，許多孩子並非沒有體驗到恐懼與不安，而是壓抑或抑制住了。
為了不去感受到，就身體用力抑止來過日子。這就是學會了多少能舒
服度過每一天的聰明才智。若是壓抑恐懼與不安，就像累積在杯子裡
的水（參考第1章第9節圖1-13）。而從幼年時期起就累積恐懼與不安的
杯中水會變滿，經常處於只要再多一滴水就會滿出來的狀態，所以對
於現在可以不用體驗到如此不安的瑣事也會感受到不安，而且會因為
一點小事就感到不安並一直很在意。他們現今也在感受到不安時，試
著和小時候一樣，身體用力去抑制。可是杯子已經滿了，再沒留有可
積累的容量了。

　　因此，在諮商中，須要透過處理恐懼與不安來減少積滿的杯中水
以空出容量。重複放鬆肌肉與身體的力量並讓諮商者回想起置身於幼
年時好擔心的父母帶給自己不安的場景中，然後用吐氣的方式吐出當
時的恐懼。因著進行幾此的諮商並持續這麼做，累積在不安杯子中的
水量減少了，漸漸地，自己所體驗到的不安也減少了，也不再會對各
種事物感到不安（不太會去在意）。隨著不安減少後，漸漸就能快速
做決定並行動，改善了步步為營的性格，就好的意義來說，是轉為能
想著「總能做到的」。

　　不過像這樣有著不安的諮商者儘管減少了不安，也很難察覺到自
身的變化。於是容易以為「完全沒改變」。有時這會讓好不容易出現
的變化再逆反回去。因此要將不安打分數（參考2節圖3-6），最好是能
一邊確認一點一滴的變化，一邊進行諮商。

（3）堅持的強度

過於堅持的人在處理恐懼情感時，步驟與對各種事物會感到不安的人一樣，要以漸漸減少至今所累積的杯中水為目的來減少恐懼。所謂的過於堅持是指即便知道某件事是不合理的卻仍停不下來。

某位40多歲的諮商者在外出時要多次確認有沒有鎖門。雖然不是每次都這樣，但三不五時就會在意窗戶或玄關有沒有上鎖，會從公寓下方再搭電梯上來回家確認。而且把盤子放到瀝水架上時，如果盤子的圖案方向不同，就會覺得好像還很髒，非得要重洗不可。這名諮商者也是在持續處理從幼年時期起就抑制的恐懼情感後，就不再在意這些堅持了。像這樣基於輕微強迫性觀念的堅持，會因為處理了恐懼的情感而減輕。有著如輕微強迫觀念那樣堅持的諮商者，是自幼年時期起就壓抑著恐懼。他們認為恐懼這情感不好，拒絕體驗、接受。為了不去感受到不愉快、不好的恐懼，就會以把事情做好當成應對。為此，恐懼的杯子就會裝滿水。因為接受、體驗了恐懼，裝滿水的杯身就漸漸減少了，於是能擺脫堅持。

該名諮商者也是從幼年時期起就認為把事情做好是理所當然的，而且不僅不安與恐懼，情感本身都是不好的。他是壓抑著所有情感而活。一開始雖能體驗到恐懼與不安，但是很微弱。隨著重複練習去感受不安與恐懼，他漸漸能強烈體驗到，也能用吐氣來進行處理。這麼做之後，逐漸地就沒了再三確認玄關有無上鎖以及清洗物品的堅持。

（4）恐懼與過度緊張

因為覺得世間並不安全，身心經常都處於警戒狀態。因為不知道何時會發生不好的事，所以得隨時留意。此外，無法相信他人的念頭過於強烈時，也是處於同樣的警戒狀態。因為不知道他人何時會傷害、欺騙自己，就必須留心注意。處在不得不保持警戒的狀態下時，

身體隨時都在用力，而且內心也經常處於窺探周遭模樣的狀態，以防不知道何時會發生不好的事。這時候，內心會消耗大量能量，導致身心疲憊不堪。

　　處在像這樣過度緊張的狀態，就是因身體緊繃而將恐懼壓在內心沒有處理。要緩和過度的緊張，就要放鬆身體、處理恐懼，並且必須改變對這世界以及他人的想法。

　　一位女高中生諮商者曾經缺課不到校。即便她與其他學生沒什麼特別的糾紛，在學校被其他同學簇擁著一起度過的時間卻很讓她痛苦。此外，在教室上課也造成了她精神上的痛苦，尤其是會點名學生發言的老師課堂，以及中午吃便當的時間。她從學校回家後，總感到精疲力盡。因為她在學校是處在過度緊張的狀態下。可是她沒認知到那點，所以自己也不理解到底為什麼會那麼痛苦。為此，即便她告訴父母「上學很痛苦」，父母也無法理解她，只會說：「誰都是在忍耐著討厭去讀書的，妳就是不夠忍耐。」而她則認為「自己很軟弱」。於是她將從學校回家後感到精疲力竭一事想成單純的沒有體力。

　　在諮商中我們得知了她從幼年時期起就經常處於警戒狀態。因為不知道雙親什麼時候會發脾氣，有時甚至還會體罰她，所以她只能不斷窺探著雙親的心情。此外，就她來看，雙親說的話沒有一致性，若是提出說話的細部內容就會惹怒雙親，所以警戒總是徒勞無功，而且常常都會發生不好的事。她從小時候起身心就在無意識下隨時保持著警戒，連在學校也如此，所以身心都疲憊不堪。她在理解這點之後進行了恐懼的情感處理。為了緩和身體的緊繃，她重複多次放鬆肌肉，在幾次的諮商中，一點一滴地將恐懼吐出身體外。同時也對說話沒有一致性的雙親所感受到的憤怒進行情感處理。能夠處理恐懼與憤怒的情感後，諮商師就幫助她想起並說出在過去發生不好的事情時都能勉強克服的記憶。不僅是發生不好事情的記憶，也要著眼於克服那些事

的記憶。持續這麼做之後，漸漸地，她的緊張減少，也能放鬆下來，於是在學校中就不覺得有以前那麼痛苦了。

（5）活不下去的恐懼

　　有時，想體驗情感卻會感受到活不下去的恐懼。因為體驗情感會威脅到自身的生存方式。那分恐懼不明確、很模糊。活不下去這種想法也很不明確，會使用「像威脅到自身存在的感覺」這樣含糊的表現方式。

　　某位40多歲的男性諮商者有會過於在意他人的傾向。總是以他人以及他人喜歡的事為優先來說話、行動，很照顧他人的情感面。他想停止這種行為，想重視自己的欲求，但那些事都是在無意識中做出的。他雖然想重視自己的欲求，卻不知道自己的欲求是什麼，又是在忍耐些什麼。諮商者從幼年時期起，家人就爭論、吵架不斷，每天都會聽到某人的怒吼聲。在這樣的環境下，他總會在意著要讓父母與兄長有好心情、不要引起紛爭。這對他來說就是家存在的價值。此外，家人間因起了糾紛而導致大家心情很糟這件事，也表示家庭並不安全、是令人難以忍受的。過於窺探大家的心情，就會抑制自己的欲求。

　　他認定「一定要讓大家都心情愉快」「不可以以自己的欲求為優先」。因此他的改善主題就是重新認定要重視自己的欲求。雖然他對窺探家人心情的幼年場景進行了恐懼、憤怒與悲傷等的情感處理，也做出宣言：「我要以自己的欲求為重。」卻又會發牢騷地說害怕說出那句話。雖然不知道到底在害怕什麼，但他就是覺得自己「像是要被吸入又深又黑的洞穴中，感受到了活不下去的恐怖」。因此，我們就一起去尋找那恐怖的真面目。

　　結果發現，諮商者雖然認為因為壓抑欲求並窺探家人心情能勉強被愛，但如果沒有壓抑欲求、不在乎其他人地做自己，就意味著將不

會再被愛，會變成獨自一人，也會活不下去。這是他在3歲前下的判定，但卻對這判定沒有記憶。而這也成了他能活下去的判定。若是3歲之後的孩子，就不會極端地認為不被愛就活不下去，但若是須要仰賴環境而活的3歲前嬰幼兒，就容易將有沒有被愛與擔憂生死直接做連結。因此改變該認定的本身，就是改變至今為活下來而採取的策略。要處理該分恐怖、害怕（許多諮商者在表現比害怕更強烈的情感時會傾向於使用恐怖這個詞）就必須修正判定。也就是說，諮商者要能改變成可以察覺並重視自己的欲求，就必須處理類似活不下去的恐懼。「一旦重視欲求就活不下去」這個觀念是扭曲的。若關注事實，就會發現應該是「即便重視欲求也活得下去」。可是這個扭曲的觀念無法透過思考來進行修正，也就是無法修正用語言表達出所關注事實層面的思考層面法。諮商者說，不論自己有多想要修正思考，即便大腦理解了，內心也跟不上。沒有經過處理活不下去的恐懼這個過程，想法是不會改變的。諮商者在三次的活動中，一邊抱著坐墊，一邊進行了恐懼的情感處理（後述），然後做出了宣言：「就算重視欲求也能活下去」「我要重視欲求」。諮商者的這些宣言是他發自內心能認同的，於是就停止了過度在意他人，能改變成是重視自己欲求的生活方式並做出行動。

　　類似活不下去那樣會威脅到自身存在的恐懼不是只簡單進行一或兩次練習就會減少的。要重複多次練習才會慢慢減少。即便進行一般的肌肉放鬆，依舊會緊張得讓身體部分用力，並抑止恐懼。因為感受到攸關生命的恐懼本身也很令人恐懼，於是會去壓制。若身體用力，則不僅是恐懼，也會傾向於順便去壓抑其他情感，尤其是憤怒。若難以感受到憤怒，就難以感受到恐懼（參考9節）。因此情感處理不僅要處理恐懼，也要配合處理恐懼之後的憤怒，好讓諮商者能發洩出憤怒並能感受到恐懼。比起其他情感，諮商者容易先出現憤怒與恐懼，所

以要先行處理。

（6）活用坐墊與盾牌

若諮商者因為害怕體驗恐懼而難以感受到恐懼時，可以費點心思，例如準備坐墊讓他們抱著等（圖3-15）。抱著坐墊會給人安心感，因而容易體驗到恐懼。告訴諮商者：「只要抱著這個坐墊就能感受到安心。即便出現恐懼也沒問題。」之後讓諮商者抱著坐墊並感受恐懼。諮商者因為抱著坐墊而增加了安心感，就容易感受到恐懼。抱著坐墊處理情感的方法可以對害怕發洩憤怒、感受到厭惡、感受到悲傷等，害怕體驗某種情感的諮商者使用。

此外還有使用盾牌的方法（圖3-16）。可以用膠帶將扁平的瓦楞紙固定住當作盾牌來使用。讓諮商者雙手持盾地去感受恐懼，或是諮商師在諮商者前放著盾並讓他去感受恐懼。然後告訴諮商者：「這面盾會守護你不受到任何攻擊。所以即便感受到恐懼也不會受到責罵、遭受攻擊。」之後把盾牌放在諮商者前面，讓他感受恐懼。使用盾牌處理情感的方法就跟使用坐墊的方法一樣，可以對害怕感受到憤怒、厭惡、悲傷的諮商者使用。

圖 3-15　使用坐墊處理恐懼

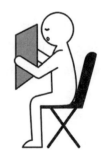

圖 3-16　使用盾牌處理恐懼

　　盾牌能有效幫助認為一旦流露情感就會遭受他人攻擊而害怕體驗情感的諮商者去體驗情感。這除了直接對在幼年期就不被允許表現自我情感、一流露情感就會被雙親責罵的情況有效，對一表現出負面消極情感，好擔心的雙親就會大動肝火或過度不安的情況也有效。

　　某位30多歲的男性諮商者曾經是個會按照好操心的母親期望而行動的好孩子。他以為那樣的生活很自然，但因為透過情感處理後能一點一滴感受到了情感，他感受到了其實在某個場景下有某種情感，並加深了對自己此前都一無所感的不愉快情感。於此同時，他也深刻理解了此前都按母親期望行動而活的自己。壓抑著自己的情感而活、不那樣做就會有活不下去的恐懼感，以及每次父母因擔心而說出對自己所作所為不安時所感受到的強烈焦慮感等情況都消失了。他理解了母親的操心是對他依照自己欲求行動所做出的攻擊，以及父母因為操心，導致他只要遵循自我意思行動就會讓他們不安。然後他只要想感受恐懼與憤怒，就會害怕被母親拋棄而活不下去，於是就對恐懼與憤怒踩下了煞車。因此，我將盾牌遞給諮商者，並告訴他，盾牌是用來防禦母親的操心（對按自己意思行動所進行的攻擊），然後進行恐懼與憤怒的處理。手持盾牌時，諮商者雖在開始感受到恐懼與憤怒時仍會退縮，但有了盾牌後，就能感受到恐懼與憤怒，最後就能進行情感處理。像這樣，有效使用盾牌就能進行情感處理。

　　不過，也有例子是使用盾牌時難以感受到恐懼的。例如感受到被忽視的諮商者會因為使用盾牌而增加恐懼，變得無法體驗。比起被父母攻擊，他們感受到的是父母的疏遠。像這樣的例子與其使用盾牌，在後背墊著坐墊，會比較容易體驗到恐懼。

（7）藏在攻擊背後的恐懼

　　此外，會因為些微刺激就情緒化攻擊他人的人大多也對恐懼踩了

煞車。誠如在9節所說明過的，這與肥大化的自戀受傷有關。透過進行恐懼的情感處理，多能減少對他人的攻擊。進行悲傷的情感處理對煩躁等輕微的憤怒（攻擊）很有效，但若是情緒化強烈的憤怒（攻擊），像是大聲威嚇對方，又或是使用暴力等所謂發飆的情況時，進行恐懼的情感處理就很有效。他們對他人的評價很敏感，經常容易受傷，進而產生出憤怒，所以必須幫助他們察覺到在憤怒之前是對受傷的恐懼。因此在情感處理法練習的開頭，就是讓他們察覺自己從幼年時期起便抑制著恐懼。為此，有一個方法是，讓他們去想一下，若是對幼年時期的雙親說「我很害怕」時，雙親會作何反應。在幼年時期，應該有體驗過幾次很自然的恐懼情感吧。諮商者幼年時期的雙親若表現出了對恐懼的壓抑，他們就是在沒有恐懼的家中長大的，因此他們就只能選擇壓抑、忍耐恐懼。所以要讓他們能理解這點，並察覺到壓抑著不去感受的恐懼，然後進行練習以能有所體驗。

（8）控制不了的恐懼

　　有諮商者相信恐懼是無法控制而不去感受的。幫助深信恐懼是無法控制的諮商者能體驗恐懼時，比起修正扭曲的觀念，讓他們置身於會體驗到恐懼的場景中去感受恐懼，實際體驗能漸漸處理、減少恐懼是更有效的。還有一種做法是幫助諮商者體驗到，透過處理恐懼就能減少恐懼，以及能在不陷入失控的情況下進行處理。這個方法在一開始是從感受到微小恐懼的場景開始逐步進行，接著轉移至對感受到較大恐懼的場景進行情感處理。此外，感受到恐懼時，一開始要與恐懼保持距離來進行談話，接著是縮小距離到能有所體驗。與恐懼保持距離來進行談話的做法是將感受到恐懼的場景當成以前的事，以回想的過去式來述說，又或者是以第三者在俯瞰那件事般來說起，接著再將那件事當成如同現正進行中的自身體驗般來述說。

　　這些諮商者開始體驗到恐懼後，一旦擔心會感受到過多恐懼而失控，就會抑止且身體用力。一旦身體用力、緊張，身體中湧出的恐懼就不會排出體外，而會累積在體內，因此恐懼的杯子就會在瞬間滿溢。若變成這種狀態，就會感覺像要被恐懼給淹沒般，認為即便失控也很正常，並陷入恐慌狀態。這時候，諮商者會變成孩童的自我狀態（參考第4章5節）。此時重要的是放鬆身體。諮商師要冷靜地使用成人的自我狀態，以沉穩又平靜的語調，以及能讓諮商者放下心來的聲音對他說：「你可以感受恐懼」「會感受到恐懼很正常喔」「在這裡你就算感受到恐懼也沒問題」「試著放鬆身體看看吧」幫助他放鬆身體。大多時候，透過恰如其分地給予諮商者幫助，諮商者就會放鬆身體，開始將恐懼排出體外，因此恐懼會開始減少並找回冷靜。諮商師可以利用呼吸吐出恐懼來進行處理，但不可以讓諮商者看到自己慌張的態度。慌慌張張地靠近諮商者，並且用焦躁、急切的語速跟諮商者說：「沒問題的」「慢慢呼吸」諮商者會對諮商師失去冷靜的態度感到不安心而愈加陷入恐慌。此外，雖然以下的例子非常少見，但如果即便使用了冷靜、成熟的自我狀態以及沉穩的語調去應對，諮商者仍無法改善恐慌時，為了讓諮商者切換到冷靜且客觀的成熟自我狀態，可以對諮商者提出能讓他冷靜下來的問題。例如提問：「你的出生年月日是多少」「今天是幾年幾月幾日星期幾」等，讓諮商者回答這類問題。

（9）與恐懼相似的虛假情感（扭曲情感）

　　若有許多類似於恐懼的情感存在，即便處理了恐懼仍無法解決問題。諮商者大多會將以下的虛假情感表現為恐懼，可是一旦深入談話，就會發現那不是恐懼，而是類似於恐懼的情感。這些情況在大多數時候，即便處理了恐懼也無法解決問題。而且除了恐懼以及與其類

似的情感，還藏有其他的「解決情感」。因此不僅是恐懼，幫助諮商者察覺、接受、體驗並吐出解決情感的過程很重要。

混亂、不安、擔心、被拒絕的感受、猜疑心、被拋棄的心情等，多是諮商者報告說體驗到恐懼時會出現的情感。為了處理這些，就必須去體驗而非壓抑恐懼。也就是說，放鬆身體吐出恐懼很重要。若能充分做到這點，恐懼減少之後，合併一起進行憤怒的處理，多能減少這些情感。

此外，有社交不安、對人恐懼症、恐慌症等焦慮症時，諮商者也會報告說是恐懼。在推進這些諮商者的諮商時，處理憤怒的情感很重要。社交不安會因為一邊在保護性關係中實際感受到受到諮商師的保護一邊發洩憤怒而能同時體驗到被守護的感覺及憤怒。於是即便身處人群中，也能逐漸不再感受到恐懼與不安。一般認為，社交不安是憤怒的投射，亦即因為自己壓抑了憤怒並投射到他人身上，就會對與他人間的交流有過度的不安。透過讓自己能體驗到憤怒，漸漸地在與他人交流時就不會感受到不安。

此外，對人恐懼症是不要讓他人心情不好的意識在作用。幾乎所有諮商者都在沒有意識到這點的情況下去配合他人。他們多數都是從幼年時期就想著別人會怎麼看自己來決定自我價值，所以對他人認為自己不好、他人心情不好這些事很神經質。對他們來說，能夠體驗到憤怒、靠自己決定自己的價值，以及不被人影響而活出自我很重要。

有許多焦慮症的諮商者都會心有顧慮地對他人很客氣，以及某部分未成熟，無法自我照顧，有依賴心。對他們來說，處理憤怒的情感也很必要。因為能夠體驗到憤怒，就能改善過度體貼的個性與依賴。最後，焦慮症的症狀也會緩和。

12　厭惡的情感處理

（1）厭惡這種情感

　　厭惡也就是所謂「討厭」的情感，尤其是容易抑止的情感。例如面對討厭的人時，因為認為對人的否定評價是與對他人體貼、寬容形成對立的而容易做出抑制。討厭唸書或工作時，就會將之看成是與勤勉、認真對立的。討厭甚至會被判斷成是不道德、不認真的人格證據。就像這樣，因為容易給人反道德且不認真的印象，討厭就容易被抑制。道德是基於知性與理性所形成的，而非生理反應。而且討厭不見得是經過深入思考、理性判斷後所湧出的情感。討厭是更為反應性‧感覺性的情感。因此若無法理解要區分討厭與價值觀，就無法接受或處理討厭。

　　例如有位諮商者覺得不可以討厭公婆而一直抑制討厭，結果她的嫌惡感反而變得更強並為此所苦。諮商者要能減少惱人的嫌惡感，就必須接受而非抑制討厭。討厭是近似於感覺的情感，是非理性也沒道理的。討厭就是討厭。不需要理由。愈是想要找理由，就愈是會強烈意識到「討厭雙親是不孝」這種成為壓抑討厭的價值觀。要能減少討厭的杯中水，就必須單純接受討厭，想著「我可以討厭他們」。然後用吐氣的方式將討厭吐出身體外來進行處理。若是一直壓抑、忍耐討厭，討厭的杯子就會被裝滿而溢出。這時候，討厭將會變成強烈的厭惡感，甚至會伴隨著攻擊心。

　　身體用力時，就是沒有接受討厭而壓抑著。在這狀態下無法處理討厭。即便感受到討厭，厭惡也會增強。也就是所謂「愈是覺得討厭就更討厭」的狀態。只要看著處在這個狀態下的諮商者表情就會發現，他們在說討厭時，表情肌尤其用力。在這狀態下，若仍是用報紙

拍打坐墊來吐出討厭，有時可以順利處理，但大多時候都無法順利。這時，討厭與憤怒多會交雜在一起。憤怒與討厭是不同的情感。若憤怒伴隨著討厭的情感而來，就無法順利處理。處理討厭時最好能放鬆身體然後輕輕吐出。討厭交雜著憤怒時，最好是分開討厭與憤怒，各別一一處理。

前面說明過，讓諮商者吐出討厭時，有時可以像憤怒一樣讓他們用報紙拍打坐墊來吐出，但這個方法也能有效地讓諮商者察覺到自身都沒發現的自我厭惡感。用報紙一邊拍打坐墊，然後表情肌用力地吐出討厭時，討厭沒有減少反而增強了。透過這點，有些至今都沒察覺到討厭的諮商者會發現其實自己討厭著某些人事物。因對婆婆有強烈厭惡感而煩惱的諮商者並沒有發現自己討厭婆婆，反而不清楚明明覺得是喜歡婆婆的，為什麼又會有厭惡感呢？讓她用報紙拍打坐墊並表現出厭惡感後，她說：「婆婆真的很討厭，我現在才知道自己的想法。」之後所使用的方法不是用報紙拍打坐墊，而是讓諮商者放鬆表情肌、肩膀、雙臂，然後在放鬆狀態下緩慢地呼吸並吐出討厭。這麼做之後，諮商者就實際感受到厭惡感減少了。

（2）討厭與行動是兩回事

若覺得討厭，就會更加討厭，如此一來就無法和對方好好相處，有很多人都如此深信著而壓抑下討厭。和憤怒一樣，也是有人深信一旦覺得憤怒就會更加生氣而無法與人好好相處，於是壓抑著憤怒。但這是錯誤的。我們要透過接受討厭來處理討厭。透過接受討厭，就容易與對方接觸。與對方接觸時，要許可自己討厭，例如「我就是討厭對方」「會討厭是很自然的」「我可以討厭對方」。比起忍耐、壓抑討厭，將能更輕鬆地與對方往來。憤怒也一樣。比起忍耐、壓抑憤怒去與人接觸，不如許可自己「我很生氣」「憤怒是種情感，所以是很

自然的」，將能更輕鬆地與人來往。

　　可以把討厭以及如何與該人接觸的行動分開思考。諮商者偶爾會說出「一覺得討厭就會表現在態度上」「只要稍微有點討厭就會討厭起那個人的全部」這類錯誤的觀念，但告訴諮商者這是錯誤的對諮商者有益。壓抑討厭會更容易表現在態度上，反而變得更加討厭。而接受了討厭就不太會表現在表情或態度上。

　　討厭讀書或工作等對象為非人的情況比較多。我們要能理解，這和討厭人是一樣的。討厭唸書的以孩子居多，但愈是想要忍耐，就會愈討厭唸書。討厭是感覺性的情感，因此能接受會比較好。筆者偶爾會對育兒中的保護者們談到情感處理的事，其中也會告訴他們接受孩子「討厭唸書」的心情比較好。結果有人會問：「那如果孩子說了討厭就可以讓他們不用去唸書嗎？」但情感與行動是要分開思考的。討厭是情感，所以要接受，面對孩子的「討厭唸書」可以接受「他的討厭」。接受「討厭就討厭，沒關係」，厭惡感就不會變大，也會讓孩子變得「想去唸書」。若是像「唸書很討厭，可是不唸不行」這樣用「可是」「但是」的連接詞去連接，後半句的「不唸不行」就是在否定、壓抑前半句的「唸書很討厭」。接受情感，然後將之與行動分開，就要用「很討厭唸書，而我要唸書」。如果有人雖想要接受討厭卻反而變得更討厭了，那就是沒能真正接受討厭。在內心某處，仍有「話雖這麼說，但還是不可以討厭」這樣抑制討厭的想法。

　　某位男性考生曾督促自己「我討厭唸書，但一定要唸書」。那雖不是件壞事，但他卻愈發討厭唸書，並對忍耐著一直去唸書感到有壓力。有次，他試著比較了說出「我討厭唸書，但一定要唸書」以及「我討厭唸書，而我要唸書」兩句話時身體的感覺。結果他察覺，說「我討厭唸書，但一定要唸書」時身體比較用力。沒錯，因為說「我討厭唸書，但一定要唸書」時是在忍耐、壓抑討厭。壓抑時身體會用

力。或許其中僅有些微的差異，但想著「我討厭唸書，但一定要唸書」時，會一點一滴累積壓力。之後他刻意改說是「我討厭唸書，而我要唸書」。最後，他報告說減少了唸書上的壓力，專注力與持續力也都比以前提升了。

人們對討厭這種情感有頗多的誤解。理解正確事項，修正錯誤觀念將有助於處理討厭的情感。

13　增加積極正面的情感（感謝）

情感處理的目的之一還有察覺與體驗至今所抑止的情感。在此要來介紹透過情感處理而察覺、體驗正面積極情感的例子。

對多數人來說，獲得幸福是人生的目的。接受心理諮商讓內心變輕鬆、工作成功、改善人際關係、獲得知心朋友、收入、地位、學歷、名譽、大房子、美好的家庭、孩子的成績等，除了幸福以外，一切都只是為獲得幸福人生的手段。「正向心理學」是研究幸福到底是什麼，並為我們展示出了目標的方向性。正向心理學的研究發現了幾個與幸福相關的要素，其中之一就是「感謝」。根據馬丁・賽里格曼*（Martin E. P. Seligman）等人的研究指出，憂鬱心情會因表達出感謝而減低，並提升幸福度（Seligman et al.，2005）。也有諮商者因湧現出感謝的心情而改善了憂鬱並擁有自信（倉成，2010）。此外，勝俣（2007）也提示說，說出感謝與情緒的安定有關。

在情感處理中，偶爾會有諮商者湧現出此前都沒體驗過的感謝心情。有位30多歲的女性諮商者會參加筆者定期舉辦的工作坊（團體諮

---

*註：馬丁・賽里格曼（1942年—），美國心理學家、教育家和作家，為現代正向心理學運動之父。

商），她想原諒與之斷了往來的老母親，並修復兩人的關係。可是，她從幼年時期起就長年受到母親的苛待而積怨甚深，無法轉換心情。在情感處理中，諮商者用報紙多次吐出對母親的憤怒。在第三次練習中，她提出了疑問：「我覺得好像愈是發洩憤怒，憤怒就愈是增加。這樣下去可以嗎？」可是她對母親沒有感受到憤怒以外的情感。因此之後仍持續進行憤怒的情感處理。到了第七次練習時，她吐出憤怒後頭一次感受到了悲傷。在之後的幾次練習中，她說：「我沒想到自己會有那麼悲傷。」吐出了連本人都感到驚訝的悲傷。開始參加工作坊超過2年，也進行練習超過十次後，她說想起了幾個與母親有關的回憶。諮商者最近想起了至今已遺忘的事，包括「我生病時，她一臉擔心的模樣」「學生時期有幫我做便當」等，具體陳述了母親為她做過的事。諮商者在說這些事時，諮商師問她：「妳現在有何感覺？」她回答：「對母親心懷感謝。」因此，諮商師將空椅子放到諮商者眼前，然後建議她：「要不要試著想像妳的母親坐在這裡，然後直接告訴她妳現今的心情？」諮商者對象徵母親的椅子說了「謝謝」後，感受到身體中湧現出至今都沒感受過的溫暖，並流下淚來。諮商者表示她體驗到的滿溢溫暖為「感謝的心情」。然後她報告說體驗到了至今都沒感受過的喜悅以及對自己的重視。諮商者在那之後還說，已與母親取得聯絡，並且頭一次和母親兩人一起慶祝母親的生日。

　　這名諮商者因為處理、減少了不愉快的情感而湧現出了感謝。這可以想成是，諮商者其實本就心懷感謝，只是被對母親的憤怒、怨恨這類不愉快的情感給壓制住了。

　　除了這則事例，還有幾個案例是透過處理了不愉快的情感而湧現出對對方的感謝，筆者認為，或許感謝之情是人本有之的。一般認為，除了因為學習而使得感謝之心更為發達，或許許多人心中早有該原型。而透過減少阻礙感謝之情湧現的不愉快情感，就能體驗到。

感謝的心情不是那種愈想感覺就愈感覺不到的。有個療法是每天都對他人說「謝謝」。有人這麼做後就報告說出現了減低不安、憂鬱的良好結果，但也有部分人說反而增加了不愉快的情感。即便嘴上說著「謝謝」，最後也有可能得不到好效果或是更增添了不愉快的情感。即便能將「謝謝」說出口，要真能獲得效果，重要的是心中要湧現出感謝之情。

感謝不僅會帶給身體良好影響，也會對獲得幸福有影響。約翰．麥克尼爾（McNeel, J.，2016）說，感謝是幸福之門的鑰匙。感謝可望能帶來許多正面積極的效果。

筆者訪問了每天都會進行向他人說「謝謝」療法而報告說有好結果的人，以及反而增加了不愉快情感的人，並比較了兩者的結果。我認為從尚未湧現感謝之情的狀態要轉變成真能湧現出感謝之情有兩個條件，那就是：

· 放下（要能放下，就必須處理悲傷與恐懼而非僅有憤怒）對對方的憤怒（若對幼年時期的雙親有憤恨時就是對雙親的憤怒）。

· 回想對方（或是雙親）為自己做的事。

意識到這兩點，並幫助諮商者處理不愉快的情感，應該就可以滿足這兩個條件並為湧現出感謝之情做好準備。和處在這狀態下的諮商者進行關注感謝之情的交流，就會讓諮商者產生感謝之情。

此外，若只限定於對父母的感謝，那麼對雙親的不滿、對父母之愛的質疑、無法發展成熟等都會形成阻礙（池田，2010）。

若能對雙親等他人湧現出感謝之情，接下來朝感謝現狀的方向前進就是通往幸福的大門。也就是察覺現在的自己受惠多少並對之表示感謝。這無關乎有沒有上進心。察覺並心懷感謝，就能擺脫對現狀的不滿，朝過著每天都心滿意足的人生前進。

14　再決定治療與情感處理

　　結合使用再決定治療與情感處理，就能同時改變思考與情感，所以能進行有效的療癒。再決定治療是基於溝通分析理論的心理療法，目的是再決定禁止令的決定（參照第1章第1節），也就是修正從幼年時期就深信著、會帶給人生負面影響的成見。使用完形療法的「空椅法」，目標是最高程度的認知改觀以及表現出中等程度的情感。再決定禁止令的決定會讓諮商者的人生朝期望的方向做出改變，雖然能實現這點很好，但要改變禁止令決定時會過度聚焦於改變認知（思考），在處理與決定有關的不愉快情感時就會有些敷衍。因此，會撞上「雖知道這樣做比較好，但心情跟不上」的高壁，導致改變無法長時間持續下去。將再決定治療配合情感處理一起使用，就能實現體驗並處理更深層的情感，所以不只有大腦理解，心情也能跟上，亦即能實現持續性的思考改變。以下將說明該做法〔有關詳細的再決定療法也參考了倉成（2015）〕。

　　在第1章8節已經說說明過，人會重複在孩童時期「決定」的思考・情感・行動模式。艾瑞克・伯恩認為，所有人都有著無意識的人生計畫，有如是在演著已經寫好劇本的連續劇，而這就被稱為「人生劇本（life script）」。該劇本的大部分都是從幼年期到青春期就已經決定好了。所謂的人生劇本也是決定好的信念集合體。尤其人生劇本在該人面臨到重大生活事件時，會影響其做出該如何前進的決定，在幾乎所有情況下，人都是依照著決定好的劇本前進，演出自己的劇本。而在每次依照劇本演出人生時，都會強化自己的劇本。

　　人即便將之歸結為不愉快的情感或行動，仍會重複決定好的模式。例如決定好的模式有：為獲得愛而採取惹怒對方的態度（行

動），最後就感覺到了沒人理解自己的孤獨感（情感）。雖然大腦知道，不應該採取惹怒對方的態度，而是要坦率地索求愛會比較有好結果，但人就是會重複習以為常的模式。其中，就與禁止令決定有很大的關係。人會決定4～5個重要的禁止令。再決定治療的目標就是將那些禁止令決定轉變為有建設性的。表3-1是約翰・麥克尼爾（McNeel, J.，2022）的禁止令列表（之後會再說明反抗性決定）。

　　認知行為療法將產生出現在扭曲認知的基本觀念稱為「基模（schema）」。基模主要在幼年時期形成，是對自己、他人、世界的認知，會對現在認知的扭曲造成影響。而禁止令決定是近似於基模的概念。幼年時期的禁止令決定會對現在的思考・情感・行動造成極大的影響。例如決定了「重要的」禁止令的孩子會形成認為自己沒什麼價值的「信念」，長大成人後則會以此信念為基礎，做出思考・情感・行動。孩子會因為雙親給出的非話語禁止令而形成自己的信念。而幾個重要的信念就會大為影響該人的生活方式。為了改變那些信念，以改變自己的生活方式讓人生變好，就要重新決定禁止令的決定。

　　再決定治療首先是要弄清楚諮商者想要改變的約定。約定指的是諮商者認識到關於自身思考・情感・行動的問題，並說清楚想要怎麼改變、想變成怎樣。例如說明「一旦想和他人變親密就會主動形成一道看不見的障壁而與人保持距離。希望可以變得主動與人靠近」這個約定。接下來就是想起體驗到問題的最近場景，請諮商者置身其中。在這個例子中是想起自己形成了看不見的障壁並與他人保持距離的場景，然後讓諮商者於當下如置身於該場景中般。接著弄清楚在心中對自己或他人說了些什麼話，也就是有什麼思考（信念・決斷）。例如像是「我果然不受人喜歡」。接下來就想起原始場景，並讓諮商者置身其中。想著自己是「我果然不受人喜歡」，置身於記憶中最久遠的

表 3-1　禁止令與反抗式決定

	（禁止令）	（反抗式決定）
關於生存的禁止令	不要存在	將活著正當化
	不要健康	證明自己是強大的人
	不要信賴	只指望自己
	不要理智	表現得自己很正常
	不要接觸	我能自給自足
人際關係相關的禁止令	不要接近	吸引來完全的愛
	不要去感受愛	獲得所有想要的
	不要找歸屬	能不在意任何事而活
	不要幼稚	就算沒人管我，也忍耐著變強大
	不要渴望	我會變得對什麼都滿不在乎
與自己有關的禁止令	不要做自己	我會成為完美的人
	不要離開	我就是我
	不要看	把正向的自己藏在表象的背後
	不重要	成為比他人更屬害的人
	別去扯上關係	自己一個人活在泡泡中
與能力有關的禁止令	不要完成	證明自己很優秀
	不要成長	在世界中守護自己
	不要思考	找到信心，自己思考
	不要去感受成功	所有事都要順利進行
	不要去做	堅守在人生中什麼都不做
與安全有關的禁止令	不要快樂	形成忙碌狀況
	不要感謝	即便獲得所有欲望也覺得一無所有
	不要去感受	為了能不去感受，去做任何必要的事
	不要放鬆	為了安全，不能殆於警戒
	不要獲得幸福	總有一天能獲得幸福

（出處）McNeel（2022）

場景中並再次體驗。例如「4歲時，我在家中想靠近母親，但卻被母親冷淡以對。我被母親討厭了。我覺得不受人喜歡」等。此時要使用空椅子來與母親對話。讓本人的椅子與4歲時母親的椅子相對，從本人的椅子說出：「我希望別被冷淡以對。」之後移向母親的椅子，假

裝成是母親來回答：「我很忙，沒有時間管你，一邊去。」一邊移動椅子，一邊來進行本人與母親的對話幾次後，視情況，諮商師可以介入對話中。透過對話，諮商者會理解自己一直置身於犧牲者立場，亦即希望過去已無法改變的母親會改變，以及認為母親「不為我做～反正我就是不受人喜歡」。然後從「反正自己就是不受人喜歡所以就不去靠近人」這個決定，改變成做出新的、有建設性的再決定發言：「我想靠近人，想主動靠近人並變得親密」。這個例子就說明了將來自母親「別靠近」的禁止令做出再決定的過程。再決定治療就是像這樣進行的。

　　一旦新的再決定固定下來，諮商者就會轉變成能與他人建立起心理上貼近的親密關係。可是諮商者若接受了這練習卻沒出現變化時，最常被考慮到的就是情感的體驗與處理很弱。上述例子的情感是，在4歲左右的原始場景中，即便靠近母親，也會被母親冷淡以對，並覺得「我被母親討厭。我不受人喜歡」。這時候，若諮商者因為沒有謹慎對體驗到的情感如悲傷、憤怒與寂寞等做情感處理，導致當時不愉快的情感一直殘留著，不論如何想改變觀念，最終，心情都無法跟上而不會有轉變。因此，諮商者要仔細地再次體驗於原始場景中體驗到的各種情感，或是沒有處理就這樣殘留下來的情感，若能一一靠吐氣減少情感，亦即若能處理並減少殘留著的情感，就能實現真正的改變。

　　傳統的再決定治療是一個練習約要花20分鐘進行。參加再決定治療工作坊的國外出身參加者在練習中所表現出的情感會比日本人更豐富。即便是限定在20分的時間內，悲傷、憤怒、恐懼、喜悅等的表現也明顯很豐富，就像是有著大小波浪的洶湧海洋模樣。另一方面，只有日本人參加的工作坊中，有很多人的情感表現都不太明顯，而是安靜地練習，就像是平靜無波的大海般。若是按基本來進行再決定治

療，有時，貼近情感的人會感受到有些不足。凡恩‧瓊斯（Vann Joines，1998）是美國的溝通分析專家，針對日本人進行了許多再決定治療工作坊。他指出，多數日本人有顯示出與情感保持距離的人格傾向，所以若要在再決定治療的練習中獲得同樣的效果，會比較適用仔細且緩慢地面對、察覺、體驗、處理情感的方法。當然，若光是處理情感就要花20分的時間，就怎樣都無法只花20分鐘就結束還編排入再決定治療的練習。可是因為結合了情感處理，若是拉長時間為30～40分，就容易做到重新決定禁止令。

此外，禁止令中有遵從禁止令訊息而感到痛苦的「絕望式決定（despairingdecision）」以及試圖緩和該痛苦的「反抗式決定（defiantdecision）」。針對反抗式決定，帶著接受性共鳴去接觸諮商者，又或是讚賞其遵循反抗式決定而活的勇氣，諮商者會更容易體驗到做出禁止令而活的痛苦情感。此時就是處理在做出該禁止令決定場景所體驗到情感的好時機。透過傳統的步驟，就算不去尋找決定的場景，也要弄清楚諮商者的禁止令，並讚賞他們遵循反抗式決定而活的勇氣。這時候，諮商者能對做出禁止令決定的幼年時期自身所受的傷有共鳴。完整地進行體驗、處理該情感，就容易實現禁止令的再決定。透過進行決定好步驟的練習，諮商者也能在自然對話的過程中觸碰到該處理的情感。

某位女性做出了「不要存在」的禁止令決定。她把自己當成是礙事的存在，認為存在本身就會給他人帶來困擾，存在感淡薄到快看不見。這就表現出了絕望式決定。因此她會表現得不給他人添麻煩以獲得存在的認可。這則表現出反抗式的決定。透過稱揚並共感她不給他人添麻煩而活的勇氣，她就能接觸到因禁止令而受傷的年幼時期自我的情感。透過共鳴並接受，就能處理情感。因此從表3-1每個禁止令事項的反抗式決定欄中讀出諮商者的反抗式決定很重要。

15 使用空椅子的情感處理

在許多心理療法中都有使用空椅法。這本是弗里茨・珀爾斯所提出的完形治療的方法。把椅子放在諮商者前方，將某人投影其上（幻想有某人坐在上面），並與該人直接對話，視情況，可讓諮商者移動到空椅上，像是成為那個人般，由諮商者本人去回應對話。透過重複這步驟，讓諮商者本人與空椅上的人對話。在情感處理時活用空椅法，有望獲得極高的效果。

空椅法有幾個優點。一個是透過與投影在空椅上的人直接對話，讓諮商者更容易強烈體驗到情感。例如可以將在孩童時嚴格要求自己練習鋼琴的母親投影在空椅上。比起讓諮商者回想起當時場景並對他說「你很討厭被叫著去練習鋼琴吧」，讓他如和那名母親直接對話般說出「媽媽，我不喜歡練習鋼琴」會更容易、完全再度體驗到當時場景下的情感。重現會比回想更能實際強烈感受到情感，因此能更容易幫助諮商者用吐氣吐出情感來進行處理。

此外，這時候也會因說出了以前沒說出口的話而有所覺察。例如諮商者雖討厭練習鋼琴，卻仍照著母親所說，順從地行動，這就是無法直接傳達心情給母親的情況。透過對投影在空椅上的母親說當時沒說的話：「媽媽，我不喜歡練習鋼琴。」就容易察覺到當時自己真正的欲求及情感，以及至今都沒察覺到的事，像是「試著說出了不喜歡練習後，發現了我一直都想這麼說，而且一直都忍耐著、難過著」。透過這樣的察覺，將有助處理忍耐著的悲傷。

使用空椅法後，進而就會理解自身的糾葛。例如前方的空椅子是說著「必須要好好彈鋼琴」的母親，而諮商者坐的椅子則是「其實很

討厭，但卻不說出口，而是表現得忍耐、順從」的本人。這就是諮商者在腦中將現在進行中的糾結外化了。之所以將以前的糾結拉到現在，是因為那分糾結沒有結束。提出該糾結做為練習主題時，就表示其是未完成的。而空椅法正能終結該糾結。

諮商者使用空椅子與母親進行對話後，會察覺到那正表現出了自己現今與他人間的相處模式，又或者是自己腦中的思考模式。例如會察覺到「我總是無法傳達出自己的心情，即便討厭，也忍耐、順從地去做，所以會有壓力」。

最後，只要持續進行空椅法，就一定會有卡住的時候。例如雖然拜託母親好幾次「媽媽，我討厭鋼琴」，但會因母親完全不聽自己說話而卡住。透過以對話重現，諮商者就能理解糾結到底是卡在哪裡、如何卡住的。這樣停滯不前的情況就稱為「僵局（impass）」。出現僵局時，諮商者是期望對方能改變，又或是沒想要自己改變，而是維持做為對方的犧牲者。透過空椅法，諮商者就不會只在大腦中理解僵局，而能透過體驗來理解。此時，因為處理了僵局中未解決的不愉快情感，就會覺得停在僵局階段很愚蠢，並能突破僵局前行。冷靜且客觀的自我狀態會運作起來，就能思考該如何才能突破僵局，結束糾結。例如可以想成是「不論母親有沒有聽進去都無所謂。我不喜歡的東西就是不喜歡」。然後轉念為「我雖討厭，卻擅自認為反正對方不會接受就忍耐著。不管對方怎麼想，也不管要不要跟對方說，重要的是我要接受自己討厭的東西就是討厭」，突破停滯不前的糾結。透過這麼做，諮商者就能決定要採用新的思考與行動了。

空椅法與情感處理法聯合使用，能有望獲得更高的成效。

16 依戀諮商與情感處理

（1）依戀問題

近來，依戀問題在各領域都備受注目。在醫療領域中，治療困難的精神疾病患者被視為一大問題；在教育領域，教師將個人無法應對的困難兒童學生視為問題；在工商企業領域，將與周圍人際關係發生問題的個性偏差視為極端勞動者背景的問題，此外，社會也多關注其做為虐待或家暴・上癮症等背後的問題。許多案例都要費心去應對這些問題，因此，該怎麼看待依戀問題引起了很多人的關心。

依戀是與幼年時期養育者間所形成的持續性羈絆，會左右之後的對人關係（親密度），影響不安與壓力的程度。1歲的時間點會形成原型，直到15歲過後就會確立為一種形式。也就是說，依戀問題也是嬰幼兒時期與養育者間關係的問題。

我們沒有一個明確判定的基準去判斷有無依戀問題，「有依戀問題的人」這句話的意思就狹義來說只指「依戀障礙」，廣義來說則包含情緒不穩定者在內的許多人。不同專家使用「依戀問題」這個詞時也多有偏差。筆者在諮商中會做出有依戀問題評估的是，有個性問題的人（未達到人格障礙的診斷標準，但有那傾向的人）、偶爾會出現問題行動的人、有依存症傾向（除了物質依賴，還包括有各種行為依賴、關係依賴傾向）的人、符合依戀障礙診斷標準的人、能從成長經歷推測出與養育者間沒有建立起足夠依戀關係的人（除了身體上・心理上的虐待，也包括不恰當的養育）等。

有依戀問題的人有著嬰幼兒時期的發展問題，也就是在基本的信賴感部分有問題。這部分有問題時，就無法在人際關係中感到安心。如總是生活在搖晃的地面上般，稍微有點刺激就會感到恐懼與不安。

若用樹根來比喻依戀，因為樹根沒有確實扎好，風一吹，不僅枝葉，連樹幹都會大為晃動。而一旦感受到的壓力稍微強了些，就會感受到被拋棄的不安以及不恰當的激烈憤怒，並將之化為行動。

有著依戀問題的諮商者沒有體驗到母子間的一體感・安心感。沒有在穩定的母子關係基礎下，被母親接受自己好與壞的部分。因此成長後，就不會理解人們並不總是會為自己承擔一切。自己與他人的分界線也很模糊。而一旦與他人之間發生了某種糾葛，就會激動地生氣著：「為什麼不幫我承擔？」「為什麼要對我說這種話？」這憤怒當然也是扭曲情感。

要靠思考來教會他們控制憤怒很困難。假設透過思考來進行教育，即便諮商者在思考上能理解，也不會消除掉想與人一體化、想獲得安心的欲求，會一直維持原樣。

（2）依戀諮商的實際情況

「依戀諮商」是諮商者再度體驗幼年時期沒獲得足夠愛的場景後，一邊想像有一個會守護自己的理想母親，並被母親抱著，一邊抱著坐墊或毯子（重要的是要柔軟的東西。圖3-17）。透過抱著坐墊或毯子體驗到溫暖的實際感受。在溫暖的實際感受與被理想母親擁抱的幻想下，諮商者會體驗到「溫暖」「安心感」「安寧」等感覺。這個練習約5分鐘，但要重複進行這個活動約三十次。過程中，諮商者能漸漸「在心中理解，自己內在有能力去感受安心」。而且也能由衷做出「不論他人態度如何，自己都有能力去感受安心，也能自我控制」的宣言。

依戀諮商的實際進行方式如下。

①諮商者再次體驗幼年時期的場景。即便不是渴求愛也沒有獲得足夠的愛的場景。

圖 3-17　依戀諮商

②再次體驗當時的情感。在求愛而不得的場景中會有著強烈的恐懼
（許多諮商者在表現比害怕更強烈的情感時，會傾向於使用「恐懼」這
個詞）、深層的悲傷以及強烈的憤怒等情感。

③幻想被理想母親擁抱，同時抱緊坐墊或毛毯。諮商師要幫助諮商者
放鬆身體不緊張。

④諮商者體驗到安心與溫暖。

⑤做出有關自己能力的宣言。讓諮商者做出像是「我有能力去感受安
心」的宣言。

　　某位30多歲的女性諮商者認識到了自己有依戀問題並想要解決。
她幼年時期曾受到繼父的性虐待。母親雖知道，卻完全沒保護她。甚
至三不五時會看繼父臉色而對她施暴。她長大成人離家後與丈夫結
婚，並與公婆一同居住。丈夫與公婆都是很溫柔的人，會聽她說煩心
事，相信她說的一切。此外，還會貼心照顧她的身體。可是對她來
說，這樣的環境卻很痛苦。從沒人像這樣帶著愛對她，丈夫與公婆有
愛的態度讓她窒息，她甚至覺得「快要抓狂了」「想殺死他們」。為
了不表現出來，她每天都會大量喝酒而變成酒精上癮症。在她的諮商

中，進行了在幼年時期受到繼父性虐待以及母親施行身體暴力的場景下的情感處理。她所處理的情感是她愈表現出恐怖就愈強烈的恐懼、近似憎恨的憤怒，以及深層的悲傷。處理恐怖需要數次。每次體驗到恐怖時，她都會重複著讓身體強烈緊繃然後放鬆肌肉，所以必須要反覆一點一滴來緩和緊張。此外，處理憤怒也很花時間。因為一感覺到對繼父與母親的憤怒時，她就會湧現似乎會遭受報復的恐怖，所以只能一點一滴交互處理怕被報復的恐怖與憤怒。然後才能接受、體驗並處理恐懼與憤怒，才能感受到深層的悲傷。同時才能與這些情感處理同步進行依戀諮商。她重複進行了一邊幻想著被理想的母親擁抱，一邊緊抱坐墊以感受到安心的練習。當做滿三十次諮商後，她出現了變化。面對丈夫與公婆時的窒息感消失了。而進行超過四十次諮商後，她也能感受到對他們的憐愛。對她來說，那是她人生第一次感受到憐愛。超過五十次時，她沒了想殺掉丈夫與公婆的想法，同時也完全不喝酒了。像這樣，一起進行依戀諮商與情感處理，就能解決依戀問題。也能導向去解決依存問題與人格障礙的問題。

　　接受這練習的諮商者變化很大。表3-2中就記載了幾個變化。

表 3-2　依戀諮商、練習前後的變化

諮商者	面談	練習前	練習後的變化
30多歲女性	33次	無法克制順手牽羊的衝動。感受到強烈的不安與寂寞	寂寞感減少，感覺有減少到能抑制順手牽羊的衝動
40多歲男性	40次	偶爾會對妻兒感到憤怒。對與人變親密有強烈的不安	減少不安，能體驗親密感。不再感到憤怒。
50多歲男性	35次	若被別人無心的言行傷到自尊，就斷絕往來關係。	面對他人的相同言行，不再感到受傷。
40多歲女性	18次	從青春期起就一直有著隱隱的不安。孩子不聽話時會變得情緒化並使用暴力。	消除了隱隱的不安，每天都愉快度過。憐愛孩子，不再憤怒到要使用暴力。

（3）依戀諮商中必做的情感處理

就像這樣，依戀諮商能有效解決依戀問題，而在其中處理情感很重要。依照以下兩個依戀問題的形式不同，情感處理的方式也不同。

首先，因依戀問題而有不安、強烈情緒不安定的諮商者所表現出來的情感是扭曲情感。要減少該扭曲情感就要活用情感處理。扭曲情感是偽裝成自然情感的虛假情感。透過情感處理持續去探尋該扭曲情感背後的情感，就能減少扭曲情感，接觸到真正的情感。因為處理了真正的情感，就會改善他們的扭曲情感。

其次，有諮商者即便有依戀問題，卻沒看到有情緒不安定，只有明顯的行動。他們因為壓抑・抑制了情感，所以情感體驗很稀薄。因此在「依戀諮商」的順序②再度體驗情感中，無法體驗到近於求愛而不得的場景下的恐懼、深層的悲哀，以及強烈的憤怒。所以必須在進行依戀諮商前，使用情感處理法，幫助他們能體驗到情感。也就是說，要解決他們從幼年時期起就壓抑或抑制情感的問題，在進行情感處理以讓他們能察覺、接受、體驗到自己情感後，再進行「依戀諮商」。

我們已經說明過了關於這兩種依戀問題型式的不同情感處理法，但其實兩種形式都共通，恐懼與憤怒都是重要的情感。在無法體驗到恐懼與憤怒兩者的階段，即便進行了「依戀諮商」，也無法感受到溫暖、安心與寧靜感，所以無法期待效果十分顯著。要能進行「依戀諮商」就必須幫助諮商者能體驗到恐懼與憤怒。

恐懼與憤怒會形成自身的依戀問題，一定是與嬰幼兒時期養育者之間的關係有關。首先，恐懼是沒有獲得養育者足夠的愛而感到的不安與憂懼，像是活不下去般的強烈恐懼。對嬰幼兒來說，養育者給的愛不夠、養育者沒有保護自己是幾近活不下去的嚴重可怕事件，所以必須體驗並處理那分恐懼。

其次是憤怒。憤怒是與沒有足夠的愛有關，而且是不講道理的。有時那會表現為對不夠愛自己、沒有守護自己的養育者的憤怒，所以必須體驗並處理這分憤怒。

變成能體驗到這些情感時，諮商者就能體驗到抱著坐墊或毛毯而獲得溫暖、安心感與寧靜，「依戀諮商」也會發揮極大的效果。諮商師進行依戀諮商時，須要掌握諮商者是否處在能體驗到恐懼與憤怒的狀態。

第4章　針對不同人格的情感處理法

　　本章中將說明針對不同人格的情感處理法。假設在路上看到一位迷路的人，有的人會覺得那人很可憐，湧現出情緒性反應想要去關切；有的人是以事實觀點去思考，想要告訴對方附近有派出所；也有的人是不在乎……所有人都知道，每個人的應對都不同。人們與他人形成人際關係的方式不一樣，擁有的問題不一樣，所以必要時，支援的情感處理法也不一樣。針對情緒化反應的人，要能對他們當時的心情有共鳴，同時要帶著豐富的情緒與他們對話，這樣比較容易打開他們的心門。針對以事實觀點來思考的人，比起感覺，更要去探尋他們行動背後的想法或思考方式，這樣對話會比較能進行下去。對事不關己的人，若在他們面前表現出豐富情緒的應對，或許他們會升起防衛心並離開。與人們應對的適用方法各有不同。分辨出諮商者的類型並採用適合的方式，將有助於順暢進行情感處理。在此將以人格理論之一的「人格適應論（Personality Adaptations）」為基礎，解說因應人格特徵的相關情感處理支援方式。

　　理解人格適應論，並根據對方人格採取不同的應對法有如下幾種優點。

・能更深入溝通，快速建立起信賴關係。

・能避免對方升起防衛心，容易深入處理情感。

・能推測出他們體驗到的扭曲情感、壓抑或抑制著的情感。

．能推測出他們人生劇本中的問題。

從這幾點中，就能找出應適切處理或壓抑・抑制著的情感，並且能選用更好的察覺、接受、體驗、搭話方式與態度。為此，本章將詳述以下幾點。

．判斷適應類型的方法。

．每個適應類型的特徵。

．各適應類型在人生劇本中（人際關係上・工作上・生活上）都有問題。

．形成問題的背景（從幼年時期起的問題、壓抑或抑制著的情感等）。

．能解決問題的理想步驟方法，以及不理想的應對。

1　人格適應論的概要

「人格適應論」是溝通分析中的一種人格理論，由保羅・威爾（Paul Ware）與泰比・凱勒（Taibi Kahler）所開發，並透過凡恩・瓊斯所寫的論文和書籍廣泛傳播。根據人格適應論，在孩童時期，每個人為了獲得雙親的照顧而活下來，又或者是為了回應雙親的期待以獲得愛，會做出不同的策略來應對，因此發展出了6種不同人格特徵。各適應類型都有其獨特的特徵。人們會選擇6種適應類型中的一種或多種來做為適應往後人生環境的樣式。

即便不用調查問卷，也能從該人的話語・語調・行動・姿勢・表情判別其屬於6種類型的哪一種。亦即，能一邊與對方對話，一邊判別。此外，每種類型都有相應的有效溝通法，活用溝通法就能更深入與對方交流，這些方法也展現出了適用於情感處理的步驟，以及透過接觸特定情感能解決人生中的建設性問題。亦即人格適應論是一張導航圖，除了能解決諮商者的問題，也有助其進行情感處理。

6種適應類型的名稱如表4-1所示。為了使用其他書籍學習的人，

表 4-1　適應類型的名稱

本書名稱	威爾的名稱	瓊斯的名稱
想像型	類分裂型 （Schizoid）	創造型夢想家 （Creative Daydreamer）
行動型	反社會型 （Anti-social）	魅力型操縱者 （Charming Manipulator）
信念型	妄想型 （Paranoid）	聰明的懷疑論者 （Brilliant Skeptic）
反應型	被動攻擊型 （Passive-Aggressive）	俏皮的反抗者 （Playful Resister）
思考型	強迫型 （Obsessive-Compulsive）	負責的工作狂 （Responsible Workerholic）
情感型	做作型 （Histrionic）	瘋狂反應者 （Enthusiatic Overreactor）

我們並列介紹了本書中使用的名稱、威爾命名的名稱，以及最後瓊斯使用的名稱。

　　就我們容易記得與了解的來說，在諮商或說明時是使用想像型・行動型・信念型・反應型・思考型・情感型。

2　辨別適應類型

　　若不使用調查問卷，可以透過觀察諮商者的表情、姿勢、態度、語調等來進行判別。詳細說明請參考專業書籍，但要想掌握這方法一定要練習。表4-2中記載了簡單的判別法。

　　以下介紹做為判別法用的調查問卷（圖4-1）以及評論表（圖4-2）。調查問卷在說明時多用做能知道自身適應類型的線索。在評論表中則以長條圖來表示調查問卷的得分。

◆針對各問題選選出認為最符合答案的一個數字，最後請合計總分

問No	問題	A：很符合	B：有點符合	C：不太符合	D：不符合	問題1～問題5合計
問1	沉默寡言，態度溫順	3	2	1	0	
問2	不會表現得很顯眼	3	2	1	0	
問3	和人在一起時不太會說出自己的意見	3	2	1	0	
問4	比起拋頭露面，藏在幕後會比較放鬆	3	2	1	0	
問5	喜歡不與人扯上關係的工作	3	2	1	0	
	小計					

問No	問題	A：很符合	B：有點符合	C：不太符合	D：不符合	問題6～問題10合計
問6	每天都想體驗到興奮或戲劇性事件	3	2	1	0	
問7	發生意料之外的事情時覺得人生很有趣	3	2	1	0	
問8	不論過程，只重視好結果	3	2	1	0	
問9	想受到景仰	3	2	1	0	
問10	認為賺錢很好	3	2	1	0	
	小計					

問No	問題	A：很符合	B：有點符合	C：不太符合	D：不符合	問題11～問題15合計
問11	對人很有禮貌	3	2	1	0	
問12	認為應該要能讓人信賴	3	2	1	0	
問13	確切主張自己是正確的	3	2	1	0	
問14	重視良心並做出相應的行動	3	2	1	0	
問15	比起成果，更重視做事的態度	3	2	1	0	
	小計					

問No	問題	A：很符合	B：有點符合	C：不太符合	D：不符合	問題16～問題20 合計
問16	事情不有趣就沒幹勁去做	3	2	1	0	
問17	一想到「非做不可」就不想去做了	3	2	1	0	
問18	雖然知道沒有意義，但一被人點出問題就會反抗排斥	3	2	1	0	
問19	不論做什麼事，能自由去做最重要	3	2	1	0	
問20	不知道自己到底喜歡討厭哪些事	3	2	1	0	
	小計					

問No	問題	A：很符合	B：有點符合	C：不太符合	D：不符合	問題21～問題25 合計
問21	休息也有固定時間，張弛有度，能不緊不慢地做事	3	2	1	0	
問22	經常在休假日時不禁會俐落地工作起來	3	2	1	0	
問23	回過神來才發現，經常覺得只有這麼做做不夠就做得過頭了	3	2	1	0	
問24	會頻繁地對自己說「要好好做」「還不夠」	3	2	1	0	
問25	總是要找重點事做	3	2	1	0	
	小計					

問No	問題	A：很符合	B：有點符合	C：不太符合	D：不符合	問題26～問題30 合計
問26	總是留意著要讚對方開心	3	2	1	0	
問27	容易被人們說的話給左右心情	3	2	1	0	
問28	沒獲得關心就覺得不被喜歡	3	2	1	0	
問29	一定要跟同事關係良好才有幹勁	3	2	1	0	
問30	總是很在意他人，會去尋找自己能做到的事	3	2	1	0	
	小計					

圖 4-1　日本版人格適論尺度

（註）問題1～5是應對想像型，問題6～10是應對行動型，問題11～15是應對信念型，問題16～20是應對反應型，問題21～25是應對思考型，問題26～30是應對情感型。
（出處）吉田・會成・三島（2021）

表 4-2　辨別類型的線索

	說話方式特徵	態度特徵	選擇服裝以及物品的方式
想像型	單調、沒有抑揚頓挫、無表情、事不關己	保持距離、沒有手勢、沉默寡言、僵硬	不是特別重要，只要覺得對自己好就好
行動型	給人留下深刻印象、以「你」為主詞	動作誇張、捨棄不必要的東西、真實樣貌藏在笑臉背後、少眨眼	整體而言給人深刻印象、有魅力
信念型	強而有力且經過調整的聲音、誇張的表現、會說出自己的想法、固定的說話方式	有禮貌的、目光銳利、與說話相符的大動作、僵硬的姿勢	保守的、力求無缺點、反應其生活方式
反應型	聲音緊縮、擬聲詞多	向前傾、用力的表情	叛逆的、豐富的色彩與圖案、組合喜歡的東西
思考型	經調整過後的聲調、對事物真實性抱持懷疑、膚淺且嘴快	嘴角緊繃、如被垂吊著般的姿勢	合於TPO、方便活動、機能性、有效率
情感型	帶著顧慮、語尾上揚、語氣高漲但以低調結尾	笑容自然、身體傾向對方	令人愉悅的東西、柔和的顏色、觸感好、光滑柔順的東西

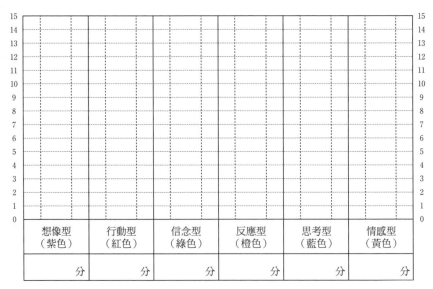

圖 4-2　評論表

3　每種適應類型的性格特徵

（1）評定圖表

在圖4-3中，縱軸是表示「主動性（active）」「被動性（passive）」的次元，橫軸是表示「關連（involving）」「不與人交流（withdrawing）」。所謂的主動是率先去參與解決問題，偏好自己獲取主導權。被動是採取被動姿態來解決問題，偏好等某人行動，由某人來獲取主導權。關連是指與多數人扯上關係，又或者是偏好參加大型團體。不與人交流則是偏好一個人或與少數人待在一起。

情感型是「主動性」且「關連」的人格，面對問題，會自己率先動起來解決，會積極參加大型團體或將周圍許多人聚集起來。思考型

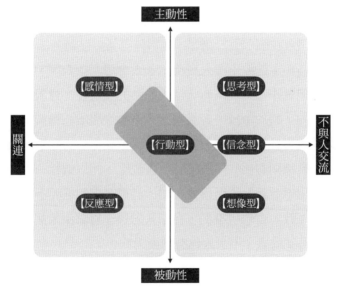

圖 4-3　評定圖表

（出處）名稱變更自Joines＆Stewart ／ 白井・繁田（監譯）（2002 ／ 2007）

是「主動性」且「不與人交流」的人格，會自己去應對解決問題，在人際關係中則是偏好一個人或與少數人待在一起。想像型是「被動性」且「不與人交流」的人格，自己不行動，等著他人幫忙解決問題，也較少參與社會性活動，但會對他人引導的社會性活動做出反應，人際關係中偏好不與多數人扯上關係而是與少數人待在一起。信念型是介於「主動性」與「被動性」的中間，人際關係中是「不與人交流」。反應型是「被動性」且「關連」的人格，期望他人為自己解決問題，自己不會積極去應對問題，但偏好與眾多人扯上關係或是去參加大型團體。行動型會顯示出兩種人格，即「主動性」且「關連」的，以及「被動性」且「不與人交流的」，會在這兩個領域間來來去去。

（2）心理需求與接觸法

●想像型

想像型的心理需求是擁有可以獨處的時間和空間，不會在現實中付諸行動，只會在腦中進行空想，並與外界保持接觸。

他們在心理上比較不與人交流，不太會用話語表現，即便對方不那麼認為，但實際上對他人有著溫柔體貼的支持性，會親切地顧慮到他人。因內向、過於敏感、容易害羞，不會表現出心情或需求。碰到壓力時會迴避，且會區分情感與事實。喜歡獨自一人做事，人際關係偏被動，和有深刻關係的一人交往比較輕鬆，所以偏好一對一。會幻想對方感到困惑並認為那是事實，對自己很有批判性而不與人交流。深受科學・宗教・哲學所吸引，會深入思考，喜歡深入探究人生根本問題這種沒答案的事，不少人也有藝術天分。

●行動型

行動型的心理需求是渴求刺激・興奮等。在思考之前，會以直覺

判斷並採取行動，以確保自己處於優勢（避免不利）地來與外界進行接觸。

雖有行動力，但重視結果，希望以最小限度的勞力獲取最大成果，有目標導向，能獲得想要的東西。會與規則、規範鬥爭，發起新運動並發揮領導力。本人雖沒意識到，但比起立刻考量到得失，會先做出比別人更有優勢、不居人後的行動，會操弄他人以按自己所想行動。會提出直覺上靈光一閃的想法，並為達成目標而一一排除造成阻礙的規則、規定。在人際關係中會因自己是否具有優勢而出現兩種情況──主動與多人扯上關係以及被動地不與他人交流。雖同伴很多，因被拋棄的不安而自我防衛、不相信他人。

● 信念型

信念型的心理需求是期望所做所為、自己的想法、生活方式能獲得承認，並用意見與外界交流。

他們對生活方式與態度有堅持並以此為行動基準。會確實做好理所當然的事，以避免不知所措或丟臉。行動前會慎重思考，講究細節、想清楚並小心處理事情，以讓所有事都成功。會推測事情的惡化並預先做處理。說話誇張，看似謙虛，實則有強烈的上進心。

人際關係中，比起眾多人，更喜歡一人或兩人間的關係，也喜歡自己獨自一人。雖很慎重，也有主動的一面。對人會抱持警戒心，以避免被騙、被背叛。認為做好事情與正確行動是很理所當然的。認為情感是無法控制的，偏好情緒化或孩子氣的舉動。

● 反應型

反應型的心理需求是快樂或接觸快樂的事，是以喜不喜歡該刺激

的反應來與外界交流。

喜歡擁有、享受孩子般的能量，會開玩笑、說笑話。做喜歡的事情時特別有活力，會持之以恆的追求感興趣的事物。另一方面，會迂迴反抗（被動攻擊）不喜歡的事，事情不如己意時會鬧情緒或悶悶不樂，表現出自我中心且孩子氣的一面。因為有著黑白分明的糾葛，行動與做決定時須要大量能量，決定後又會糾結於那樣做好嗎。會很快發現不好之處，也會進行批判。也有不會協調、妨礙統整的一面。若認知到有比自己上位的人，就會像遭到支配、批判、強迫似的，心懷厭惡地表現出被動攻擊的態度，另一方面，卻會好好照顧同等或下位的人。人際關係中屬被動，會等他人先開始行動，並與多人扯上關係。在大型團體中，喜歡與人打交道，會從屬於多個團體。

●思考型

思考型的心理需求是做過的事獲得承認，並將時間結構化、守時，透過事實與資訊來與外界交流。

他們的義務感與責任感很強，堅持要達成目標。很有良心，很努力去做事、對於工作以及做正確的事很堅持，是很好的勞動者・很好的管理者・職業上的成功者。不會去思考當下做的事是否恰當，所有事情都會從整體性來思考，但不會優先解決手邊問題。狀況不順時，會心懷罪惡感而沮喪，而且會憂鬱。對自己跟他人都很有批判性。總是緊張、無法放鬆，一沒事做就很不安。認為有「該做的事」與「不該做的事」，並為了證明那些事實而去收集資訊。會攬下許多責任，並以達成任務為優先而將滿足自己的心情往後排。人際關係中，比起跟許多人在一起，偏好跟一人或兩人待一起，也喜歡獨自一人。

表 4-3　各適應類型的性格特徵

想像型	豐富的想像力 / 支援性 / 沉默寡言又穩重 / 憂慮 / 單純 / 不重視環境 / 一人世界 / 藝術天分 / 喜歡探究 / 說起發生的事件態度淡漠 / 逃避
行動型	對環境的適應性高 / 多欲求 / 給人的印象深刻 / 善於交涉 / 長於計算得失 / 引人注意 / 魅力非凡 / 操弄 / 行動力 / 目的取向 / 很懂做事要領
信念型	講究細節 / 謹慎的 / 慎重 / 堅持己見 / 重視真實 / 重視價值觀 / 講求信賴 / 積極向上 / 誇張 / 講究態度
反應型	自發性 / 有創造力 / 直覺敏銳 / 喜歡享受 / 精力旺盛 / 會迂迴反抗 / 愛開玩笑 / 黑白分明
思考型	重視邏輯思考 / 有責任感 / 基於事實來思考 / 分類 / 功能性 / 收集資訊 / 不隨便 / 順應 / 追求效率 / 講求效果
情感型	展現關懷 / 感受性高 / 重視人際關係 / 期望關係協調 / 容易感受 / 會表現出情感 / 想被人在意

●情感型

　　情感型的心理需求是讓他人開心以及讓他人關心自己，是用情感（感受）來與外界交流。

　　與人接觸時的能量很高，情緒化且開心，待在這類人身邊很有趣，他們也很擅長社交。喜歡讓別人感覺舒服以及被人在意，會把別人關心自己以及獲得愛想成是同一件事。多有孩子氣，情感容易高漲。會透過情感來判斷事實，把感受到的事當現實。很是自戀，覺得別人比實際上更喜歡自己。五感喜歡感到舒適。人際關係中會與多人打交道，喜歡團體更勝於獨自一人。在團體中多會成為話題的中心。

（3）性格特徵

　　表4-3中統整了各適應類型的特徵。

（4）父母的育兒態度與適應類型

●選擇各適應類型之前

　　適應類型是在孩童時期為了獲得父母照顧而存活下來，或是為獲得愛而去回應父母期待所養成的，所以與幼年時期的父母養育態度有很深的關係。

　　父母無法回應孩子要求，而且孩子也判斷父母是無法回應自己要求時，孩子會放棄父母，並做出「我再也不會提出要求了，只有自己能照顧自己」的判斷而不與人交流。這時候就是選擇了想像的適應類型。對孩子來說，這種情況下的父母是「靠不住」的，孩子就採行了「不依靠」的戰略。這樣的情況偶爾在親子的情緒調整不合拍下可見。孩子沒有主動表現出欲求，而是等著父母來滿足自己的欲求。這是出生後18個月以內會選擇的適應戰略。

　　孩子在表達欲求前，若父母是基於對自己的關心而預先想滿足孩子的欲望時，孩子就不會主動採取行動以滿足自己的欲求而是很被動。另一方面，為了滿足自己的欲求，孩子會主動操弄父母，那就是行動型的適應類型。對孩子來說，父母是「預先行動」的，而孩子的戰略則是「操弄」。他們的雙親會傾向以自己的欲求為優先，所以孩子沒被父母照顧時欲求就不會滿足，且會體驗到被拋棄感。這是出生後18個月以內所選擇的適應戰略。

　　儘管孩子的行動一樣，但雙親的言行若無一致性──偶爾接受包容，偶爾又批判・拒絕──孩子就會不知如何是好。孩子會為了不被父母否定的反應給嚇到而有所顧慮並小心謹慎，而且還會加深疑慮。這是信念型的適應類型。這樣的養育方式對孩子來說就是「沒有一致性」的父母，孩子的戰略則是「謹慎、懷疑」。他們討厭沒有一致性，想追求不變的安心。這是出生後18個月以內所選擇的適應戰略。

　　父母過度管教「要那樣做、要這樣做」，強調要照父母說的去做時，孩子為了達成自立就不得不與父母鬥爭。孩子認為按自己意思行動就像戰勝父母一樣，很辛苦且會消耗很多能量。此外，不得不照父母指示去做時會出現迂迴反抗（被動攻擊）的反應。這是反應型的適應類型。像這樣的雙親態度就是「過度管教」的養育類型，孩子採取的戰略則是「爭鬥（服從或反抗）」。這是從18個月起到36個月之間所選擇的適應戰略。

　　雙親強調要達成某件事，並對能做到該件事給予好評時，孩子會為了獲得雙親的愛與認可而特別在意要將父母的要求做到完美。無法達成（不被認可）時，就認為沒有被愛的價值，否定自己的存在價值並心懷羞愧與罪惡感。為了避免這事態，會特別將父母的要求視為眼前該做的事去完成。這是思考型的適應類型。像這樣的雙親，養育類型為「強調達成」，孩子採取的戰略則是「完全做到」。這是3到6歲之間所選擇的適應戰略。

　　強烈希望讓父母高興時，孩子會為了取悅父母而表現出父母所期望的樣子。可是無法讓父母高興時，孩子就會否定自身的存在價值。為了取悅對方而做出過度的反應，藉由吸引雙親的關心來滿足自身的存在價值，這是情感型的養育類型。這種養育類型父母是「強調取悅」，孩子的戰略則是「取悅」。思考型會為了獲得父母的愛而強調要去做（Do）某件事，另一方面，情感型則是為了獲得愛而成為（Be）父母期望的孩子。這是從3歲起到6歲之間所選擇的適應戰略。

●諮商者談雙親的養育態度

　　諮商者在談到幼年時期與雙親間關係時會重現父母的養育態度與孩子選擇戰略的關係。我們可以訪問諮商者雙親在幼年時期採取怎樣的態度（看似那樣），以及諮商者如何應對養育態度，就能明確知道

諮商者在練習中想要解決的問題，以及影響他的適應類型。此處要注意的是，有時透過調查問卷與觀察言行所判斷得出的諮商者現今適應類型，會與從他們在練習中談到（諮商者幼年時期的）雙親的養育態度（以及諮商者如何應對）所推測出的適應類型不一致。但無論如何都要以諮商者在現今練習中所表現出來的為優先。問題不在諮商者的正確適應類型為何。適應類型是為了適應環境而養成的。意指，諮商者會因為環境的變化而改變適應類型。因此諮商者幼年時期與現今適應類型不一致，或是3歲時與4歲時不一致是很正常的。而在第6節說明的方法是希望以諮商者在練習中所說的適應類型為基礎。以現今練習中的談話為線索來得知適應類型很重要，因為能解決在練習中要處理的問題。以下，本書用「○○型諮商者」所做的表現，也不是表示諮商者從幼年時期一直到現在都一致的適應類型。請看做是諮商者在現今練習中顯現出具特徵性的適應類型。

　　而且諮商者也會顯示出是如何看待父母的養育態度，那對諮商者（孩子）來說是真實，但對父母來說則既非真實也不是客觀的事實。不少例子都是手足被同一父母養育，適應類型卻不同的。有趣的是，讓不同適應類型的手足各自講述幼年時期雙親的養育態度時，會顯示出不同養育態度的父母形象。因此，諮商者所講述的父母養育態度，對諮商者來說是真實，但也只表示了精神上的事實。

4　每種類型的扭曲情感與不擅長應對的情感

（1）各類型的適應與不適應

　　即便是同一適應類型，也有適應與不適應的人。在適應類型中適應到哪種程度的人格，可以利用從適應性人格到不適應人格線上的點來表示。將圖4-4中「適應類型」的文字各自替換成適應類型的名稱就

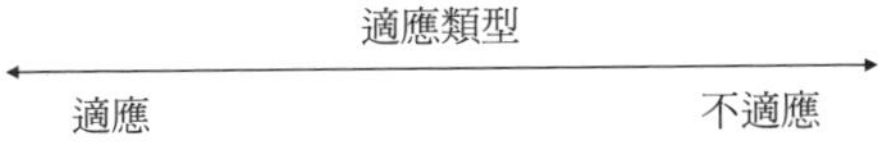

適應類型

← 　　　　　　　　　　　　　　　　　→

適應　　　　　　　　　　　　　　　不適應

圖4-4　適應與不適應

很好理解。即便同是想像型，也有不適應人格與適應性人格的人。行動型與信念型也一樣。所謂的不適應不是指人格障礙。凡恩・瓊斯說應該要區別人格障礙與適應類型。可以把人格障礙想成是在圖4-4線上比右端箭頭更右邊的位置。要說明圖4-4的概念，即便是同一適應類型，位在線上右側的人與左側的人，各類型的性格特徵，以及表現出扭曲情感的強度、頻率都大不同。

　　例如情感型的特徵雖是情感表現大，但相同情感型若是在「適應－不適應」線上偏左位置的適應型，那就不會以不適應的形式出現。例如與他人一起快樂度過時，他們會比他人更強烈表現出積極正面的情感，使場面緩和下來。若是偏右的不適應，則有可能三不五時就會對家人歇斯底里的發洩情緒。即便是同一適應類型，該類型特徵的表現方式也大不同。

　　此外，即便是位在適應類型偏左邊線上的點的人，若處於壓力狀態，通常會從自己所處的點上往右側移動。直到擺脫壓力為止，或許會暫時地增加比平時更不適應的言行。這一點不論是哪種適應類型都是一樣的。

　　進行情感處理時希望大家知道的是，愈是適應性的，抑制與壓抑情感的傾向愈小。每種適應類型都有不擅長應對的情感，但愈是偏左的適應型愈容易察覺、感受到情感。因此更容易進行情感處理，也更容易在早期階段就出現效果。

　　而每種類型都有特徵性的扭曲情感，愈是往右，扭曲情感就愈強，此外，體驗到的頻率也多，因此將解決扭曲情感做為諮商的主要

表 4-4 各類型的扭曲情感與不擅長應對的情感

類型	扭曲情感	不擅長應對的情感
想像型	不安、一片空白	全部情感，特別會壓抑興奮、憤怒
行動型	憤怒（攻擊）、混亂、孤獨	悲傷、恐懼，特別會抑制悲傷（受傷）
信念型	義憤、嫉妒、懷疑、不安、憎恨	恐懼、憤怒，特別會壓抑恐懼
反應型	不滿、嫌惡、憤怒（反抗）、憎恨、混亂	討厭、憤怒、悲傷，特別會抑制討厭、壓抑憤怒與悲傷
思考型	不安、憤怒（批判）、憂鬱、罪惡感	悲傷、恐懼，特別會壓抑悲傷
情感型	不安、悲哀（歇斯底里）、混亂	憤怒

（註）反應型扭曲情感的憤怒是反抗、排斥的憤怒。
　　　不擅長應對的情感的憤怒是真正情感的憤怒。

訴求會比較容易有進展。

　　每種類型都有不擅長應對的情感（難以體驗到的真正情感），不擅長應對的情感關乎到該適應類型諮商者的問題解決。透過能夠體驗到不擅長應對的情感，在問題解決上大多能有所進展。因此情感處理中，不擅長應對的情感往往成為解決問題的「解決情感」。所謂不擅長應對的情感也是壓抑或抑制著的情感。因此在進行解決問題的過程中，多會將察覺、接受、體驗不擅長應對的情感做為情感處理的主題。

　　此外，各適應類型具特徵性的扭曲情感是該類型諮商者三不五時表明想解決的不愉快情感。這些情感隨著解決壓抑或抑制的進展，在日常中就能體驗到不擅長應對的情感，並陸續減少。所以在情感處理中，比起處理扭曲情感，進行時把焦點放在能體驗到不擅長應對的情感會比較有效。因此知道各類型諮商者使用了怎樣的扭曲情感將很有幫助。扭曲情感處在適應狀態下並不常見。可是陷入壓力狀態、處於不適應狀態時，就會強烈表現出來。表4-4統整了各類型經常使用的「扭曲情感」以及期望能幫助他們體驗到的「不擅長應對的情感」。

（2）各類型的扭曲情感

●想像型

　　想像型重視自己的欲求，或是在現實中想與他人接觸時就是適應性的。可是不知道對方意圖、無法傳達出自己意圖時，就容易縮進自己的世界裡，使用扭曲情感。

　　想像型「不安」的對象並不明確。不安就像「雖然不知道為什麼不安，但回過頭來檢視就會覺得不安」這樣的回想，又或者多是與自己的情感保持距離。不限於不安，想像型的諮商者會如在說他人的事般說著自己的情感。這就是「想與情感保持距離」這種想法的表現。有諮商者談到離婚的丈夫時說：「我認為自己以前並不喜歡他。」此時可以詢問諮商者：「聽妳這樣說，感覺好像是與情感保持著距離。不是『妳認為』而是妳就是不喜歡他吧？」敦促她與對情感保持距離這件事對決（讓她去面對），以體驗情感。針對想像型諮商者與情感保持距離的說話方式，單只是接受·有共鳴地去與他們接觸，並無法加深情感。諮商者沉默時多會體驗到「一片空白」。之後問他們沉默時的體驗，他們會回答「大腦一片空白」。此外，想像型偶爾會出現一直忍耐，最後解離並表現出強烈憤怒的情況。

●行動型

　　行動型與同伴間的關係對等，能有效進行有目的的行動，如果他們認為那樣做心情舒暢，就會是適應性的。這時候，不是操弄居優位。因為即便不操弄，也能擁有好心情。若事情無法順利進行，就會感受到扭曲情感。

　　行動型的「憤怒」就是攻擊。他們會責備、攻擊對方，並且做出如要撇清關係的言行，例如「這本來就跟我無關」「照你喜歡的去做

不就好了嗎？」若撇清了關係，就會因此感受到「孤獨」。不想感受到「孤獨」時，他們會做出撇清關係的言行，卻又不徹底和對方撇清關係而是反覆責備對方。

行動型的「混亂」，是為了找出能占上風的方法而運用直覺所引起。他們會表現得不讓他人知曉。而他們直到找回冷靜，並能思考該怎麼做才能占上風為止的所需時間並不多。

●信念型

信念型在接受他人想法並柔軟應對事物時，自己的想法・理念・態度・生活方式是受人信賴時就是適應性的。但是在猜疑而無法安心的情況下就會使用扭曲情感。

信念型的義憤是不安的代替品，是憤怒。他們會批判著：「這很奇怪」「這錯了」並正當化自己的想法。這也會成為矯正社會不合理並改變世界的能量，但處在非適應性的情況下，就只會看見他們為了守護自己的尊嚴而批判或攻擊他人。

此外，面對與自己價值觀不一致的事情或他人的言行時會感受到威脅自身安全的不安。而且會質疑其真偽及意圖。直到他們能以自己的價值觀去了解為止都會不斷猜疑。而嫉妒是一種投射表現，認為是他人在嫉妒自己。而且自己所作所為被質疑為動機不單純時，會心懷怨恨且一直記著。

●反應型

反應型沒與任何人產生糾葛時（扯上關係時）、自由做著想做的事時就是適應性且快樂有活力的。可是若自由被阻，感受到他人要自己「去做」時，扭曲情感就會變大。

他們會對所有事都感到不滿、對他人說的話、沒說的話都感到不

滿，以及對不有趣的事從根本上感到不滿。所謂不有趣當然是很主觀的。即便是因為自己的意思而開始做的，不知不覺間也會覺得是被要求去做而感到不滿。該分不滿做為憤怒表現出來時，即便周圍的人想要平息他們的怒火，也無法跟他們講道理。而那分不滿會表現為反抗或被動攻擊。此外，他們受到他人的批判或攻擊時，憤怒會達到頂點並心懷憎恨。心懷憎恨時，當然就無法跟他們講道理。

他們經常會糾結著不知道要往左走還是往右走。這是重現了幼年時期與雙親戰鬥的狀態，即便努力思考了也沒有答案。當那糾結變大，他們就會混亂。

●思考型

與社會性評價無關，思考型感受到自身價值，或是眼前事項能按時進行得有成效時，就會是適應性的。無法達成該做事項（任務）時、任務無法按進度表時間（按既定時間）進行時（他們會在無意識間幾乎制訂好所有任務），就會感受到扭曲情感。

事情沒有按照既定時間進行就會焦慮不安。沒有按時間進行就意味著不完美、沒有存在價值。他們會幻想著若是事情不順利該怎麼辦而感到不安。諮商者會對不遵守時間的人感到煩躁並批判。此外，那分批判也會朝向自己而變得自責，若一直這麼下去，就會感到憂鬱並悶悶不樂，或是對他人發脾氣，有時也會交互著自責與責備他人。

思考型在沒達成任務時會有罪惡感，即便那不是自己的責任。那就會導致憂鬱或批判他人。

●情感型

情感型不隨心情而是經思考後行動，或是因他人關心自己而開心時就是適應的。而上述情況不佳時，就會感受到扭曲情感。

因為會在意他人的臉色，擔心對方是否不開心，就會對他人瑣碎的言行過於敏感。尤其會對他人不高興的態度（有時是只有本人看起來是那樣）感到不悅，認為他人沒表示關心就是不愛自己，並感受到混亂與悲傷。悲傷時，有時會變得歇斯底里，想著：「為什麼不理解我？」就他人看來，這態度就是很強烈的憤怒。可是本人卻沒認知到在生氣，而認為只是在傾訴悲傷而已。

此外，情感型在主動思考、行動時會感到不安。因為他們對自己的想法沒自信。因此會讓他人代自己思考，採取讓他人幫自己做的依賴姿態。而在這麼做的同時，又會對自身能力感到不安。

5　自我狀態的功能模型

為針對每種適應類型進行有效的情感處理，以下要來說明溝通分析的「自我狀態功能模型（functional model）」。這能說明諮商師要使用那種自我狀態去面對諮商者才是有效的。功能模型是能從諮商者的言行觀察得出。「自我狀態（Ego-state）」一般認為可以分成三種，分別是「雙親的自我狀態（Parent，通常用P來表示）」「成人的自我狀態（Adult，通常用A來表示）」以及「孩子的自我狀態（Child，通常用C來表示）」。C是孩童時代對刺激反應的模式集合，會重現過去思考・情感・行動模式。P是雙親，抑或是擔任雙親角色的人或教師等會採行的模式，亦即，諮商者會模仿這些人的言行舉止或受到他們的影響。A是對現實・事實的直接反應，是現今思考後的行動，是以事實為主且客觀的（圖4-5）。

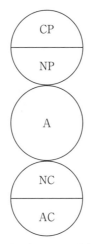

圖 4-5　華格納的自我狀態功能圖

（出處）Wanger 諸永・稻垣譯（1987）

（1）自然型兒童（Natural Child：NC）與順應型兒童（Adapted Child：AC）

　　艾比・華格納（Wagner,A.）提出的功能模型將孩童的自我狀態分為「自然型兒童（Natural Child：以下簡稱NC）」與「順應型兒童（Adapted Child：以下簡稱AC）」。

　　NC是遵循原始欲望・需求時的自我狀態，也是表現出自然情感時的自我狀態。表現悲傷、恐懼、憤怒、喜悅等的情感時、表現欲求時，以及開玩笑、說笑話等愉快地與人接觸時，就是在使用NC的自我狀態。這個自我狀態對諮商是很有效的。

　　AC是想要適應環境的自我狀態，是在抑制自己自然的欲求及情感。此外，因壓抑了自然的情感與欲求，就會使用扭曲情感。注意、迎合諮商者以及配合他們說話時就是在使用這個自我狀態。不過，若在這個自我狀態下與諮商師的自我並不一致時就沒有效果。另一方

面,為了讓諮商者有所察覺而刻意使用這狀態時,就是透過A來控制的AC,這樣做是有效的。

(2)批判型父母(Critical Parents:CP)與養育型父母(Nurture Parents:NP)

P的自我狀態是「批判型父母(Critical Parents:以下簡稱CP)」與「養育型父母(Nurture Parents:以下簡稱NP)」。該人做出「一定要⋯⋯」「應該要⋯⋯」等批判性‧義務性表現時就是CP。在情感處理中因為沒有效果,與該自我狀態相關的一切就不會進行。唯一的例外就是為幫助諮商者擺脫危險而使用,這時用A控制的CP會很有效。

NP是表現出有共鳴性的支援、包容的、溫柔以及體貼時的自我狀態。諮商者體驗到情感時,在這個自我狀態下有包容性地去接觸會是比較理想的。諮商者持續加深察覺、體驗情感時,會因為這個自我狀態而促使其更容易察覺、接受、體驗到情感。

(3)成人的自我狀態(Adult:A)

A是做為成人而思考、行動時的自我狀態,適用於解決問題,應對「現今、當下(here-and-now)」的狀況。用來覺知刺激並判斷狀況,以及選擇恰當的思考‧情感‧行動。諮商師一般都是用A的自我狀態去與諮商者接觸,有時也會以用A控制的其他自我狀態。因為用這個自我狀態去與諮商者接觸,就能冷靜聽取、分析諮商者的言行,判斷「現在該用怎樣的態度來與這名諮商者接觸、該怎麼去跟他說話」後,就能進行得讓諮商者容易接受。

6　每種適應類型的情感處理法

　　諮商者會顯現出一種或多種的適應類型特徵，該適應類型的壓力應對法是為了活下去，或是為了獲得父母的愛的策略，所以有其根源。因此諮商者的適應類型會大為影響在人生重要局面中所做的決定或選擇，又或是當時所要面對的問題。因此，適應類型與人生劇本（參考第3章14節）也大有關連，每種適應類型都能在獨特的人生劇本中發現問題。每種適應類型的人生劇本問題，是諮商者現在所有問題的根本原因，解決每種適應類型的人生劇本問題多關乎到從本質上來解決現在的問題。也就是說，每種適應類型的人生劇本問題在解決他們現在問題的過程中，多會成為期望獲得解決的主題而浮現上來。

　　此外，因應各適應類型的不同，適合用來幫助助諮商者察覺、接受、體驗情感的恰當方法也不同。進行的支援法若不是適合諮商者的適應類型，他們會主動增強對壓抑・抑制情感的防衛，接受情感的態度恐怕會變得頑固起來。反過來說，透過進行恰當的支援，諮商者就不會對情感處理採防禦態度，而會察覺壓抑或抑制的情感，並且容易接受、體驗。

　　以下將要說明要用什麼方法可以比較有效地順利進行情感處理以幫助各適應類型解決人生劇本的問題。

（1）想像型的情感處理法
●要解決的問題

　　想像型諮商者的課題是察覺並重視自己的情感與欲求，透過將之傳達給他人而能重視自我，並增加與他人在現實間的交流。

　　想像型的問題是與在口腔期（～18個月）的基本信賴感未達標有

關，是為活下去而採取方略的一種類型。他們並不知道自己的欲求為何，不知道自己想做什麼，又或是想怎麼做。此外，即便知道欲求，也會以他人的欲求為優先。會把自己的期望、希冀擺後面。而因為不知道自己的情感，就算身處痛苦狀態也會忍耐著，沒有認知到痛苦與忍耐。

此外，想像型的諮商者與人的交流有問題。雖想傾聽對方說話卻沒在聽。只在自己大腦中交流，而沒有在現實中與對方交流。因此不會記得對方說的話，尤其不會記得對自己不利的部分，再次聽到的話也像第一次聽到似的。說話時，他們不會回答對方的話，而是持續自說自話。雖在對話卻沒有交流，所以對方會覺得他們沒想與自己加深關係。因此在對人關係面上，重要的是要停止躲入幻想世界中，要在現實中與他人進行交流，向他人表達欲求，透過言語與態度來加深親密度。

因為雙親沒能滿足自己的欲求，所以他們不得不決定放棄渴求。雙親的態度讓他們認為要與自己的情感或欲求保持距離、不要去感覺情感，同時不要去知道自己的欲求。而這些就與現在的問題有關。他們即便明顯的身處痛苦狀況中也沒有察覺到痛苦的情感，不會做出行動來改善狀況。直到杯中水滿溢而出，他們都不會察覺到杯中積存了水，也不知道裡面到底積存了些什麼。

某位想像型的諮商者受到丈夫明顯的精神虐待。丈夫外遇曝光、有明確的債務問題等對自己來說很不利的情況時，他會反咬諮商者寵溺孩子、家事做不好等問題來批判她，把問題偷轉換成是諮商者的而非他自己的。諮商者每次都以為是自己的育兒、做家事方法有問題，被丈夫以對自己有利的說詞給哄騙。諮商者連自己有對丈夫心懷不滿的不愉快情感都沒察覺到，也沒察覺到丈夫經常偷換問題，卻一直為自己的不完美以及自律神經失調症所苦。諮商者的朋友中也有人指出

諮商者丈夫言行的不誠實以及會圖方便而利用諮商者，但諮商者卻聽不進這些話。

　　他們多數都會壓抑所有情感，不會察覺自己不愉快的情感。即便對身處狀況心懷不滿，卻也不知道自己到底感受到了什麼。尤其不會感受到情感中的「憤怒」與「嫌惡」。能開始感受到憤怒，就是能察覺到自身不愉快情感的入口。因此在情感處理中，要幫助他們能感受到憤怒。他們在諮商中，若能對自身體驗的事件感受到憤怒並進行情感處理，接下來就要幫助他們能在日常中體驗到憤怒。開始情感處理後，諮商者能在自事件發生起歷經不少時間後，感受到「或許當時有感受到憤怒」「說不定那就是厭惡」此類微弱程度的憤怒，隨著持續進行情感處理，漸漸地自體驗事件到感受憤怒的時間就縮短了，該分情感也增強了。不久，就能在體驗事件的瞬間感受到憤怒了。前述想像型的女性諮商者在進行情感處理的過程中，漸漸地在丈夫偷換問題並責備她時能感受到了憤怒。能感受到憤怒後，學習適應性的表現將有助建構良好的人際關係。他們有吞忍下憤怒的傾向，一般不太會表現出憤怒以及嫌惡，但發出憤怒與嫌惡的時候，會頗具攻擊性，所以對方就不太能理解他們。因此諮商師多會建議他們學習透過自我主張、斷言（assertion）的方式來表現自己的心情（參考第2章11節）。

　　此外，他們不擅長面對憤怒的情感，也不擅長處理、難以察覺其他所有的不愉快情感。他們大多察覺不到「受傷（悲傷）」「恐懼」「不安」等。他們察覺不到自己受傷或感到恐懼，因為認為「沒有任何想法」，面對事件時就這樣無反應的過去。所以每次都會累積下情感。感受到憤怒與嫌惡後，就要幫助諮商者也去關注悲傷、恐懼、不安等情感，透過進行情感處理，讓他們能察覺到這些情感。

　　想像型諮商者壓抑的情感多會做為身體症狀表現出來，例如自律神經失調的症狀，或是身心症。這些症狀也多是諮商時主訴的症狀。

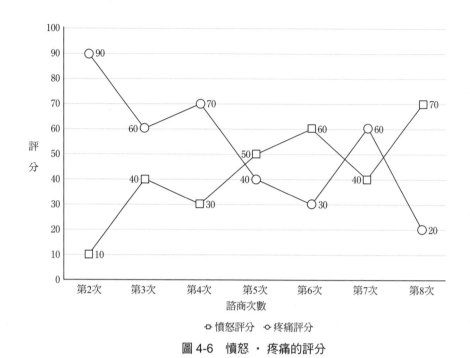

圖 4-6　憤怒 · 疼痛的評分

前述的想像型女性諮商者在身體各處也有疼痛,同時還患有胃潰瘍。想像型的諮商者隨著情感處理的進展,身體症狀多會輕症化。這名諮商者也是隨著處理憤怒情感的進展而減輕疼痛,也改善了胃潰瘍。進行諮商後,有些日子會因當時的狀態而容易感受到憤怒,有些日子則否。即便如此,在重複練習感受憤怒的過程中,漸漸地就會熟練於體驗情感。圖4-6是這名諮商者自前次的諮商以後,請她以100至0分來評價覺得自己體驗到了多少的憤怒情感,以及疼痛強度評分的轉變。由圖可知,愈是體驗到憤怒,疼痛就愈為減輕。

●情感處理法
　　幫助想像型諮商者進行情感處理時,最好不要直接詢問他們的情

感狀態：「你現在有何感受？」對想像型諮商者來說，若是直接靠近他們的情感或欲求，他們就會生起防衛心。如果問他們上述問題，諮商者的大腦會一片空白並變得僵化，同時討厭起交流。即便他們情緒高漲，若直接詢問他們的情感問題，許多想像型諮商者就會感受「情感往內縮了」。想像型擅長於感受身體的感覺。想問他們情感狀況時，可以這麼問：「現在身體內有何感覺？」諮商者會將身體的感覺用「胸部一帶很沉重」「覺得喉嚨卡卡的」「感覺腹部很冷」等來表現。之後就可以使用以下兩種方法。

　　一種是將諮商者感受到的身體感覺擬人化。問他們：「請將手放在胸部一帶沉重的部分。如果那部分會說話，你覺得它會說什麼？」諮商者若回答：「一直很痛苦。」那就是在表現情感。透過一邊對擬人化的感覺有共鳴一邊靠近，就能獲得與感受到情感相同的效果。

　　還有一個是讓諮商者將感受到的身體感覺用呼吸排出體外的方式。指示諮商者「呼吸時，請想像將胸部沉重的部分用吐息的方式吐出體外。」讓諮商者如此呼吸一段時間後問他們：「現在，沉重的感覺變得如何了？」諮商者應該會報告沉重的感覺減輕了，心情稍微舒暢了些。這和處理情感有著相同的效果。

　　這兩種方法雖都把焦點放在身體感覺上，卻也都有情感處理的效果。諮商者應該會一點一滴體驗到情感上變輕鬆了。想像型諮商者直到能觸碰自身情感之前要花上些時間。透過感受身體的感覺，就逐漸能開始觸碰到自己的情感。能開始觸碰到情感後，諮商者就能主動用話語表現出「悲傷」「生氣」等情感。若能用話語來表現情感，該情感話語就能在練習中使用。諮商師在諮商者能主動表現出那些話語前，要不使用情感話語地來深入諮商。

●進行情感處理時的重點

- 用自我狀態A來接觸諮商者會比較容易體驗到情感。面對諮商者的自我狀態要一致的是A。不過諮商者能開始體驗情感後，NP也很有效。漫不經心的NP或NC會讓諮商者僵硬化。此外諮商者話少時，動作也會既小也少。諮商師要一邊調整配合諮商者音量大小、說話速度、動作大小等，一邊與之交談。

- 諮商師的表情要嚴肅會比較容易體驗到情感。若面帶微笑地對待諮商者，就會像是要迎合對方，變成AC的自我狀態。

- 對談時，不摻雜手勢會較容易體驗到情感。

- 避免直接詢問諮商者欲求。欲求是他們最為防備的。「你想怎麼做？」「你想解決什麼？」等問題也是直接在問他們欲求。沒有察覺到自身欲求的諮商者面對這些提問時，大腦會一片空白，而察覺到欲求的諮商者則會感到混亂。因為他們正是為欲求與存在而糾結著，所以會認為「我只要沒有過多欲求，就可以存在」。

- 具體建議處理主題。諮商中多見無法決定處理主題的狀態。此時不要等待諮商者自己決定，諮商者談到自身問題時，就具體建議他「要不要以此為主題來進行改善？」等待諮商者做決定的姿態無法與想像型的取得共鳴。

- 詢問諮商者想像的事情會比較容易體驗到情感。除了將身體感覺擬人化，探尋他們情感的方法還有可以詢問他們想像的事情。他們的想像力綿長，所以透過請他們談談想像的事物，能成為他們感受情感的線索。

- 用二選一的方式提問會比較能體驗到情感。比起「你感受到了什麼？」提問「感覺比較接近不安還是悲傷？」他們會比較容易察覺到情感。對他們具體提示選項，他們會比較容易察覺到自身的想法與情感。

- 直到體驗到情感為止要花上許多時間。直到他們能開始體驗到情感為止，處理過程會比其他適應類型更花時間。他們一著急就會混亂，情感會往內縮。所以要慢慢花時間去幫助他們。

- 由諮商師主動搭話。若一直處在體驗情感的狀態並沉默一段時間，他們的關注力會散逸到其他幻想上。若不說一句話地持續等待，不知不覺間，就會遠離情感去想別的事。要能持續聚焦在情感上，就要抓準時機與他們搭話：「情感減少了嗎？」「現在在想什麼？」由諮商師主動搭話的時間點就在諮商者移動視線時。移動視線時多是開始想其他事的時候。要注意觀察諮商者的視線移動。

- 提出許多問題並做具體的談話。因為他們不與現實交流而退縮著，所以多會認為自己有把話說出口了，旁人應該會理解自己的心意。儘管人們無法充分理解他們說出口的資訊，他們也會認為是旁人不理解自己而處在大為不滿的壓力狀態下。要能理解他們的情感，就要用5W1H的方式來提問以引出資訊並弄清楚狀況。

- 能開始體驗到情感並興奮時，他們會表現出想要抑制的言行舉止，諮商師要讓他們不要抑制。

（2）行動型的情感處理法

●要解決的問題

　　行動型諮商者的課題是透過承認自己受的傷（深刻的悲傷），以及有人真會給自己愛來與他人建立對等的愛的關係，並以長期性的觀點來思考事物。

　　行動型的問題是關於在口腔期（～18個月）時信賴感未達標時該採行如何才能活下去的方略。他們會在無意識中想要壓別人一頭。本人雖無知覺，卻經常會對周遭的人這麼做。他們會認為，隨著操弄而

按自己所想行動的人就是好人，不那樣做的人就是有問題的並與對方做切割。如果明確認可對方居上、自己在下的立場，就可以建立起關係。可是因為會斤斤計較於在上或在下，彼此的關係經常不是上就是下的不對等。此外，他們會覺得平靜的日常很無聊，會渴求刺激與興奮。

因為行動型的人會想占據優勢立場，所以不會向周遭人吐露心聲，無法與他人進行對等的真心交流。因此，即便他們周圍有支援他們的人，或是有身為領導者領導團體的人，也會感到幾乎沒人了解自己而有孤獨感。

要解決課題，就要用真心去與人交流，並放心地與他人變親近。為此就要停止壓人一頭、操弄他人，重要的是，要能建立起橫向對等而非上下的關係。

行動型的諮商者反覆交互經歷著如下情況：被養育者滿足欲求，以及感受到被拋棄的滋味。被拋棄的狀況是欲求未獲滿足的狀況，而那也是無力又寂寞的狀況，所以令人難以接受。因此會希望能持續從他人那裡獲得自己所求的事物，並為了獲得那些事物而做出操弄。只要占據優勢地位，就能操弄他人按自己所想去行動。要能停止操弄行為，就要停止想壓人一頭，且必須展現自己真實的軟弱與糟糕的模樣以建立起對等的愛的關係。可是他們害怕對等的愛的關係會以被拋棄做結而受傷。無法建立對等關係是因為不想受傷、害怕最後會失去愛，所以一開始就不相信愛而有所防備。他們以獲得一切想要的東西取代被愛。他們必須接受、克服受傷的恐懼並正視與他人建立關係，迴避掉這些是無法解決問題的。

他們對團體的歸屬感很少，即便看起來是處在團體中又或是統率著團體，他們也沒有自覺自己與眾人間有何關係、自己是團體中的一員。而且因為他們是以直覺優先來行動，不論下決定還是行動都很快

速，所以有時該決定都是臨時的，就長期性觀點來看，不是真能解決問題的想法。因此在短期間雖多能順利在人際關係與工作上獲取成功，就長期來說，則多是難以維持的。

接受過去受的傷（深刻的悲傷），並決心接受之後會因背叛而受傷、在愛的關係中受傷而活，同時停止想要占據優勢地位，建立對等、能彼此信賴的關係，而且以長期觀點而非眼前得失來思考、行動是很重要的。

●情感處理的方法

進行情感處理時，他們的問題是不正視受的傷（深刻的悲傷）。正視悲傷等於承認自己是會被拋棄的軟弱存在，所以無法接受。在他們心底深處，儘管害怕與珍視的他人分別，他們也不會悲傷於他人的離去，反而會認為「我一開始就知道會這樣了」，是預料中事，並主動捨去該人，認為「我本來就沒有相信他」，從受傷轉變成防備，不讓人看出自己深刻的悲傷以守護自己心靈的平穩。

某位行動型的男性諮商者在工作上的業績雖持續有增長，但信賴的部下卻經常會離自己而去，還有著與伴侶間無法維持親密關係的問題。諮商者指出那些都是部下與伴侶的問題，述說他們很過分，以及自己感到很憤怒。諮商師先仔細進行了憤怒的情感處理，在將諮商者感受到的憤怒從100減至50後問他：「除了憤怒，是否有感受到其他情感？例如部下離去時是否有感受到悲傷？」在諮商中要解決行動型諮商者的問題時，一定要處理的重要情感就是深刻的悲傷。承認因為人們的離去而使自己受傷並接受悲傷。不論是從被害者還是犧牲者立場出發，將離去這件事看做是對方的問題而進行批判並體驗到憤怒的期間，他們的問題將不斷在人際關係中重演，諮商就無法深入。因此

必須正視、體驗並處理內心深處的深刻悲傷。此時若使用的支援方式是委婉地讓諮商者察覺這點，他們會感到煩躁，並將能量用在指出、批判諮商師的不好之處（也就是會睥睨諮商師），導致諮商無效。因此最好避免使用委婉地讓諮商者察覺的支援法。「你看起來感覺很悲傷，但實際情況如何呢？」像這樣明確地直接詢問，諮商者會更容易面對悲傷。

　要幫助行動型的處理情感，與諮商者間的關係比技巧更重要。要能幫助他們有效面對情感，就一定要建立起足夠的信賴關係。而行動型諮商者的信賴關係無法只靠接受與有共鳴建立。對於只用接受與共鳴來與自己接觸的諮商師，許多諮商者都會將能量用在能讓自己處於優勢的心機（參考第1章8節）上，而不會將目光投向接受自己情感這件事上（若是能接受受傷痛苦的行動型諮商者就可以透過接受與共鳴來建立信賴關係）。行動型諮商者只會建立起在對方之上或之下的關係。為了能用情感處理來解決問題，必須讓諮商者理解，諮商師「是無法操弄的聰明對象」，在建構信賴關係時，這樣的理解是不可或缺的。因此，諮商師必須不順著諮商者的操弄，毫無猶疑的進行反擊。諮商者之所以進行操弄是為了占據優勢。若諮商師想帶著包容性接受，讓行動型諮商者看到因他們操弄的言行而困惑的態度，就會將之視為不聰明的人、立場比自己還低下，而且是非常無法信賴、無法敞開心胸以對的對象。上述的行動型諮商者也會詢問諮商師：「你到目前為止在面對像我這種問題的諮商者有過多少經驗？」「你學諮商多久了？」這就是想站在高位的心機、操弄。諮商師面對這些提問時若是顯露出困惑的態度，諮商者就真的不會敞開心胸了。即便像是展露自我給諮商師看並繼續諮商，沒有建立真正的信賴關係，情感處理就沒有效果。面對諮商者的提問，堂堂正正地以「你好像很在意我的事，但這個問題的答案與諮商的品質有關嗎？」「你似乎很在意我畢業於

哪所大學呢」等回答諮商者話語中揣測的內容，是能建立信賴關係的理想方法。而信賴關係一旦建立起來，他們就會變坦率，諮商師就能幫助他們面對情感。

　　一旦開始能接受悲傷後，諮商者就會開始轉變。他們從幼年時期就否認悲傷。進行悲傷的情感處理時，他們的悲傷是自己在幼年時期所體驗到、失去愛像要被拋棄時所感受到的。因此處理悲傷時，要讓他們置身於幼年時覺得要被拋棄的場景中，然後在那個場景裡處理深刻的悲傷。處理那分悲傷時也會感受到如被拋棄或有人離開自己時的恐懼。因此要一同處理恐懼與悲傷。

　　上述的男性諮商者在幼年時期感受到像要被母親拋棄的恐懼、悲傷，但至今都一直否認著。於是便讓他面對悲傷並進行了好幾次的情感處理。最後諮商者在與部下以及伴侶間的關係中所感受到的恐懼與悲傷都增加了。自己開始接受了部下離開會恐懼、悲傷時，與部下以及伴侶間的關係就出現了肉眼可見的變化。諮商者停止了操弄的行為──壓抑對他們的怒氣、明顯展現出心情不好的態度，以及採取對方喜歡的態度。此外，不採取對方喜歡的態度時，也減少了嚐到「我不管了。隨便你」這樣像要切割一切的滋味。隨之而來的，是諮商者變得去渴求與他人間的親密。而在對人關係中，也不再表現得逞威風，而是能擁有安心感了。此外，也沒必要為了壓對方一頭就必須讓對方知道自己的重要性，感覺能以真實的自我去行動。諮商者以前的對人關係模式都是很操弄式、如要捨棄對方的態度‧行為舉止，那是因為他不想感受到自身的恐懼與悲傷。對接受了恐懼與悲傷的諮商者來說，至今為止的行動模式就都成了不必要的了。

●進行情感處理時的重點

- 自我狀態是A、NP、NC時比較有效，也比較容易體驗到情感。可以配合狀況來選用A、NP、NC。尤其面對諮商者想要立於人之上的言行，用NC將之有趣化、搪塞化並輕鬆化解掉的做法很有效。

- 諮商師的表情不論是嚴肅正經還是笑臉都能體驗到情感。

- 進行談話時，有沒有摻雜加入手勢都可以。行動型中有人的手勢多，也有人的手勢少。最好是配合諮商者的態度來使用手勢。

- 幫助他們直接陳述欲求。他們大多會迂迴地述說欲求，像是「能幫我……嗎？」「不可以……嗎？」「是不是……比較好呢？」「不～也可以嗎？」等。這些都是操弄也是在與自己的情感保持距離。透過直接表現欲求，例如「想……」「希望……」會比較容易感受到自身的情感。因此直接問他們會比較好，例如：「你想～吧？」「你想說～比較好吧？」

- 使用「我」來當主詞表現。他們想與自身受的傷保持距離。用「我」來當主詞表現會比較容易感受到受的傷。要一邊幫助他們避免用「那個」當主詞來表現，或「讓……」的被動表現，一邊採直球對決。

- 避免開始感受到厭惡情感時的切割。感受或想法不同時他們會想迴避該話題，例如會說「夠了」，但這時候察覺情感有助加深情感處理。

- 建立信賴關係，讓他們接受情感。他們並非不擅長感受情感，所以建立起信賴關係後就容易進行情感處理。在建立起信賴關係之前進行練習他們會進行評估，所以最好避免。

（3）信念型的情感處理法

●要解決的問題

　　信念型諮商者的課題是，接受不安與恐懼、體驗安心、要信賴而非過度懷疑、不要過度執著自己的觀念，要能有彈性地接受不一樣的想法。

　　信念型的問題與想像型‧行動型一樣，是關於口腔期（～18個月）中基本信賴感未達標時該採用何種方略活下去。他們在人際關係面上會因為過度懷疑而謹慎小心、極為自律、與他人保持距離，並想要控制他人按自己意思行動。為了不感受到不安，他們會過度管理、吹毛求疵。會控制周遭人照他們所想的去行動，而他人不照他們意思行動或沒能做到時，就會批判他人很無能，變得具攻擊性。進行攻擊時，他們不認為自己的言行是在進行攻擊，只會說那是很正當的，又或者認為那是正義。他們強調正確，所以那既不是攻擊也不是憤怒。當然，就他人看來，那就是攻擊，只是憤怒。

　　他們對自己的想法很執著。即便知道那是錯的，也會將固執如斯的自己正當化。表面上的理由是正確的，但背後真正理由則在於若要改變就會危害安全，所以會不安。不改變自己想法而貫徹到底的態度究竟是否為適應性的，取決於其想法是否因偏見而扭曲。例如像德蕾莎修女那樣貫徹崇高的信念當然是適應性的。可是若將「家事應該由女人來做」「學歷就是一切」這些偏見強加於他人身上就不是適應性的。

　　他們害怕接受自己的想法是錯誤的，也難以接受自己的觀念於中途改變。因為對於接受他們沒有安心感，因此會執著於不變。與他人相關的想法也一樣。他們會強烈要求一致性，且對是否會改變有很深的質疑。這也是因為不安感很強，安心感很少的緣故。想法固執這件

事三不五時會在信念型的生存方式與溝通上引起問題。因為要彈性思考才能輕鬆生活。因此他們必須減少自己的不安、增加安心感，同時理解到對方是自己的夥伴、是守護自己的存在。

信念型的諮商者因為多次覺得受到態度不一致雙親的威脅而感到驚嚇，又或是被好操心的雙親給嚇唬而感到不安，所以會害怕無法預測的事態。所謂無法預測的事態就是不知道什麼時候會發生什麼事、沒有一致性、改變說詞、和之前說的不一樣等。發生這些事時，他們會為了不感受到驚慌與恐懼，而想按照自己的意思控制狀況或人，以避免無法預測的事態。

對多次碰到無法預測事態並感到恐懼的他們來說，世界是不安全的。世界很危險，不知道什麼時候會發生什麼壞事。為了不讓意外的壞事發生，他們相信，只要持續按自己所想來控制周圍的人及狀況就會很安全。而且因為他們也會嚴格控制自我，始終遵循自我信念做事，就不會感受到恐懼與不安。

信念型諮商者因為不安而堅持自己的想法，過度小心謹慎地生活，而另一方面則會壓抑恐懼，沒有認知到扭曲情感的不安。因此重要的是先要察覺不安與恐懼。要知道在自己的堅持與控制他人的背後藏有恐懼與不安。之後再去接受、體驗、處理這些情感，這點很重要。與此同時，他們也得要感受到世界是安全的。如此一來，他們將逐漸不再執著於自己的想法，也不會再想去控制他人及狀況。這樣的變化也會改變他們與周遭間的關係。

●情感處理的方法

要幫助信念型諮商者能接受恐懼，必須要聚焦在諮商者的想法而非恐懼的情感上。

某位信念型男性諮商者與伴侶以及雙親間的關係很不好。他會過

度擔心，會過於強勢地對伴侶及雙親說「要那樣做、要這樣做」。伴侶與雙親無法按照諮商者所說去做時，就會強烈地責備他們。即便家人跟他說：「希望你不要那樣責備人。」他仍舊認為自己不是在責備而是在說正確的事，正當化自己的行為。在這種狀況不斷重複發生下，他與家人的關係就惡化了。他在諮商中置身於伴侶以及雙親無法照自己所說去行動的場景下時說：「我沒感受到任何情感。」並且認為「明明自己是擔心他們的，不知道他們為什麼無法照自己說的去做」。不僅是他，信念型的諮商者很不擅長回應情感的問題。若問他們：「現在有何感受？」為了回答正確，他們會開始思考：「我到底是感受到了什麼呢？」儘管問他們的是情感問題，他們卻會關注在思考上。對他們來說，回答正確很重要。情感無關乎正確與否。情感就只是現今所體驗到的感受罷了。儘管感受不合於當下的狀況，那也是情感。可是他們不同。一旦問他們情感問題，就會開始思考在現今狀況下應該有的正確情感，所以會遠離對情感的體驗。因此要避免直接詢問信念型諮商者情感的問題，而是要問他們思考，亦即「現今的想法」。若是上述男性諮商者的情況，就可以問他：「伴侶不照你說的做時，你有何想法？」然後對諮商者所回答的想法做出共鳴。例如以帶著共鳴的語氣跟他說：「你覺得自己明明那麼為他們擔心，怎麼他們就不照你說的去做吧。」帶著共鳴去接觸諮商者的想法後，諮商者就會逐漸開始能順著自己的想法去感受情感。而諮商者能開始感受到情感時，諮商師最好不要使用情感性詞語，要誘導他：「請用吐氣的方式，吐出你認為『自己明明那麼擔心他們，為什麼他們卻不照你說的去做』的想法。」像這樣吐出想法時，諮商者就是在處理情感。

　　信念型諮商者相信情感是無法控制的棘手之物，所以不喜歡情感，有時也會在內心輕視情感豐沛的人，認為他們「容易流露出情感」。諮商中，若諮商師比諮商者先使用了「悲傷」「恐懼」等詞

語，很多人會在好不容易才開始感受到情感時就「往內縮了回去」。面對信念型諮商者時，直到他們自己表現出情感用語，最好避免使用那些詞語，情感才更容易加深。前述的男性諮商者是到了第六次面談時才能主動表現出「不安」「恐懼」。在此之前，諮商師一次都沒用過「不安」「恐懼」這類詞語。「我之所以對伴侶那樣強勢說話，是因為害怕會發生不好的事」，在諮商者這麼說完後，諮商師就能使用「害怕」這個詞。至此之前，都要聚焦在想法上來進行對談。

不安與恐懼的根源在好操心的雙親，又或者是經歷過受到沒有一致性雙親的威嚇或驚嚇。他們總是會在好操心的父母擔心時感受到恐懼。他們滿懷好奇心行動時，好操心的雙親就會挑起不安的幻想。結果他們漸漸地就會對新物失去好奇心，在行動前只會感受到不安。人在從事新事物時，本就會有不安與好奇心。做出行動時，人必須要平衡好好奇心與不安。當然，行動時的情感不可以只有好奇心。若能平衡好好奇心與不安，不安這種情感就會起到訂定計畫以避免失敗的作用，而不安也會因制訂好嚴密的計畫而減少。可是好操心父母所帶來的不安，即便訂立了嚴密的計畫也不會減少。是無來由的不安。

此外，他們對沒有一致性的父母也總是心懷警戒。沒有一致性的父母心情難以預測。即便發生同樣的事件，父母有時會心情好，有時則會不好。心情好壞不同時，對同一件事的說詞也會不同。心情好壞取決於父母當下情況，但就孩子看來，卻會因身處被動方而感到不安，只能不斷想方設法去應變雙親的壞心情以及變來變去的說法。因為他們不知道雙親的心情何時會變糟（不好）。為了避免驚嚇與恐懼，只能謹慎以對。

孩子是透過父母來知道世界的模樣、社會的模樣。他們透過父母學到的，是這個世界很危險，不知道什麼時候會在什麼地方發生壞

事。幼年時期體驗並處理不安與恐懼，有助減少認為這世界很危險的感覺。

諮商者若能用話語來表現不安與恐懼，並能感受恐懼、放鬆身體以處理恐懼，就會開始改變。前述的男性諮商者也減少了對伴侶與雙親的強烈責備。因為他處理了對幼年時期好操心雙親的恐懼，減少了認為這世界不安全的感覺。因為減少了強烈的責備，伴侶與雙親都說他改變了，例如：「變得比以前更沉穩了」「變得不會情緒化了」「變得更柔軟圓滑了」。當然，本人也有感受到變化。因為減少了不安與恐懼，就不會太在意別人言行舉止間的細節處。

同時，隨著處理恐懼與不安的進展，多數諮商者的頑固想法也會變得柔軟。某位50多歲的女性諮商者因為照護雙親而與姐姐間的關係變糟。她指出，姐姐住在其他縣市，無法幫忙照護，並說：「姐姐只會抱怨，卻沒想要做些什麼」「姐姐只要一開口，就都是在責備我」。就諮商師聽來，並不認為她的姐姐是在抱怨或在責備她，反而覺得是因為姐姐自己離得較遠，什麼都做不到，所以想著至少要提供有用的資訊而給建議。隨著處理了恐懼與不安，可以開始看見諮商的想法改變了。她本把姐姐的言行想成是抱怨，如今則變成是「因為姐姐住得遠才會擔心」「因為姐姐不知道雙親的狀況才會想給我許多建議」。這可以想成是因為偏見減少了而轉變為事實思考。信念型的諮商者會因為處理了恐懼與不安而變得能逐漸看清事實並改變想法。

進行信念型諮商者的情感處理時一定要知道他們是非常慎重的。他們對與諮商師建立信賴關係也很慎重。因此在早期階段不會把自己所有事都跟諮商師說。會花時間來敞開心門。簡直就像是每走一步都要確認安全後才前進。與他們的想法有共鳴有助盡早與他們建立信賴關係。若有人與他們的想法有共鳴，他們就會認為自己的生存方式、態度也是與人有共鳴的，因而對對方有安全感。不要性急地去探尋情

感深處，而是與他們的想法有共鳴並等待諮商者主動引出情感、打開心門，這樣的態度是必要的。

●進行情感處理時的重點
- 自我狀態用A去接觸諮商者會比較容易體驗到情感。最好是用自我狀態一致的A去應對諮商者。不過一旦諮商者開始體驗到了情感，NP也很有效。在早期階段用NP，會讓諮商者質疑為什麼要採取那種態度的動機，而NC則可能讓諮商者有被輕視的感覺。
- 表情要嚴肅點會比較容易體驗到情感。誠如前述，諮商者對情感的抵抗力較強，所以一臉嚴肅比較好。
- 與諮商者接觸時，可以摻雜手勢，但大一點的手勢會讓諮商者去探尋意圖，若能避免，將比較能體驗到情感。
- 憤怒從一開始就是容易出現的情感，但悲傷與恐懼則很難出現。
- 比起情感處理要先建立信賴關係。直到建立起信賴關係會花些時間。透過展現出接受・承認諮商者信念與生存方式的態度，就能漸漸構築起信賴關係。諮商者的信念與生存方式是他們痛苦的源頭時，承認那點就會強化信念與生存方式。可是若透過此而建立起了信賴關係，就能讓他們理解到因為該生存方式與信念而形成了痛苦，並能一起做出修正。
- 聚焦在自己的想法上會比較容易體驗到情感。他們多會進行投射。許多情況下會認為他人對自己的看法、想法就是自己的想法。他們多會談到他人是怎麼看自己的。雖然聚焦在他人是怎麼想自己的並不壞，但若總是如此就無法深入解決問題。要詢問他們自己是怎麼想的。

（4）反應型的情感處理法

●要解決的問題

　　反應型諮商者的特徵是會對對方間接地表現出批判式情感，言行舉止是被動攻擊式的。他們容易對對方擁有批判式的情感是因為他們會在無意識中與對方進行鬥爭，因此他們的課題就是停止鬥爭，學習攜手合作。藉此，他們不僅能改善人際關係，做決定與行動時也會輕鬆許多，能毫無困難地將行動進行到最後。

　　反應型的問題是與在肛門期（2～3歲）為獲得自律所進行的嘗試有關。在發育階段中應獲得自律性的時期，因為父母加強了控制而沒能獲得自律性。反應型的諮商者就難以基於自身的想法、價值觀、理念並以自己的意思來行動。因為被來自父母「去做那、要做這」的支配與制約控制著。他們的雙親過於要孩子照他們的意思行動，管教過度了。對此，或許聽話的孩子會順從，但或許也有會反抗的。無論如何，反應型的諮商者即便脫離了雙親管教而長大，仍強烈地感受到不想照他人的意思去做，會敏銳地從他人言行中察覺到控制，並以被動攻擊型的言行舉止來反應。

　　此外，他們必須花費大量精力去決定要做的事以及行動，所以會覺得很辛苦。如果是基於自己的想法，又或是想基於自身的欲求而行動，就必須與支配並設下制約雙親鬥爭。若是不與雙親的支配、制約鬥爭，就不能做自己想做的事。即便脫離了雙親的管理而長大成人，仍舊認為做決定並付諸行動很辛苦，一定要用上很大的能量。

　　反應型的諮商者為獲得自律性，腦中會一直描繪戰鬥的構圖，把周遭人與幼年時的控制型雙親重疊。於是就會採取攻擊的言行舉止與周遭的人戰鬥。而且他們是在無意識中將周圍的人或工作放在了幼年時期雙親的位置上，其結果是或許當中有人是幫助者，但他們卻把人

家看成是「說東道西，很囉唆的人」「想支配我做這做那的囉唆鬼」，或是把自己想做的工作，當成是「被強制去做的」，於是就採取被動攻擊的態度，例如述說不滿、拖延、生悶氣、沉默不語、失誤、失敗、忘記要做的事、反其道而行、怠惰等。這些都是所謂的反抗心，若是用在好的方面會變得精力充沛，變成去做某事的力量來源。其實，反應型的人在做喜歡的事時是非常精力充沛的。可是若用在不好的方面，在重要選擇上就會意氣用事，做出錯誤行動。

此外，與他們雙親的鬥爭是沒有平局的黑白分明，亦即不是雙親的願望就是自己的願望、不是照雙親的想法去做，就是去做自己想做的事、不是輸就是贏。不論是做決定還是行動時腦中都有著或黑或白的糾結，所以做決定與行動時會很糾結，為了克服這點，要耗費龐大的能量。各種事情都是黑白分明，沒有其他選項，例如「不是好就是壞」「去做或不做」「能做到或不能做到」「喜歡或討厭」「自己有價值或沒價值」等。而無法做到完美時，就容易認為「做不到」「沒做」。這也是黑白分明。

某位反應型的女性諮商者因為該做的事沒做而煩惱著。她想做園藝，一開始做的時候很好，但在做的過程中漸漸地就不是在做喜歡的事，而似乎感覺是「不得不去做」。因為是自己喜歡才開始的，就覺得一定要貫徹始終，愈是這麼想就愈是討厭園藝。對她來說，不知不覺間，園藝就變得和幼年時期雙親強迫她去學的鋼琴一樣了。

反應型的諮商者會討厭起自己想做而開始做的事，最後就會半途而廢。因為不知不覺間會變成是「不得不去做」。這就是與幼年時期雙親間鬥爭的構圖。當然在那之中並沒有年幼時期的雙親。可是他們卻在大腦中重現了被強制遵循雙親期望而非自己期望的構圖。她至今仍會對明明是自己想做而開始的事半途而廢。因為從中途就會討厭去做那件事了。

●情感處理的方法

反應型諮商者討厭去做感覺上是被強迫的事，而且在日常中也多會感受到厭惡。因此在情感處理中，要從「討厭」的情感開始處理。可是他們感受到「討厭」時，另一方面也會想要將「討厭」壓制進身體內部。因此討厭的感受就會一直留存在身體中，不會減少，會一直有著討厭的感受，或是變成更討厭的狀態。變成這狀態的「討厭」就是扭曲情感的「嫌惡」與「不滿」。

他們經常會感受到「討厭」，卻不會吐露出「討厭」、不處理，所以經常「討厭」各種事，而因為不得不忍耐，就會心懷不滿。他們須要的是放鬆身體的力氣，吐出「討厭」。因此首先要從放鬆肌肉開始進行。他們在放鬆肌肉時會努力用力、努力放鬆。努力放鬆肌肉的結果就是沒能放鬆。所以要幫助他們用60％左右的力道或是剛剛好的力道來放鬆肌肉。

放鬆吐出「討厭」後則要吐出「憤怒」。他們不太會體驗到自然的憤怒。偶爾看起來是有表現出憤怒，但總是一邊壓抑怒氣一邊表現著，所以就成了被動攻擊這種迂迴式的反抗。因此感受、處理憤怒很重要。在此，與「討厭」一樣，要幫助他們不要用力，只要想像著將身體中感受到的憤怒吐出身體外來進行處理。

最後則要處理總是被強迫遵循父母期望，自己的自主行動卻不被接受時所感受到的「悲傷」。這是沒能獲得自律性的悲傷，是沒能遵循自己意思自由行事的悲傷。情感處理進行到這地步後，他們就會出現極大的變化。

此外，反應型諮商者期望幼年時期的雙親能跟自己一起行動，而非妨礙他們自律、強迫他們、下指示要他們那樣做、批判他們沒做到的事。他們希望雙親能站在斜上方或橫向的立場來與他們一起行動，

而非從正上方把事情強推給自己。這就是合作。反應型諮商者不擅長合作，這與他們在幼年期向雙親請求合作卻未能如願有關。他們要能與人合作而非做出被動攻擊，就必須處理對沒能獲得合作的「悲傷」情感。要處理好沒能自由去做想做事情的悲傷，以及沒能獲得合作的悲傷後，他們才會湧現想與他人合作的欲望。

　　前述的女性諮商者通過5次諮商，以「討厭」「憤怒」「悲傷」的順序進行了情感處理後就不再討厭園藝了。進行「討厭」的情感處理後，她就不再感覺是被迫去做的。此外，做事情時也不再須要極大的努力，而能放鬆去做。因此她不再討厭自己想做而開始做的事，且半途而廢，而是轉變成能做到最後了。這就表示，她擺脫了與雙親鬥爭的構圖。

●進行情感處理時的重點

・自我狀態用NC去接觸諮商者會比較容易體驗到情感。偶爾要使用NC的自我狀態去與諮商者交流。此外，諮商者開始體驗情感後，NP也很有效。若用A交流過多，諮商者會覺得被諮商師強迫並開始鬥爭，開始「…但是」「…可是」的迂迴反抗。此外，若是在練習最後能快樂使用NC，在練習中所進行的情感處理，在之後也會很好地穩固下來。

・帶著笑容去與諮商者接觸會比較容易體驗到情感。即便是嚴肅的話題，偶爾使用笑容也會比較容易體驗到情感。若徹頭徹尾都是一臉嚴肅，諮商者就會開始鬥爭。

・詢問諮商者問題時可以摻雜手勢會比較能體驗到情感。不論手勢有沒有配合話題都無所謂，舉手投足的動作大些會比較容易順暢地進行交流。

- 注意「…但是」。諮商者對諮商師的話語開始使用「…但是」「…可是」時，就是展開了鬥爭，所以要切換成使用NC。

- 不要用二選一的問法。不要促使他們從兩者中選一個，例如：「要A還是B？」「是悲傷還是恐懼？」要給他們自由選擇的權利去提問，例如「該怎麼做比較好？」「感覺如何？」二選一的提問會引起糾結，就算選了，之後也會反悔。

- 問他們情感而非想法的問題會比較容易體驗到情感。若問他們想法，就會收到他們沉默的反抗，所以要促使他們去感受情感。不要問「你怎麼想？」而是要問「你有何感受？」會比較好。

（5）思考型的情感處理法

●要解決的問題

　　思考型諮商者的課題是停止做太多眼前的事，以及別管有沒有做到，也就是學習自己是有價值的，這點無關乎業績與完成度。而且面對總是持續去做某件事、什麼都要做到好（做到完美）等要適可而止，並重視心情舒暢、開心、愜意、祥和的時間。滿足自己孩童自我狀態的欲求。

　　思考型的問題是與從結束肛門期起到性蕾期初期（4～5歲）的講求正確行動時期的適應方略有關。思考型的諮商者一定要持續做些什麼。他們在幼年時期，為獲得雙親的愛而認為做好雙親的期望很重要，並且透過做好雙親期望的事來獲得愛。因為他們的雙親期望他們會做好或完成某些事。這時期孩子的發育課題就是能否順利平衡自己的欲求與雙親的欲求，所以他們會放棄自己的欲求，以做好雙親的期望為優先。為了被父母所愛，唯一方法就是把事情做好以感受到自己是被愛的、是有價值的。本人大多沒有認知到這點，並單純地認為那

樣做是理所當然的，但把事情做好是能認知到自己是有價值的方法，是能獲得愛的方法。

　　思考型諮商者不擅長使用孩童的自我狀態C，也不習慣享樂與自由行動。因為那些只會連結到沒做好該做的事，自己是沒價值的。因此即便想要享受旅行，在旅行中也只會預定好該去的地方、該看的事物、該做的事，或是配合應該享樂的狀況進行正確的享樂，沒有體會到打從心底湧現出的自然樂趣。若沒做好該做的事，就會有自我厭惡與罪惡感，所以不論做什麼事，腦中經常都會想著應該怎麼做。即便無所事事時，也不會放鬆身體的力氣。他們腦中某處，不允許對該做的事放輕鬆。

　　思考型諮商者不擅長體會達成感。即便完成了某件事，也一定會把注意力轉向下一件事。若是對工作順利的思考型人說「恭喜」，他們會回覆：「謝謝，比起這件事，關於下一個企畫……」。思考型人就像這樣，經常會被驅使著朝更上層樓為目標去做事。若因完成而喜悅，就會認為自己也就這樣了，不安於之後會成為做不好事的人。因此，會認為不可以喜悅、一直延後喜悅，甚至直到將死之際。

　　若有人批評他們不享樂、不遊憩、不休息，他們會反擊：「我明明是為了大家（家人）才拚命努力去做。」此外，或許他們會用搞壞身體生病的方法來展現自己為大家努力拚命做事。這是一種心機，為讓批判自己一直做事的人產生罪惡感，認為：「他明明是為了我們而拚命努力，我卻還責備他，真是對不起。」視情況，他們會持續做到真的罹患攸關性命的重大疾病為止。但其實他們是想透過罹病來獲得渴求的愛（照顧）。他們應該要學習的是當下的喜悅、享樂，不是「直到……結束為止」的拖延，而是當下。

　　思考型諮商者因為不做些什麼就會感受到不安，所以會持續做事。他們總是對自己的能力感到不安，責備自己無法做好事、無法完

成事項，並且對想到不好的事懷有罪惡感。不僅是自己，他們也會責備他人沒做好事。

　　某位40多歲思考型的男性諮商者處於憂鬱狀態。他對工作有很強的責任感，身為團隊領導者，他對工作進行得不順利一事會自責於自己很沒用。周遭的人都跟他說：「這不是只有你的錯。」但他卻完全聽不進去。他跟諮商師說，自己很沒用，沒有任何價值。

● 情感處理的方法

　　思考型諮商者會壓抑悲傷，因此不會察覺自己的悲傷。前述的男性諮商者因陷入憂鬱狀態，所以要先以憤怒為主來進行情感處理。思考型諮商者要發洩出憤怒並沒有那麼難。當前的憂鬱心情能因持續處理憤怒而獲得改善，但他把所有事情的責任都往自己肩上扛，所以想把所有事做好的思考型問題沒有獲得解決。今後遇到同樣狀況時，就會重複出現憂鬱心情，所以必須解決認為沒做好事的自己就是沒價值的這個問題。要能擺脫「沒做好事的自己很沒用」這種思考模式，就必須能改想成是，無關乎有沒有做好事，真實的自我都是值得被愛的。

　　思考型人認為，人們愛的是好好做事的自己，而非真實的自己。說不定把事情做好是理所當然的，所以即便做了也可能得不到愛。在情感處理中，認為沒有人會無條件愛著沒把事情做好以及真實自己的悲哀是很重要的情感。

　　可是，思考型諮商者沒感覺到自己在壓抑悲傷。就算直接詢問他們悲傷，他們也無法察覺。即便表情很悲傷，若問他們：「你現在覺得悲傷嗎？」他們就會開始思考「我很悲傷嗎？」然後悲傷的表情就消失了。因為悲傷內縮了回去。因此，不要對他們使用「悲傷」這個詞，要問他們想法，然後對他們的想法有共鳴。

上述的男性諮商者談到了關於幼年期父母親「不把事情做好就不會被他們接受」的事，所以就問了他關於這件事的想法。諮商者提到他認為「我希望他們能更接受我，希望他們能一直接受我」。諮商師對此做出了共鳴。那時候，即便沒使用悲傷這個詞，諮商者也體驗到了悲傷。於是便促使他用吐氣的方式吐出該想法。依此就能處理悲傷的情感。透過確實處理不被無條件愛著的悲哀，諮商者就能思考「不論有沒有做到，我都有被愛的價值」這類無條件的價值，並能停止為了被愛而必須一直把事情做好。男性諮商者進行了悲傷的情感處理，逐漸地就能認為自己絕對是有價值的，比起以前，也不再會自責了。而且他報告說罪惡感與工作上的壓力也都減少了。

　　進行情感處理時，要幫助他們不要想做到完美。他們會想把情感處理做到完美。想做到完美時，諮商者的身體就會用力而無法處理情感。面對諮商者「確實」「更加」「還不夠」的表現，建議他們不要做到完美，「要以50為目標而非100」很重要。

　　有時關於思考型人無法享樂這件事也必須給予支援。某位60多歲的思考型經營者無法享樂。他甚至在打喜歡的高爾夫時也拿著手機，隨時關注著工作。睡覺時腦中也會浮現工作的事，所以為難以入睡所苦。他在上小學時因要幫忙父母農事而無法與朋友一起玩。諮商師讓他使用空椅，將幼年時期一起從事農事的父母投影在眼前並進行對話時，他說自己無法拜託雙親「我想出去玩」。雙親都很努力，卻只有自己在玩，那讓他感到很愧疚。透過使用空椅進行對話後，他知道自己從前做出了「不可以享樂」的決定。然後讓他幻想著幼年時期忍耐享樂的自己並投影到空椅子上，他於是得知，那個孩子其實很想玩樂且一直在忍耐著悲傷。之後，他擁抱了空椅上年幼的自己，接受悲傷並許可自己「不用再忍耐，可以享樂」。進行這個幻想練習後，他就能快速入睡，也能不在意工作地快樂打高爾夫了。就像這樣，要能幫

助諮商者得以享樂，就必須讓他們體驗到自己一直忍耐著的悲傷並做出足夠的共鳴。

●進行情感處理時的重點

・以自我狀態A為主與諮商者接觸會比較能體驗到情感。針對諮商者多是使用自我狀態A。諮商者開始體驗到情感後，用NP也很有效。

・以嚴肅的表情面對諮商者會比較容易體驗到情感。若用笑臉應對，諮商者會難以接受情感。

・對談時要避免使用較大手勢比較容易體驗到情感。為能容易理解談話才使用手勢。

・一開始容易感受到憤怒，但難以感受到悲傷與恐懼。

・不要幫助他們轉變成是「一定要」。諮商者一定要做到完美，所以偏好使用「要更…」「（現狀）更為…」的表現。其他還有「覺得最好要那樣做」等的表現。這些都是以往應該改變的方向（義務與責任）做改變為目標，要注意不要依循著那些來進行情感處理。要留心幫助諮商者往想改變的方向（諮商者的欲求）改變。

・建議他們決定好時間享樂。他們若是沒做事就會一直覺得不安，所以無法讓自己放鬆、遊玩享樂。為減少不安，享樂很重要。他們會按照時間表選擇做什麼事並感到滿足，所以在安排享樂時可以從決定時間來享樂開始。

（6）情感型的情感處理法

●要解決的問題

　　情感型諮商者的問題是過度在意周遭人的心情。若是周遭的人不開心，就會覺得自己要負起責任，得做些什麼才好。讓對方開心時就覺得自己有存在的價值，相反地，不開心時就會認為自己沒價值。此

外，若對方開心會對他們展現關心，就會覺得自己是被愛的，而不開心或沒展現關心則是不被愛的。就像這樣，自己是否有價值或是否被愛都取決於對方的反應。他們要注重的是靠自己決定自己的價值，以及將能量灌注在自身的思考上，而非對方。此外，情感型諮商者有時會變得過度情緒化。在人際關係中控制過度的情緒反應，並將能量用在思考而非感受上也很重要。

情感型的問題是與在性蕾期（4～6歲）為獲得（異性的）父母之愛的方略有關。情感型諮商者為獲得雙親的愛而追求「該如何」。若思考型的是「要做什麼」，情感型諮商者就是「要成為怎樣的孩子」。那與做為一個孩子該有怎樣的行動有關，例如是「溫柔的孩子」「可愛的孩子」「開朗的孩子」「健康的孩子」「幸福的孩子」等。其結果就是，雙親開心時就感受到被愛，能認為自己是有存在的價值；雙親不開心時就不被愛，是沒價值的存在。雙親開不開心的標誌之一就是有沒有展露笑容。

情感型的諮商者即便長大成人，仍會以對方的開心、笑容來決定自己的價值以及是否有被愛。因此覺得對方不開心、沒有笑容時，就會認為自己有些責任，會過度用心讓對方開心。

他們認為，對方沒笑時就是不高興，但即便事實是他們沒有不高興，只是嚴肅了點，情感型人也會質疑對方是否討厭自己。因此若有一臉嚴肅的人在，他們就會感到有壓力。

情感型諮商者在幼兒期後期的發育階段中，沒有達成要完成的課題，也沒有將情感與事實分開。這與深信讓對方開心就等於被愛有關。因為把情感與事實混為一談，自己感到不愉快時，就會判斷對方不喜歡自己、對方有什麼不好的事。反過來說，心情好時，就判斷對方是誠實的好人，對方說的話都是正確的且是很親近的人。

此外，他們會將對方展現關心、擔心判斷為是愛。反過來說，沒

表現出關心、擔心就是不被愛，認為對方沒愛。他們會把關心與愛看成同義。

對方不高興、沒展現關心時，他們會感到混亂、自己沒價值，並過度在意而情緒化。變得情緒化時，他們會被憂鬱打倒，或是被強烈的不安襲擊，然後歇斯底里的責備對方。他們在情緒化地責備對方時並沒有生氣。雖然就他人看來那明顯就是在攻擊、只看得出憤怒，但他們其實是在悲傷。因此他們很驚訝於別人認為他們的表現是攻擊。雖然如此，因過度表現的方式有問題，就難以讓對方知道那其實是悲傷。而當他們精神疲累，甚至會做出「地理性治療」，也就是消失到遠方去。

他們必須區別自己與對方的情感，也就是要明確劃出與他人關係的界線。而且自主思考也很重要。透過驗證位在情感背後的思考就能做到這點。同時，將目光放在「要做什麼」而不只是「該如何」，努力達成目標，並認可自我能力以提高自尊也很重要。

此外，情感型諮商者會幻想著不好的將來，像是「現在是很好，但之後……」而感到不安，將現今快樂的心情變得不安又悲傷。他們會幻想著現今的快樂沒了之後就會不愉快，例如「現在他雖然是喜歡我的，但要是之後他的心不在我身上了……」「要是孩子獨立而變得孤單了……」「明天旅行就會結束了」等。某位諮商者說，自己在出發旅行前很開心，但出發後就會在意起剩餘的時間變得不快樂起來。就像這樣，「現在是很好，但之後……」的幻想以及感受到的不愉快，會隨著進行不安與恐懼的情感處理而逐漸減少。

某位30多歲的情感型女性諮商者有4歲與5歲兩個孩子，她很苦惱於育兒的壓力。她與同是主婦的朋友關係良好，會找她們商量育兒的煩惱，也能跟父母說，但在談到家事與照顧孩子時，很多時候她都會一個不留神就流下淚來，經常會在孩子面前哭或情緒化地對孩子發脾

氣。以前丈夫也會聽她說話，但因為多次以情緒化的方式對待丈夫，最近丈夫都像要避開她般，減少了會話，感覺與丈夫間的相處很不順暢。雖然丈夫與孩子似乎也沒有那樣想，但她卻過度在意丈夫與孩子而搞得筋疲力盡。丈夫對她說：「因為妳很情緒化就不想跟妳說話。」孩子們則跟她說：「媽媽好可怕。」對此她備感受傷：「我明明對他們那麼用心，卻沒有人理解我。」並加深了認為丈夫與孩子都不需要自己的想法。丈夫與孩子不開心，或是丈夫沒有關心她時，她就會認為自己沒有存在的價值，於是就陷入更難以控制情感、情緒化對待丈夫與孩子的惡性循環。對她來說，她須要理解自己是有價值的，而這與對方是否開心無關。不要把自己的價值交託給他人，要自己來決定自己的價值。

●情感處理的方法

　　情感型諮商者不太會生氣。因為憤怒是不高興的情感而無法表達，所以從小就會控制憤怒。

　　前述的女性諮商者在與幼年時期的雙親在一起，並頭一次感受到對雙親的憤怒時，大力地採下了煞車。她說：「感受到憤怒很恐怖。」這就是「面對憤怒時無法開心＝不被愛」的恐懼。為了控制憤怒，一旦面對憤怒，他們就會找出各種理由，例如「對方好可憐」「對對方感到很抱歉」等以遠離憤怒。這時候一定要知道，「憤怒≠攻擊」。處理憤怒時，要只將自己的情感吐出體外，而不要去面對對方。情感型的諮商者認為「憤怒＝不好的事」「憤怒＝攻擊」「憤怒＝不被愛」「憤怒＝被討厭」。要解決這些想法就必須體驗憤怒。

　　此外，他們在使用報紙處理憤怒時，會將憤怒與悲傷混合在一起，導致兩者都無法處理。上述的女性諮商者在用報紙吐出憤怒時，一邊站在犧牲的立場，一邊責備對方說：「為什麼你們都不理解

我？」同時哭泣著用報紙敲打坐墊。這就是悲傷與憤怒混雜在了一起。此外，即便是想吐出憤怒，也近似於責備對方的攻擊，不是純粹的憤怒。問她：「憤怒與悲傷的感受哪種比較強烈？」諮商者回答：「悲傷。」於是諮商師告訴她：「那就先請聚焦在悲傷上，去感受悲傷。」並進行悲傷的處理。諮商師讓她一邊體驗悲傷，一邊用吐氣吐出。接著在悲傷減少到某種程度後，聚焦在憤怒上並吐出憤怒。這時候要讓諮商者想像單只是把身體中的憤怒吐出身體外，而不是朝對方發洩。這麼做之後，就會將憤怒與想責備對方的攻擊做出切割。要進行這步驟好幾次。對憤怒進行情感處理好一陣子之後，諮商者雖重複著邊哭泣邊吐出憤怒，但隨著多次切割並處理悲傷與憤怒，漸漸地在吐出憤怒時就不再流淚了。

他們開始感覺到憤怒後就會大為改變。憤怒能明確自己與他人的不同，透過體驗憤怒，自己與他人的界線也會開始變明確。自己的想法與他人的想法、自己的情感與他人情感的分界線會開始變明顯。最後就會減少被他人情感影響的情況。

一旦開始感受到憤怒，就能理解自己是有價值的、自己有思考能力。感受到憤怒之前，憤怒與悲傷混淆在一起時，對自己的價值與思考能力一事並沒有固定的認知。諮商者即便感受到了暫時性的變化，仍要請他們重複相同練習。

該名女性諮商者隨著能確實體驗到憤怒之後，就能認為「即便不讓對方開心，我也是有價值的」，出現了很大的變化。她不再對丈夫與孩子察言觀色、顧慮小心。丈夫的心情不再會左右她的情感。而她也減少了情緒化地對丈夫及孩子發脾氣。最後她與丈夫間的對話增加了，關係也改善了。

對情感型諮商者來說，感受到自然的憤怒是解決問題的關鍵。

●進行情感處理時的重點

- 以自我狀態NP為主去接觸諮商者會比較容易體驗到情感。對諮商者要一貫地使用自我狀態NP。

- 帶著笑容的表情去與諮商者接觸會比較容易體驗到情感。諮商者會對一臉嚴肅感到不開心。他們大多不喜歡、害怕沒有笑容的諮商師。

- 交談時摻雜著手勢會比較容易體驗到情感。

- 一開始容易體驗到悲傷，無法體驗到憤怒。

- 一旦陷入混亂就會不知所措，會傾訴「希望有人幫我」「我不知道該怎麼做才好」，出現用想要訴說些什麼的悲傷眼神、目不轉睛地凝視他人等言行。針對「希望有人幫我」這類如站在尋求救濟者般的犧牲者立場的訊號，要正面與之對決「你想怎麼做呢？」「要怎樣才會變得輕鬆愉快呢？」使用成人的自我狀態A去支援他們。

- 練習中，在處理了特別強烈的恐懼情感後，為了能穩定下來，要告訴他們：「沒關係的唷。」以讓他們安心。他們會相信並且不太會再度陷入不安。

- 承認思考與行動。承認他們自己思考的事或完成的事。幼年時期的他們沒能在思考與完成事項上獲得好評。若思考能獲認可，他們就能自己思考。依此，他們就會減少表現出情緒化的反應。

- 詢問思考。不僅是情感，還要詢問「為什麼會感受到那樣的情感呢」等情感的背景、想法。依此就能提高思考力，變得能自己思考。

- 不要去批判他們對他人做的事。若是嚴肅地詢問他們對他人做的事，像是：「為什麼要採取那樣的行動？」他們就會覺得取悅他人的行為受到了批判，而這就近似於否定他們的存在。

・清楚劃分性別界線。對性別界線模糊不清的諮商者，要清楚劃出性別界線去與之接觸。明確地用話語表示出來也很有效。諮商者會因此而不使用能量。

7　人格適應論的情感處理應用

應該要把諮商者看成是獨一無二的存在，並避免將他們分類看待。這能避免先入為主地幫諮商者貼標籤，或是陷入做出一致而無變化的支援。人格適應論將人的特徵分為6種類型，所以也有人持否定看法。可是，人格適應論的目的絕非將諮商者塞入類型論的框架中來進行分類・解釋，而是有目的活用以加深對諮商者的理解、對諮商者做出有效的相關話語・表情・手勢等，各位讀過本章後應該能理解。

諮商師雖不能說是充分發揮了基於臨床經驗與過去成功體驗而構築了自己的說話措辭、表情、手勢的用法等，以應對諮商者來改變做法，但也隨處可見採用統一的應對法，也就是以培育式的方法去與諮商者接觸。諮商師要因應不同諮商者來改變表情與遣詞用字，其根據多來自諮商師個人經驗，沒有實際理論背景。

在人格適應論中，諮商師要配合諮商者來改變話語、表情、音調、手勢以做出應對。此外，也要因應諮商者的類型來改變接近的部分，如思考・情感，等以做出應對。這完全就等同於配合諮商者個性來進行的概念。

察覺、接受、體驗、處理情感的方法非常精密。只要說錯了一句話，就會讓諮商者好不容易開始體驗到的情感往內縮，並增強防衛，因而有時將無法進行情感處理。理解諮商者容易察覺到的情感、容易接受的話語，就能有效幫助他們處理情感。

透過活用人格適應論，將有望能幫助諮商者處理情感，甚至是盡早順利解決問題。

參考文獻

Barnier, A. J., Hung, L., & Conway, M. (2004). Retrieval-induced forgetting of emotional and unemotional autobiographical memories. *Cognition & Emotion*, 18(4), 457-477.

Berne, E.（1964）. *Games People Play*.（バーン, E. 南博（訳）（1967）. 人生ゲーム入門──人間関係の心理学　河出書房新社）

バーンズ, D. D.　野村総一郎他（訳）（2004）. いやな気分よ、さようなら──自分で学ぶ「抑うつ」克服法　増補改訂第2版　星和書店

キャノン, W. B.　舘鄰・舘澄江（訳）（1981）. からだの知恵──この不思議なはたらき　講談社学術文庫

Carroll, J. M., & Russell, J. A. (1996). Do facial expressions signal specific emotions? Judging emotion from the face in context. *Journal of Personality and Social Psychology*, **70**(2), 205-218.

Damasio, A. R. (1999). *The Feeling of What Happens: Body and Emotion in the Making of Consciousness*. New York: Harcourt Brace.

ダマシオ, A. R.　田中三彦（訳）（2005）. 感じる脳──情動と感情の脳科学　よみがえるスピノザ　ダイヤモンド社

ダマシオ, A. R.　高橋洋（訳）（2019）. 進化の意外な順序──感情、意識、創造性と文化の起源　白揚社

Damasio, A. R., & Carvalho, G. B. (2013). The nature of feeling:Evolutionary and neurobio-logical origins. *Nature Reniews Neuroscience*, **14**(2), 143-152.

ダーウィン, C.　八杉龍一（訳）（1990）. 種の起源　上・下　岩波文庫

エクマン, P., & フリーセン, W. V.　工藤力（訳編）（1987）.　表情分析入門──表情に隠された意味をさぐる　誠信書房

Ekman, P., Levenson, R. W., & Friesen, W. V. (1983). Autonomic nervous system activity distin-guishes among emotions. *Science*, **221**(4616), 1208-1210.

Emmons, R. A., & McCullough, M. E. (2003). Counting blessings versus burdens: An experimental investigation of gratitude and subjective well-being in daily life. *Journal of Personality and Social Psychology*, **84**(2), 377-389.

遠藤利彦（1996）. 喜怒哀楽の起源──情動の進化論・文化論　岩波書店

福田正治（2006）. 感じる情動・学ぶ感情──感情学序説　ナカニシヤ出版

福田正治（2008）. 感情の階層性と脳の進化──社会的感情の進化的位置づけ　感情心理学研究，**16**(1)，25-35・

Goulding, R. L., & Goulding, M. M. (1979). Changing Lives through Redecision Therapy. New

York: Brunner/Manzal.（グールディング, R. L., & グールディング, M. M. 深沢道子（訳）
（1980）. 自己実現への再決断——TA・ゲシュタルト療法入門　星和書店）

グリーンバーグ, L. S.　岩壁茂・伊藤正哉・細越寛樹（監訳）（2013）. エモーション・フォーカスト・セラピー入門　金剛出版

Greenberg, L. S., Rice, L. N., & Eliott, R. (1993). *Facilitating Emotional Change.*（グリーンバーグ, L. S., ライス, L. N., & エリオット, R. 岩壁茂（訳）（2006）. 感情に働きかける面接技法——心理療法の総合的アプローチ　誠信書房）

橋本泰子・倉成宣佳（編著）（2012）. ありがとう療法　カウンセリング編——幸せになる自己カウンセリング　おうふう

平木典子（2018）. アサーションというコミュニケーション——21世紀を自分らしく生きるために　メンタルサポート研究所講座資料

平木典子（2021）. アサーション・トレーニング——さわやかな〈自己表現〉のために　日本精神技術研究所

池田幸恭（2010）. 青年期における親に対する感謝への抵抗感を規定する心理的要因の検討　青年心理学研究，**22**，57-67．

池見酉次郎（1963）. 心療内科　中央公論社

池見酉次郎・杉田峰康（1998）. セルフコントロール——交流分析の実際　創元社

Jacobson, E. (1938). *Progressive Relaxation.* Chicago: University of Chicago Press.

James, M., & Jongeward, D. (1971). *Born to Win: Transactional Analysis with Gestalt Experiments.*（ジェイムス, M., & ジョングオード, D. 本明寛・織田正美・深沢道子（訳）（1976）. 自己実現への道——交流分析（TA）の理論と応用　社会思想社）

Joines, V. S.（1998）. Redecision therapy and the treatment of depression. *Journal of Redecision Therapy*, Vol. I, 35-48.

Joines, V., & Stewart, I. (2002). *Personality Adaptation: A New Guide to Human Understanding in Psychotherapy and Counseling.* Nottingham and Chapel Hill: Lifespace Publishing.（スチュアート, I., & ジョインズ, V. 白井幸子・繁田千恵（監訳）（2007）・交流分析による人格適応論——人間理解のための実践的ガイドブック　誠信書房）

勝俣瑛史（2007）. コンピタンス心理学——教育・福祉・ビジネスに活かす　培風館

厚生労働省（1999）. 精神障害等の労災認定に係る専門検討会報告書

厚生労働省（2021）. 労働安全衛生調査（実態調査）の概要

倉成央（2018）.「怒ってしまう自分」が消える本　大和出版

倉成央（著）杉田峰康（監修）（2013）・カウンセラー養成講座テキスト　メンタルサポート研究所

倉成宣佳（2010）.「ありがとう療法」によるうつ病患者の事例　橋本泰子（編著）ありがとう療法　入門編——幸せになる自己カウンセリング　おうふう　pp. 53-60．

倉成宣佳（2015）. 交流分析にもとづくカウンセリング——再決断療法・人格適応論・感情

処理法をとおして学ぶ　ミネルヴァ書房

倉成宣佳・周布恭子・受田恵理（2022）. 一般改善指導受講者の語りの考察　日本犯罪心理学会第60回大会発表論文集

倉戸ヨシヤ（1989）. ゲシュタルト療法の誕生——Frederick S. Perlsを中心に　鳴門教育大学研究紀要教育科学編，**4**，23-32.

Lewis, M. (1992). *Shame: The Exposed Self*. New York: Free press.（高橋恵子（監訳）遠藤利彦・上淵寿・坂上裕子（訳）（1997）. 恥の心理学——傷つく自己　ミネルヴァ書房）

ローウェン, A. 村本詔司・国永史子（訳）（1988）. からだと性格——生体エネルギー法入門　創元社

マクリーン, P. D. 法橋登（編訳・解説）（2018）・三つの脳の進化——反射脳・情動脳・理性脳と「人間らしさ」の起源　新装版　工作舎

Markus, H. R., & Kitayama, S. (1991). Culture and the self: Implications for cognition, emotion, and motivation. *Psychological Review*, **98**(2), 224-253.

丸田俊彦（1992）. コフート理論とその周辺——自己心理学をめぐって　岩崎学術出版社

McNeel, J. R. (1999). Redecision therapy as a process of new belief acquisition. *Journal of Redecision Therapy*, **1**, 103-115.

McNeel, J. R. (2016). The heart of redecision therapy: Resolving injunctive messages. In R. G. Erskine (Ed.), *Transactional Analysis in Contemporary Psychotherapy*. Karnac Books. pp. 55-78.

McNeel, J. (2020). *Aspiring to Kindness*. CPSIA.

McNeel, J. (2022). *The Difficulties Created by Injunctive Messages and Their Resolution*. メンタルサポート研究所

Oatley, K., & Jenkins, J. M. (1996). *Understanding Emotions*. Cambridge: Blackwell.

小此木啓吾（1979）. 対象喪失——悲しむということ　中公新書

小野武年（2012）. 脳と情動——ニューロンから行動まで　朝倉書店

Perls, F. S. (1973). *The Gestalt Approach & Eye Withness to Therapy*. CA: Science and Behavior Books.（パールズ, F. S.　倉戸ヨシヤ（監訳）日高正宏・井上文彦・倉戸由紀子（訳）（1990）. ゲシュタルト療法——その理論と実践　ナカニシヤ出版）

Russell, J. A., & Barrett, L. F. (1999). Core affect, prototypical emotional episodes, and other things called emotion: Dissecting the elephant. *Journal of Personality and Social Psychology*, **76**(5), 805-819.

Schneider, S., Junghaenel, D. U., Keefe, F. J., Schwartz, J. E., Stone, A. A., & Broderick, J. E. (2012). Individual differences in the day-to-day variability of pain, fatigue, and well-being in patients with rheumatic disease: Associations with psychological variables. *Pain*, **153**(4), 813-822.

セリグマン・M. 宇野カオリ（監訳）（2014）・ポジティブ心理学の挑戦——"幸福"から"持続的幸福"へ　ディスカヴァー・トゥエンティワン

Seligman, M. E. P., Steen, T. A., Park, N., & Peterson, C. (2005). Positive psychology progress: Empirical validation of interventions. *American Psychologist*, **60**(5), 410-421.

Stewart, I., & Joines, V. (1987). *TA Today: A New Introduction to Transactional Analysis*. Nottingham and Chapel Hill: Lifespace Publishing. （スチュアート, I., & ジョインズ, V. 深沢道子（監訳）（1991）. TA TODAY——最新・交流分析入門　実務教育出版）

Strack, F., Martin, L. L., & Stepper, S. (1988). Inhibiting and facilitating conditions of the human smile: A nonobtrusive test of the facial feedback hypothesis. *Journal of Personality and Social Psychology*, **54**(5), 768-777.

Thompson, C. P. (1985). Memory for unique personal events: Effects of pleasantness. *Motivation and Emotion*, **9**, 277-289.

Tokuno, S. (2018). Pathophysiological voice analysis for diagnosis and monitoring of depression. In Y-K. Kim(Ed.), *Understanding Depression*. Singapore: Springer. pp. 83-95.

Tokuno, S. (2020). *A Mind Monitoring System: Voice Analysis Technology*. Open Access Government.

Varnum, M. E. W., Grossmann, I., Kitayama, S., & Nisbett, R. (2010). The origin of cultural differences in cognition: The social orientation hypothesis. *Current Directions Psychological Science*, **19**(1), 9-13.

Vlaeyen, J. W. S., & Linton, S. J. (2000). Fear-avoidance and its consequences in chronic musculoskeletal pain: A state of the art. *Pain*, **85**(3), 317-332.

Wagner, A. (1981). *The Transactional Manager*. （ワーグナー, A. 諸永好孝・稲垣行一郎（訳）（1987）. マネジメントの心理学——TAによる人間関係問題の解決　社会思想社）

渡邊正孝・船橋新太郎（編著）（2015）. 情動と意思決定——感情と理性の統合　朝倉書店

渡辺茂・菊水健史（2015）. 情動の進化——動物から人間へ　朝倉書店

吉田幸江・倉成宣佳・三島瑞穂（2021）. 日本版人格適応論尺度の作成　日本心理学会第85回大会発表論文集p. 15.

感謝詞

　　非常感謝所有進行了情感處理法並獲得幫助的諮商者很爽快地提供了事例。情感處理法因受到許多的人支持而得以廣布開來。我由衷感謝為情感處理法的精神疾病患者以及適應依戀諮商開了路的中谷晃老師、教導了我聚焦在情感重要性的杉田峰康老師、幫助我將情感處理法活用在有身體疾病的患者身上的沼田光生老師、告訴了我情感處理法與再決定治療合用效果的約翰・麥可尼爾老師、教導了我人格適應論的白井幸子老師與凡恩・瓊斯老師，以及以米倉けいこ老師・丹野ゆき老師・受田京子老師・吉田さちえ老師・小松千惠老師・安德壽賀子老師德・小渕明美老師・植村明美老師・今村範子老師・早川菜菜老師・三輪陽子老師・故栗原美香先生為首的Mental Support研究所諮商師以及擔任援助工作的各位在教育・福祉・醫療・企業・司法等各領域中每天都活用情感處理法並對其進步做出貢獻，同時驗證了效果、活用請感處理法來進行「親職教育講座」「與孩子一起笑逐顏開過日子的活動」等活動的各位、在刑事設施中活用情感處理的美禰社會復歸促進中心・小學館集英社製作的任職心理工作的各位，還有其他一直支援情感處理法的許多人。此外也很感謝西坂由朱先生為本書製作插畫・圖表，以及從本書企畫到完成都盡心盡力的（株）創元社吉岡昌俊先生。

倉成宣佳

Note

Note

拯救被情感淹沒的你：運用情感處理法,梳理
情緒亂流/倉成宣佳作；楊鈺儀譯. -- 初版.
-- 新北市：世茂出版有限公司, 2025.01
　　面；　　公分. -- (心靈叢書；29)
ISBN 978-626-7446-51-5(平裝)

1.CST: 情感 2.CST: 情感轉化
3.CST: 情緒管理

176.5　　　　　　　　　　113017245

心靈叢書29

拯救被情感淹沒的你：運用情感處理法，梳理情緒亂流

作　　者／倉成宣佳
譯　　者／楊鈺儀
編　　輯／陳怡君
封面設計／林芷伊
出 版 者／世茂出版有限公司
地　　址／(231)新北市新店區民生路19號5樓
電　　話／(02)2218-3277
傳　　真／(02)2218-3239（訂書專線）
劃撥帳號／19911841
戶　　名／世茂出版有限公司
　　　　　單次郵購總金額未滿500元（含），請加80元掛號費
世茂網站／www.coolbooks.com.tw
排版製版／辰皓國際出版製作有限公司
印　　刷／世和彩色印刷股份有限公司
初版一刷／2025年1月

Ｉ Ｓ Ｂ Ｎ／978-626-7446-51-5
Ｅ Ｉ Ｓ Ｂ Ｎ／9786267446478（PDF）9786267446485（EPUB）
定　　價／420元